产业组织与竞争政策前沿研究丛书

不完全合约框架下的企业工资制度研究

A Study on Enterprise Wage System under an Incomplete Contract Framework

李晓颖 著

中国社会科学出版社

图书在版编目（CIP）数据

不完全合约框架下的企业工资制度研究/李晓颖著.—北京：中国社会科学出版社，2015.4
ISBN 978-7-5161-5953-8

Ⅰ.①不… Ⅱ.①李… Ⅲ.①企业管理—工资制度—研究—中国 Ⅳ.①F272.92

中国版本图书馆 CIP 数据核字（2015）第 075084 号

出 版 人	赵剑英
责任编辑	卢小生
特约编辑	林　木
责任校对	周晓东
责任印制	王　超
出　　版	中国社会科学出版社
社　　址	北京鼓楼西大街甲 158 号
邮　　编	100720
网　　址	http://www.csspw.cn
发 行 部	010-84083635
门 市 部	010-84029450
经　　销	新华书店及其他书店
印　　刷	北京市大兴区新魏印刷厂
装　　订	廊坊市广阳区广增装订厂
版　　次	2015 年 4 月第 1 版
印　　次	2015 年 4 月第 1 次印刷
开　　本	710×1000　1/16
印　　张	12.75
插　　页	2
字　　数	216 千字
定　　价	39.00 元

凡购买中国社会科学出版社图书，如有质量问题请与本社发行部联系调换
电话：010-84083683
版权所有　侵权必究

内容提要

在不完全合约框架下，研究产品合约中的"敲竹杠"问题以及对专用性投资的保护，学术界已经取得了相当的成果。企业内部的雇佣合约具有不同于产品合约的独特性质，关于该领域的研究目前还处于起步阶段，是不完全合约理论的前沿论题。本书在不完全合约框架下，对雇佣合约中的"敲竹杠"问题以及与此相关的企业工资制度进行了系统分析，以探求有利于雇员专用性技能形成的工资制度及不同工资合约所对应的现实形态。本书所做的研究完善了不完全合约理论，深化了企业工资理论的研究和制度设计，并从企业微观层面探讨了人力资本参与收入分配的合理路径。相关成果对于中国在转型阶段企业工资制度以及就业制度的改革，构建有效的企业微观人力资本开发机制具有参考价值。此外，本书的研究拓展了不完全合约理论在人事管理经济学领域的应用，可以为该领域未来的研究提供借鉴。

目　　录

前言 …………………………………………………………………… 1

第一章　导论 …………………………………………………………… 1
　　第一节　研究意义 ………………………………………………… 1
　　第二节　研究思路 ………………………………………………… 5
　　第三节　研究贡献 ………………………………………………… 6

第二章　关于企业工资的决定：从新古典企业理论到委托—代理理论 … 9
　　第一节　新古典企业理论 ………………………………………… 9
　　　　一　基本分析框架 …………………………………………… 9
　　　　二　不同竞争市场中企业工资的决定 ……………………… 10
　　第二节　新古典人力资本理论 …………………………………… 13
　　　　一　人力资本的内涵与投资形式 …………………………… 13
　　　　二　职业培训投资及其均衡条件 …………………………… 15
　　　　三　企业专用性人力资本投资与工资决定 ………………… 18
　　　　四　企业专用性人力资本：一个说明 ……………………… 22
　　第三节　委托—代理理论 ………………………………………… 24
　　　　一　企业的合约网观点 ……………………………………… 25
　　　　二　委托—代理理论中企业工资的决定 …………………… 26

第三章　不完全合约与"敲竹杠"问题 ……………………………… 38
　　第一节　从完全合约到不完全合约 ……………………………… 38
　　第二节　产品市场中不完全合约与纵向一体化 ………………… 40
　　　　一　不完全合约与"敲竹杠"模型 ………………………… 40

二　产品合约中的"敲竹杠"与纵向一体化 …………………… 42
　　　三　TCE 与 PRT 的对比分析 ……………………………………… 45
　　　四　广义不完全合约理论：多个视角 …………………………… 48
　第三节　雇佣合约与"敲竹杠"问题 ……………………………………… 52
　　　一　企业：雇佣合约对产品合约的替代 ………………………… 52
　　　二　雇佣合约的特性与企业专用性人力资本 …………………… 53
　　　三　ILM 理论与企业专用性人力资本投资 …………………… 56
　　　四　不同工资合约形式的界定 …………………………………… 61

第四章　灵活工资合约：个人工资谈判 …………………………………… 63
　第一节　传统的投资博弈：投资的无效率 ……………………………… 63
　　　一　模型的基本假设 ……………………………………………… 63
　　　二　社会最优投资 ………………………………………………… 65
　　　三　"敲竹杠"：投资的无效率 ………………………………… 65
　第二节　基于公平心理偏好的投资博弈："敲竹杠"问题的
　　　　　一个行为解决 …………………………………………………… 67
　　　一　沉没成本决策无关性原理的重新审视 ……………………… 67
　　　二　引入公平心理偏好的"敲竹杠"模型 …………………… 69
　　　三　结论分析 ……………………………………………………… 72

第五章　固定工资合约Ⅰ：晋升层级制 ……………………………………… 74
　第一节　固定工资合约与再谈判 ………………………………………… 75
　　　一　再谈判与工资刚性 …………………………………………… 75
　　　二　固定工资合约模型 …………………………………………… 78
　第二节　雇员层级制——更为复杂的固定工资合约 …………………… 80
　　　一　晋升用于工作配置的研究 …………………………………… 81
　　　二　晋升用于努力激励的研究 …………………………………… 83
　　　三　晋升用于技能获得激励的研究 ……………………………… 84
　第三节　双重层级结构与雇员技能获得：基于声誉的
　　　　　关系合约的引入 ………………………………………………… 87
　　　一　对双重层级结构的说明 ……………………………………… 88
　　　二　模型的基本假设 ……………………………………………… 90

  三 只存在垂直晋升层级的情况 …………………………… 93
  四 水平晋升层级的引入：基于声誉的关系合约 ………… 96
  五 结论分析 …………………………………………………… 104

第六章 固定工资合约Ⅱ：集体谈判 …………………………… 107

 第一节 集体谈判的趋势 …………………………………………… 107
  一 谈判的层次：企业或工厂层次的趋势 ………………… 108
  二 谈判范围的扩大 ………………………………………… 111
 第二节 集体谈判与晋升制度安排 ……………………………… 113
  一 模型的基本假设 ………………………………………… 115
  二 雇员的工作变动决策 …………………………………… 119
  三 结论分析 ………………………………………………… 124
 第三节 工会与稳定雇佣关系的形成：历史的经验 ………… 125
 第四节 集体谈判与"X—效率" ………………………………… 129

第七章 企业层级结构与工资政策的经验研究 ………………… 137

 第一节 样本选取 …………………………………………………… 137
 第二节 成熟市场经济中某企业的研究 ……………………… 138
  一 企业的层级结构 ………………………………………… 138
  二 企业的工资政策 ………………………………………… 142
 第三节 中国某企业的研究 ……………………………………… 146
  一 企业的层级结构与工资政策 ………………………… 146
  二 某一代表性部门雇员的晋升路径分析 ……………… 150

第八章 结论与展望 ………………………………………………… 157

 第一节 结论与启示 ………………………………………………… 157
  一 研究结论 ………………………………………………… 157
  二 研究启示 ………………………………………………… 160
 第二节 研究空间展望 …………………………………………… 167

参考文献 ………………………………………………………………… 169

后记 ……………………………………………………………………… 190

图表目录

图 3-1　买卖双方投资博弈的时序 ·············· 41
图 4-1　雇佣双方投资博弈的时序 ·············· 64
图 5-1　受雇于同一雇主的雇员名义工资增长分布 ·············· 77
图 5-2　雇佣双方阶段博弈的时序 ·············· 92
图 5-3　雇员类型 η 的产量函数 ·············· 94
图 7-1　1991—1995 年各垂直层级的平均基本工资 ·············· 142
图 7-2　1991 年各垂直层级的平均基本工资以及 5th 和 95th 百分点 ·············· 143
图 7-3　操作和服务岗位各岗级的平均基本工资以及各岗级内部最高档和最低档基本工资 ·············· 148
图 7-4　专业技术岗位各岗级的平均基本工资以及各岗级内部最高档和最低档基本工资 ·············· 150
图 7-5　中层及以下管理岗位各岗级平均基本工资以及各岗级内部最高档和最低档基本工资 ·············· 150
图 7-6　安检公司维修部岗位配置 ·············· 151
图 7-7　专业技术岗位的晋升路径 ·············· 154
表 5-1　日本某企业的层级结构 ·············· 89
表 6-1　不同规模企业集体谈判的覆盖率 ·············· 135
表 7-1　1991—1995 年雇员在各垂直层级的分布 ·············· 139
表 7-2　1991—1995 年雇员的变动矩阵 ·············· 140
表 7-3　1991—1995 年雇员的晋升矩阵 ·············· 141
表 7-4　1991—1995 年各垂直层级内部的基本工资差别 ·············· 143
表 7-5　晋升所产生的工资溢价 ·············· 144
表 7-6　在垂直层级内（水平层级间）被晋升雇员在晋升前后的工资分布 ·············· 145

前　言

"敲竹杠"（hold up）问题是不完全合约理论的中心话题，最初是在分析产品合约中提出的，并得出"如果合约是不完全的，当事人的专用性投资会引发'敲竹杠'行为从而导致专用性投资的无效率"这一经典命题。这一命题引发了大量的文献，学者们从多个视角研究如何最大限度地弱化"敲竹杠"问题，减少由于合约不完全所导致的效率损失。不完全合约理论的两个重要分支——交易成本经济学和产权理论认为，纵向一体化可以弱化"敲竹杠"问题。一体化后，企业内部的雇佣关系替代了产品市场上的独立签约关系，由雇佣合约替代产品合约，从而节约了交易成本。雇佣合约把隐藏在产品一般市场交易之中的人力资本分解出来，并把人力资本本身当作可作为企业购买的独立要素。根据经典的不完全合约模型（GHM模型），一体化的成本是被合并一方（成为雇员）由于缺乏所有权减少了专用性人力资本投资激励。在GHM模型中雇佣合约是无关紧要的，并没有考虑雇员专用性人力资本的重要性。但是，在企业生产过程中，人力资本尤其是专用性人力资本往往是关键性要素，是核心员工所必备的，特别是在人力资本密集型企业。

在涉及专用性人力资本情况下，雇佣合约通常是一种不完备的、隐性的长期关系合约，可以被理解为专用性物质资产与专用性人力资本的特殊合约。在缺乏有约束力的工资合约情况下，专用性物质资产的所有者（雇主）与专用性人力资本所有者（雇员）均拥有对工资水平的剩余控制权，雇佣双方都能通过对另一方"敲竹杠"来试图盘剥从专用性人力资本投资中所获得的收益。此时，由专用性人力资本投资引起的"敲竹杠"行为完全可能由市场带入企业，由产品合约带入雇佣合约。由此，问题进一步提出，企业内部的专用性人力资本投资问题又如何解决？如何保护这种投资以促使雇员专用性技能的形成？即如何降低GHM模型中所谓一体化的成本？这可能是更基本的问题。

关于雇员专用性技能的形成与提升，一个不容忽视的重要视角是企业内部制度的设计。如果把企业视为雇佣双方所达成的一种合约或制度安排，那么这种制度安排中的重要内容之一就是企业产出或收益如何在雇佣双方之间分配，从雇员角度来说也就是其工资决定问题。已有关于工资决定问题的研究大多倾向于假定合约是完全的，忽视了合约不完全情况下专用性人力资本投资所带来的"敲竹杠"问题，在解释专用性人力资本投资方面具有一定的局限性。尽管在不完全合约框架下，研究对产品合约中专用性投资的保护，学术界已经取得了相当多的研究成果，但企业内部的雇佣合约具有不同于产品合约的独特性质，却鲜有研究在不完全合约框架下对雇佣合约中的"敲竹杠"问题以及与此相关的企业工资制度进行专门分析。即使有少量的研究论及了雇佣合约中的"敲竹杠"问题以及与此相关的企业工资制度，但这些研究均有一定的不足及局限性，且散见于期刊，未形成系统的论著。可以说，这一应用研究还处于起步阶段。

因此，本书在不完全合约框架下对雇佣合约中的"敲竹杠"问题以及与此相关的企业工资制度进行系统分析，以探求有利于雇员专用性技能形成的工资制度。

首先，本书对关于企业工资制度的研究文献进行了评述。从合约完备程度的研究角度看，它们大致可以分为两类：一类是在完全合约框架下的研究，主要评述了新古典企业理论、新古典人力资本理论和委托—代理理论关于企业工资制度的研究，揭示上述理论对丰富和深化企业工资理论所做出的贡献，以及在涉及企业专用性人力资本方面所呈现的局限性；另一类是在不完全合约框架下的研究，主要评述了交易成本经济学、内部劳动力市场理论以及一些其他学者关于企业工资制度的研究。不完全合约框架下关于企业工资制度的研究引入了更现实的因素——"各种不完全性"，这是相对于在完全合约框架下对工资制度研究的进步。

然后，本书在不完全合约的分析框架下，构建理论模型，分析灵活工资合约和固定工资合约（包括简单的固定工资合约和晋升层级制）所对应的现实形态，及其对雇员专用性技能提升所反映的现实激励安排与激励效果。关于工资合约的"灵活"与"固定"的界定是以雇佣双方事前（投资完成前）是否形成了对事后（投资完成后）有约束力的工资合约为标准，而不是以单纯意义上的工资是否会发生变化来划分的。对于这几种工资合约形式的研究，在现有知识体系基础上，本书所做的增量贡献主要体现在：

（1）分析灵活工资合约情况时，通过在雇佣双方的投资博弈中引入投资成本相关性这种合作的谈判方式，将传统"敲竹杠"模型中影响谈判力的因素与当事人对公平的偏好这种行为因素二者融合，将投资成本视为谈判力来源之一，重新分析了"敲竹杠"问题。这是对现有"敲竹杠"模型的一个改进。分析表明，与投资成本与事后谈判力无关情况相比，在投资成本影响企业（雇员）谈判力的情况下，双方有更强的专用性人力资本投资激励。雇佣双方所面临的"敲竹杠"风险取决于双方的初始谈判力：初始谈判力相对较弱的一方会面临"敲竹杠"风险，从而导致其投资不足；初始谈判力相对较强的一方不会面临"敲竹杠"风险，并会过度投资；双方初始谈判力均等时，双方均不会面临"敲竹杠"风险，双方的投资水平为社会最优水平。这一结论对赋予雇佣双方均等地位提供了经济含义。

（2）在一个重复博弈的框架中引入基于声誉的关系合约，分析了既存在垂直晋升层级，又存在水平晋升层级的企业双重层级结构对雇员技能提升的激励及效率问题。关系合约理论和不完全合约理论两类文献都是在信息对称的环境下分析当事人之间的博弈行为。但是，关系合约文献通常是在一个动态无限重复博弈环境下分析当事人的激励问题，而不完全合约文献则通常是在一次性博弈环境下分析"敲竹杠"给当事人带来的激励反应。本书更进一步将二者结合起来分析企业内部的晋升制度，这不仅是对现有晋升模型的一个改进，也是对关系合约研究领域的一个拓展，为理解专用性人力资本投资与声誉的关系提供了一个新的视角。通过分析证明了，对于一个声誉较高的企业，双重晋升层级结构可以同时实现雇员技能获得的激励以及有效的工作配置。随着企业声誉资本的提高，企业会更多地依赖水平晋升层级、较少地依赖垂直晋升层级来诱使雇员技能的获得，并且总剩余增加，企业利润增加。这一结论对企业不同工作间的工资压缩这一工资制度提供了经济含义，这一分析也在一定程度上为许多企业或组织的实践中存在的双重晋升层级结构提供了合理的解释。

（3）探讨了有工会组织情况下，具有晋升层级结构的固定工资合约的制度性效率。通过引入工会对晋升规则的影响，分析在雇员的晋升由雇员的人力资本特征以及雇员的资历共同决定的晋升规则下，雇员的工作变动、任期以及在企业内的工资增长，并对外部劳动力市场状况的变化以及企业内部层级结构的变化对雇员离职决策及任期产生的影响提供了比较静态分析。

最后，在理论探讨基础上，本书对企业层级结构与工资政策进行了经验研究。通过对成熟市场经济中某大型企业以及中国某国有大型企业人事制度的考察，尤其是企业内雇员的晋升方式以及工资设定，对本书理论分析提供了有力的经验支持，并对成熟市场经济中的企业与中国国有企业的晋升制度进行比较，分析中国国有企业晋升制度存在的问题，提出一些相应建议。

本书在汲取前人研究方法和成果的基础上，在不完全合约框架下，对雇佣合约中的"敲竹杠"问题以及与此相关的企业工资制度进行系统分析，以探求有利于雇员专用性技能形成的工资制度及不同工资合约所对应的现实形态。本书所做的研究既完善了不完全合约理论，也深化了企业工资理论的研究和制度设计，从企业微观层面上探讨了人力资本参与收入分配的合理路径。这项研究对于中国在转型阶段企业工资制度以及就业制度的改革，构建有效的企业微观人力资本开发机制具有重要的参考价值。此外，本书的研究拓展了不完全合约理论在人事管理经济学领域的应用，希望能够为后续研究提供一定的借鉴。由于学识所限，本书不可能对企业工资制度进行全方位的分析，只能从某一特定研究视角出发，因此本书所得出的结论也就呈现出不可避免的局限性，热盼广大同行多提宝贵意见。在具体研究过程中，本书参考了国内外许多学者专家的研究成果，在此表示特别感谢。

本书的出版得到了教育部人文社会科学重点研究基地——东北财经大学产业组织与企业组织研究中心以及东北财经大学产业经济学特色重点学科资助项目的资助。本书的出版，还得到中国社会科学出版社的大力支持和帮助。正是他们细致的编辑工作才促成本书的顺利出版。

第一章 导论

近 30 多年来,对企业的研究越来越成为国际学术界最活跃的领域之一。对企业问题的研究大致可分为两大领域:以研究企业的市场行为为主要内容的"产业组织理论";以研究企业本身性质和内部制度安排为主要内容的"企业理论"。如何构建有效的企业微观人力资本开发机制,已经成为企业内部制度安排的重要课题。这种机制设计的重要内容之一就是企业的工资制度安排。大量有影响力的有关企业工资制度的研究倾向于假定工资合约是完全的,忽视了合约不完全情况下专用性人力资本投资所带来的"敲竹杠"问题,在解释专用性人力资本投资方面具有一定局限性。在不完全合约框架下,探讨工资合约安排对专用性人力资本投资的影响,以探求有利于雇员专用性技能形成的工资制度,引入了更现实的因素——"各种不完全性",这是相对于在完全合约框架下对工资制度研究的进步。本章主要论述在不完全合约框架下对企业工资制度研究的意义,本书的具体研究思路以及研究贡献。

第一节 研究意义

当今世界正在发生新一轮的技术变革,各国都在寻求发展更加依赖技术和技能的产业,其中知识和技能的应用决定了生产力、绩效和竞争力。基于廉价劳动力或原材料的比较优势的重要性相对于基于对某一特定资源增值能力的竞争优势已经下降。这种竞争优势部分(通常很大程度)取决于企业雇员的教育和文化水平以及技能水平。从现代人力资本理论视角来看,企业可以被视为一种人力资本的团队。因此,企业的发展和竞争力从根本上取决于雇员的人力资本或技能水平。雇员的人力资本积累主要是通过正规学校教育和企业内的人力资本投资活动两种渠道实现的。前者主要侧重于基础性、通用性知识或一般技能。后者则主要体现在与企业的生产过程密切关联的专业技术水平与生产操作技能等方面。因此，虽然一般说来正规教育与企业内的人力资本投资二者之间具有某种互补性，但是对于企业生产与经营活动的直接效率关系而言，后者显然具有更为重要的意义。既然人力资本或技能是企业生产中最重要的生产要素，那么如何对雇员的人力资本开发实施有效激励，自然成为企业内部相关制度安排需要解决的重要问题。如果把企业视为雇佣双方所达成的一种合约或制度安排，那么这种制度安排中的重要内容之一就是企业产出或收益如何在雇佣双方之间分配的问题，从雇员角度来说也就是其工资决定问题。因此，提高雇员当前以及未来技能水平的薪酬支付体系在企业中的重要性凸显。

从国内现实角度来看，中国正处于产业转型升级关键时期，十八大强调的"战略性新兴产业发展"及"创新驱动发展战略"直接体现了对高技能、高素质劳动力需求的增加。劳动和社会保障部关于2014年第三季度全国102个城市的公共就业服务机构劳动力市场供求情况的调查显示，从供求状况对比来看，各技术等级的岗位空缺与求职人数的比率有空缺。其中，技师、高级工程师、高级技能人才、高级技师的岗位空缺与求职人数的比率较大，分别为2.78、1.99、1.76、1.61。[1] 此外，中国正在深化经济体制改革，推行以全员劳动合同制为中心的就业体制改革，这一改革为劳动力市场注入了生机和活力，促进了劳动力资源的有效配置。但与此同时，在劳动力供给过剩的国情特点下，这一改革也导致了某种偏差，主要是过于强调外部市场的调节，处于劳动市场买方的企业利用其优势地位总有使劳动合同关系趋于短期化的倾向。2005年全国人大常委会的一次全国劳动法执法检查显示，中小型企业和非公有制企业的劳动合同签订率不到20%，个体经济组织的签订率更低；调查还显示，60%以上的企业与员工签订的劳动合同是短期合同，大多是一年一签，有的甚至一年几签。[2] 作者曾在2009年对大连市44家企业的高层管理者就此做过问卷调查。被调查者所在企业分布于电力、建筑与房产开发、石油生产、燃气供

---

[1] 中国人力资源市场信息监测中心：《2014年第三季度部分城市公共就业服务机构市场供求状况分析》（2014年11月），http://www.molss.gov.cn/gb/zwxx/2011-02/11/content_391110.htm。

[2] 全国人大常委会执法检查组《关于检查〈中华人民共和国劳动法〉实施情况的报告》，2005年12月。

应、自动化、金融、信息软件等 17 个行业，涉及大、中、小不同规模以及国有、民营、合资等不同产权制度。其中，拥有较好的内部晋升制度从而较长期职业安排的企业仅有 15 家，50%以上的企业与员工签订的劳动合同都是短期合同。一方面，就业制度安排肯定会对雇员的投资与培训产生影响，并且长期与短期就业制度效果不一样；另一方面，薪酬制度安排也会对雇员的投资与培训状况产生影响。不仅如此，薪酬制度与就业制度又不是两个完全独立的系统，甚至可以说，有什么样的就业制度，就有什么样的薪酬制度。因此，在这种劳动合同普遍短期化也即就业制度短期化的环境下，对提高雇员技能水平的薪酬支付体系进行研究，对于中国在转型阶段的企业工资制度以及就业制度的改革有着深刻的启示。如何建构有效的企业微观人力资本开发机制，已经成为现阶段深化就业体制改革的重要课题。

新古典人力资本理论关于企业专用性人力资本投资的分析对我们理解工资收入以及技能的发展做出了重要贡献。但是在某些方面，这一分析是有局限性的。该分析隐含地假定信息是完全的，在匹配之初，雇主与雇员签订的合约明确规定了培训前、后的工资以及投资水平。此外，这种合约是可实施的（在雇员与企业之间发生争议时，合约中包含的信息可以通过法院来证实）。从而得出，在均衡条件下，双方投资成本分担的比例与收益分享的比例应该是对等的。新古典人力资本理论由于其完备合约假定，关于工资合约的分析忽视了双方的机会主义带来的谈判困难，并没有考虑欺骗的可能性和"敲竹杠"问题。其所考虑的"敲竹杠"行为只存在于单方投资情况（未投资一方通过辞职或解雇以获得专用性投资带来的准租的一定份额），可以通过双方共同分担和分享投资的成本和收益以维持长期雇佣关系来解决。但是，很显然这种完备合约的假定是不现实的。专用于某一特定匹配的人力资本投资及其所形成的专用性技能会提出计量、证实以及评价等严重问题，通常不能在合约中规定，也不能轻易地被第三方（法院）观察，从而产生了不完全合约的"敲竹杠"问题。

委托—代理理论的核心是设计出一套有效机制来激励代理人"说真话"和"不偷懒"，由于这个机制将各种或然状态下当事人的权利和责任都涵盖其中，是一个不需要再谈判的完全合约，因此该理论也被称为"完全合约理论"。在委托—代理框架下（或完全合约框架下）关于工资合约问题的研究丰富和深化了人们对于工资制度安排的复杂多样性及其经济机理的认识。进而，对于各种不同工资形式的适用条件、激励效果及其局限性，也都可以得到较为有说服力的解释。然而，这些研究主要集中于如何激励雇员努力工作不偷懒，却没有论及企业专用性人力资本问题，从而无法回答由企业专用性人力资本投资引致的"敲竹杠"风险所提出的有关工资合约设定问题。

"敲竹杠"问题是不完全合约理论的中心话题，最初是在产品合约中提出的，并得出"如果合约是不完全的，当事人的专用性投资会引发'敲竹杠'行为从而导致专用性投资的无效率"这一经典命题。这一命题引发了一系列关于如何最大限度地减少由于合约不完全所导致的效率损失的研究。其中，以威廉姆森（Williamson，1975，1985）、克莱因、克劳福德和阿尔钦（Klein，Crawford and Alchian，1978）等为代表的交易成本经济学，以及以格罗斯曼和哈特（Grossman and Hart，1986）、哈特和穆尔（Hart and Moore，1990）等为代表的产权理论是不完全合约理论的两个重要分支。进一步分析在市场上进行产品交易中存在关系专用性投资（尤其是专用性人力资本投资）时，两个独立签约个体企业 A 和企业 B 的一体化关系。一体化后，一个企业的所有者变成另一个企业的雇员，由企业内部的雇佣关系替代了产品市场上的独立签约关系。雇佣合约把隐藏在产品一般市场交易之中的人力资本分解出来，并把人力资本本身当作可作为企业购买的独立要素。根据经典的不完全合约模型（GHM 模型），一体化的成本是被合并一方（成为雇员）由于缺乏所有权减少了专用性人力资本投资激励。在 GHM 模型中雇佣合约是无关紧要的，并没有考虑雇员专用性人力资本的重要性。问题进一步提出，在雇佣合约不完全的情况下，企业内部的专用性人力资本投资问题又如何解决呢？如何保护这种投资以促使雇员专用性技能的形成呢？即如何降低 GHM 模型中所谓一体化的成本呢？这可能是更基本的问题。

尽管在不完全合约框架下，研究对产品合约中专用性投资的保护已经取得了相当研究成果。但企业内部的雇佣合约具有不同于产品合约的独特性质，却鲜有研究在不完全合约框架下对雇佣合约中的"敲竹杠"问题以及与此相关的企业工资制度进行专门的分析。即使有少量的研究论及了雇佣合约中的"敲竹杠"问题以及与此相关的工资合约的设定，但这些研究均存在一定的不足及局限性，并未形成系统论著，这从一个侧面说明了对这个问题展开进一步研究的必要性。

基于上述原因，本书在不完全合约框架下，选择将企业工资合约的设定与专用性人力资本投资问题作为主要研究对象，探讨工资合约安排对专用性人力资本投资的影响，以探求有利于雇员专用性技能形成的工资制度。这是相对于在完全合约框架下对工资制度研究的进步。从某种意义上说，不完全合约的分析也是运用新古典成本—收益分析方法，不过，它引入了更现实的因素——"各种不完全性"，特别是强调了自发的现货市场短期安排的局限性。在这个意义上可以说，新的分析是对于新古典模式的改进。

第二节 研究思路

本书分为四个部分共八章：

第一部分是对相关研究的评述，主要体现在第二、第三章。第二章主要是对新古典企业理论、新古典人力资本理论和委托—代理理论关于企业工资决定的研究进行评述。这并不是一个包罗万象的评述，而是按照本书研究目的所做的个人评价。上述关于企业工资决定的理论研究，大多没有论及企业专用性人力资本问题，甚至关于人力资本问题的讨论也极为罕见。即使有少量文献研究了企业专用性人力资本对于工资的决定，但存在研究假设过于简单而难以解释现实问题的弊端。第三章论述了本书的理论基础不完全合约理论，梳理问题研究的理论脉络，主要是对不完全合约理论与"敲竹杠"问题的文献综述，以揭示本书理论框架本身所涉及问题的内在演化逻辑。并进一步指出雇佣合约的特性及其所导致的企业内部雇佣双方的"敲竹杠"问题，进而出现专用性人力资本投资的无效率问题，确认本书选题的针对性。并对关于如何设定工资合约以解决雇佣合约中的"敲竹杠"问题的相关文献进行简要述评，为下文模型的构建奠定理论基础。至于应用理论框架时所论及问题的进一步文献述评，则分别穿插于分析问题过程之中。

第二部分在不完全合约的分析框架下，构建理论模型，系统研究企业工资合约的设定与专用性人力资本投资问题，以及不同工资合约所对应的现实形态，主要体现在本书第四、第五、第六章。第四章对灵活工资合约下"敲竹杠"问题做了刷新式理解。通过在雇佣双方的投资博弈中引入投资成本相关性这种合作的谈判方式，将传统"敲竹杠"模型中影响谈判力的因素与当事人对公平的偏好这种行为因素二者融合，来重新分析灵活工资合约下的"敲竹杠"问题，并得出不同于已有研究的结论。第五章分析事前提供具有一定约束力的初始合约这种固定工资合约情况下，企业专用性人力资本的投资问题。首先，分析一种简单的固定工资合约模式，不考虑企业或组织中有关晋升、雇员层级制等制度问题。其次，通过引入基于声誉的关系合约，分析企业内部的双重晋升层级结构这种更为复杂的固定工资合约模式，并得出不同于其他晋升模型的新的认识。第六章进一步研究有工会组织情况下，具有晋升层级结构的固定工资合约的制度性效率。首先，分析在雇员的晋升由雇员的人力资本特征以及雇员的资历共同决定的晋升规则下，雇员的工作变动、任期以及在企业内的工资增长，并对外部劳动力市场状况的变化以及企业内部层级结构的变化对雇员离职决策及任期产生的影响提供比较静态分析。其次，从交易成本与不完全合约角度分析了工会集体谈判的"X—效率"问题。

第三部分是对企业层级结构与工资政策的经验研究，以对本书的理论分析提供经验支持，主要体现在第七章。通过选取成熟市场经济中某大型企业的人事数据以及中国某国有大型企业的人事数据来考察其各自的人事制度，尤其是对企业内的层级结构、工资制度以及晋升路径做详细分析，对本书的理论分析提供了经验支持。这也从另一方面说明，本书的理论分析能够简要地解释企业内的晋升制度以及工资制度，并将成熟市场经济中的企业与中国国有企业的人事制度进行比较，分析中国国有企业晋升制度存在的问题。

第四部分是本书的分析结论与研究启示，并提出可供进一步研究的论题和方向，主要体现在第八章。

第三节 研究贡献

本书在汲取现有文献学术营养基础上，在不完全合约框架下，系统分析了企业内部工资制度的设定与专用性人力资本投资的激励问题。本书的研究完善了不完全合约理论，深化了企业工资理论的研究和制度设计。

与现有文献相比，本书贡献主要表现在以下几个方面：

在不完全合约环境下，本书通过在雇佣双方的投资博弈中引入投资成本相关性这种合作的谈判方式，将传统"敲竹杠"模型中影响谈判力的因素与当事人对公平的偏好这种行为因素融合，将投资成本视为谈判力来源之一，来重新分析"敲竹杠"问题。这是对现有的不完全合约理论分析框架的一个发展。现有的不完全合约所分析的"敲竹杠"问题通常简单地假定合作剩余的谈判结果与当事人事前的投资水平无关，从而忽略了由于当事人的公平心理偏好所导致的沉没成本相关性所具有的经济含义，而且也不真实；或者即便在"敲竹杠"问题中引入了投资成本相关性这一行为因素，但却全盘否定原有影响谈判力的因素，单纯地由公平原则决定谈判结果。通过在灵活工资合约中引入当事人对公平的心理偏好这一行为因素本书证明了，与投资成本与事后谈判力无关的情况相比，在投资成本影响企业（雇员）谈判力的情况下，双方有更强的专用性人力资本投资激励。雇佣双方所面临的"敲竹杠"风险取决于双方的初始谈判力：初始谈判力相对较弱的一方会面临"敲竹杠"风险，从而导致其投资不足；相对较强的一方不会面临"敲竹杠"风险，并会过度投资；双方初始谈判力均等时，双方均不会面临"敲竹杠"风险，双方的投资水平为社会最优水平。这一结论对赋予雇佣双方均等地位提供了经济含义。

本书在不完全合约环境下引入基于声誉的关系合约，分析了既存在垂直晋升层级，又存在水平晋升层级的企业双重层级结构对雇员技能提升的激励及效率问题。关系合约理论和不完全合约理论两类文献都是在信息对称环境下分析当事人之间的博弈行为。但是，关系合约文献通常是在一个动态无限重复博弈的环境下分析当事人的激励问题，而不完全合约文献则通常是在一次性博弈的环境下分析"敲竹杠"给当事人带来的激励反应。本书更进一步将二者结合起来分析企业内部的晋升制度，这不仅是对现有晋升模型的一个改进，也是对关系合约研究领域的一个拓展，为理解专用性人力资本投资与声誉关系提供了一个新的视角。通过分析证明对于一个声誉较高的企业，双重晋升层级结构可以同时实现雇员技能获得的激励以及有效的工作配置。随着企业声誉资本的提高，企业会更多地依赖水平晋升层级、较少地依赖垂直晋升层级来诱使雇员技能的获得，并且总剩余增加，企业利润增加。这一结论对企业不同工作间的工资压缩这一工资制度提供了经济含义，这一分析也在一定程度上为许多企业或组织的实践中存在的双重晋升层级结构提供了合理的解释。

本书在不完全合约环境下引入工会对晋升规则的影响，分析在雇员的晋升由雇员的人力资本特征以及雇员资历共同决定的晋升规则下雇员的工作变动、任期以及在企业内的工资增长，并对外部劳动力市场状况变化以及企业内部层级结构的变化对雇员离职决策及任期产生的影响提供了静态分析。通过分析证明，（1）如果工资随着雇员在工作阶梯中层级的提高而增加，则高能力雇员在企业中任期会相对较长，离职率较低。（2）外部劳动力市场的状况能够影响雇员任期，还能够影响晋升制度的分离功能：当劳动力市场是从紧的，较低的流动成本使能力水平足够高的雇员最终留在该企业，具有较长的任期；当劳动力市场是松的，较高的流动成本使得能力水平相对较低的一部分雇员最终也留在了该企业。（3）企业内部层级结构变化会影响雇员留在当前企业的可能性：如果工作类型（或工作层级）细化，即降低雇员晋升至上一个层级所必需的能力水平，工资通过工作评价体系作相应变动，雇员会更有可能留在当前企业；反之亦然。（4）如果降低雇员在企业被终止雇佣关系的概率，雇员会更有可能留在当前企业，从而进一步强化工会在形成长期稳定雇佣关系中的作用。

本书在理论探讨的基础上，对企业层级结构与工资政策进行了经验研究。通过对成熟市场经济中某大型企业以及中国某国有大型企业人事制度的考察，尤其是企业内雇员的晋升方式以及工资设定，对本书的理论分析提供了有力的经验支持。并对成熟市场经济中的企业与中国国有企业的晋升制度进行比较，分析中国国有企业晋升制度存在的问题，提出一些相应建议。

第二章 关于企业工资的决定：从新古典企业理论到委托—代理理论

绝大多数有影响力的关于企业工资决定的理论都是特定历史条件的产物。它们的理论魅力在于不仅能够对当时社会最为关注的社会经济现象给出合理解释，而且还对人们的社会实践活动具有很强的指导意义。这意味着，随着社会的发展，社会所需要的理论本身也必须不断发生变化，即使是同一个问题，人们所强调的侧面也会有所不同。本章主要评述新古典企业理论、新古典人力资本理论和委托—代理理论对于企业工资决定的研究。

第一节 新古典企业理论

在世界范围内，新古典经济学仍然是理论界最有影响力的核心内容之一，几乎是每一个学习和研究经济学的人所必须首先接受的基本训练。在这个过程中，新古典经济学的企业观也在潜移默化中影响着我们对企业的理解。

一 基本分析框架

由于新古典经济学是伴随资本主义市场经济的兴起而兴起的，所以它主要的历史使命就是为资本主义市场经济的合理性或者先进性摇旗呐喊，并以此反对封建制度和重商主义以及后来出现的社会主义计划经济制度。具体来说，新古典经济学的核心任务在于揭示市场经济运行的基本原理，并力图证明最能代表市场经济的价格机制这双"看不见的手"能够引导资源在众多分散的经济个体之间实现最优配置，其效率远高于人类可以想到的其他经济制度。

为了与这样的理论任务相适应，在新古典经济学的分析框架中所有市场交易的参与者，比如企业和家庭（或劳动者）都被高度抽象为追求自身利益最大化的微观主体。其中，企业只不过是一个在市场上从事专业化生产的追求利润最大化的经济人。也就是说，在新古典经济学的框架中，企业的本质只有一个，即追求利润最大化的"专业化的生产单位"。

鉴于此，在新古典经济学的框架中，企业就可以被看作一个完全由外生技术决定的生产函数 $Y = f(X)$，式中 $Y = (y_1, y_2, \cdots, y_n)$ 表示产品束，$X = (x_1, x_2, \cdots, x_m)$ 表示为生产 Y 而投入的各种生产要素束。新古典企业理论将企业看作一种投入产出的"黑箱"，企业这个经济人的决策和行为规律都可以用"对利润最大化的追求"来解释，即：

$$\max \pi = p \cdot f(X) - w \cdot X \tag{2.1}$$

式中，p，w 分别表示产品和生产要素的市场价格束。我们可以从企业追求利润最大化行为中推导出在劳动力市场的不同竞争情况下企业工资的决定。

二 不同竞争市场中企业工资的决定

（一）劳动力市场为完全竞争的情况

在劳动力市场为完全竞争市场的情况下，劳动力的报酬是由市场外生决定的，企业面临的是一条水平的劳动力供给曲线。根据企业利润最大化情况下，劳动力的边际收益产品（MRP_L）应该等于劳动力的边际成本（ME_L）原则，在劳动力市场为完全竞争情况下，追求利润最大化的企业就会按照劳动力的边际收益产品（MRP_L）等于市场工资率（W）的原则来配置生产要素。这就是美国经济学家克拉克（Clark）用边际生产力理论阐述的要素价格与边际生产力之间的关系。此时，企业将工资视为既定的（由市场供求决定），企业的任务是"发现工资"而不是"确定工资"。在工资率和价格等市场信号刺激下，为了利润最大化，企业灵活地组合和支配人力和物质资源。

（二）劳动力市场为买方垄断的情况

在劳动力市场为不完全竞争情况下，如在某一特定的劳动力市场上只存在一家劳动力购买者，但有许多劳动力供给者，该劳动力市场为买方垄断市场，该企业被称为买方独家垄断者。由于该企业是这一劳动力市场上的唯一劳动力需求者，因此它可以影响工资。与作为工资接受者和面临水平劳动供给曲线的完全竞争企业不同，买方独家垄断者所面临的是一条向右上方倾斜的劳动力供给曲线。换句话说，它所面对的是市场供给曲线。为了增加劳动力雇佣，买方独家垄断者必须提高工资率，因为只有这样才能从其他劳动力市场上吸引来工人（相反，竞争性企业在支付通行工资率的情况下就能够增加雇佣量）。面临向右上方倾斜的劳动力供给曲线的企业所面临的一个不寻常局面就是：雇佣劳动力的边际成本超过了工资率。如果一个竞争性的企业想要雇佣10个人而不是9个人，那么因增加一个工人而增加的成本就是工资率。但是如果一个买方独家垄断企业想雇佣10个人而不是9个人，除了要付给新增加的这个工人较高（比雇佣9个人时更高）的工资率以外，还必须向其他9个工人支付同样高的工资率。

雇佣劳动力的边际成本超过工资率这一事实会影响买方独家垄断企业的劳动力市场行为。为了达到利润最大化，企业在雇佣劳动力时会保持在这样一点上，即劳动力的边际收益产品（MRP_L）等于劳动力的边际成本（ME_L）。因此，买方独家垄断企业应该把劳动力的雇佣水平（N）推进到这样一点：在该点上，劳动力的边际收益产品（MRP_L）等于增加一位工人所需要支付的边际成本（ME_L）。为了吸引N名工人到企业中来工作所必须支付的工资率（W_N）可以从劳动力供给曲线中得出，W_N就是在劳动力市场为买方垄断情况下，企业所决定支付的工资水平。

（三）劳动力市场为卖方垄断的情况

在劳动力市场为卖方垄断情况下，如在某一特定的劳动力市场上只存在一家劳动力卖者（我们可以将其作为属于某个工会的个人集团），但有许多买者。在这种劳动力市场中，卖方垄断者的供给曲线即为市场供给曲线，劳动力的均衡供给量是由卖方决定的，均衡工资率为该均衡供给量在劳动力市场需求曲线上所对应的工资水平。劳动力的市场需求曲线所代表的是卖方垄断者的平均收益曲线，也就是说，如果工会选择供给某既定数量的劳动力，那么该市场中的企业所要支付的工资率就是这一既定数量劳动力在需求曲线上所对应的工资率。由此所得出劳动力卖方的边际收益曲线是向右下方倾斜的，它反映这样一个事实：每当工会选择增加供给一单位劳动力时，这不仅会使所增加的雇佣工人的工资率下降，而且会使现有工人的工资率下降。边际收益曲线与劳动力供给曲线（形成劳动力供给曲线的根据在于工会成员的效用最大化）的交点所对应的就业量即为工会所愿意供给的劳动量，该就业量在劳动力需求曲线上所对应的工资率即为均衡工资率。

除了完全竞争、买方垄断、卖方垄断这三种竞争情况，劳动力市场还存在双边垄断（指在劳动力市场的需求方面只有一个买方垄断者，而在供给方面也只有一家卖方垄断者的情况）、寡头市场这样的市场竞争结构。对于这两种竞争结构劳动力市场的企业工资决定，同样可以从企业追求利润最大化行为中加以推导，这里不再分别展开进行分析。

综上所述，在新古典经济学框架中，企业的生产技术或者说生产函数 $f(*)$ 本身是外生给定的。因此，企业发生的原因和企业的内部组织关系都不被研究，企业要做的主要是按照边际收益等于边际成本原则选择产品和要素组合。在这种理论框架下，企业是一种物质产品与服务的生产单位，它的基本功能就在于从外部市场购置各种所需要的生产要素，然后按照经过最优设计的技术工艺流程（即生产函数）配置与投入使用这些要素，生产出各种产品或服务并将它们推向市场。因此，企业的本质特征就在于，它是与消费者相对应的生产者，这种关于企业本质的看法通常又被叫做"生产函数"的观点，它在考察企业本质特征的时候忽略了企业内部的制度或经济关系等其他复杂因素。因此，严格说来，新古典经济学仅有企业的"生产理论"（the theory of production），而没有现代意义上的"企业理论"（the theory of the firm）。新古典经济学之所以这样做，不仅是由于在相当长历史时期里企业的内部关系相对简单，更是由于它担负的理论任务——揭示市场价格机制的基本原理——决定的。正如马斯·克莱尔等人所坦言的那样：

对企业的完全描述包括许多方面：谁拥有它？谁管理它？它如何被管理？它如何被组织？它能做什么？在所有这些问题中我们只关注最后一个。我们这样做，并不是因为其他问题没有意义（事实上，它们很有意义），而是因为我们希望尽可能快地获得一个最小的概念性工具，从而使我们能够对市场行为进行分析。因此，……企业被仅仅看作一个能够将投入品转化为产出品的"黑箱"（Mas-Colell et al., 1995, p.127）。

因此，新古典经济学的企业理论由于其特殊的使命，不可能在一个框架中涵盖我们关心的所有问题。我们发现，大企业将其雇佣结构内部化，只在特定岗位上从外部招聘工人，从而形成"进入岗"或"入口"，它是企业与外部劳动力市场的连接点（Kerr, 1954; Dunlop, 1966）。因此，有些工作在很大程度上避开了外部劳动力市场竞争压力所造成的直接影响。在多数情况下，这些岗位由已经进入企业的工人升迁和岗位转化填补，而且工资增加通常是从一个岗位等级向另一个等级升迁的结果。在企业内部，劳动力的价格和配置由一套行政规则和程序进行规制。行政程序这只"看得见的手"（Chandler，1977）是否比市场力量那只"看不见的手"能更有效地产生、使用、传递和储存特定种类的劳动技能和知识？这需要我们研究"黑箱"的内部世界，尤其当企业的内部关系变得不再那么简单时。因此，作为整个经济学理论体系的发展，科斯（Coase，1937）力图打开企业这个"黑箱"，从而为我们拓展一个崭新的研究空间和视角，使我们能够更加精细地研究和揭示包括企业在内的各种社会组织制度的形成与演变的规律。

第二节　新古典人力资本理论

在上述新古典企业理论的分析中，人的生产能力一直被置于外生变量的地位，忽视了后天因素对人的能力的作用和影响。将人力视为一种"均质"的投入，故而人力的投入通常也就简单地按照人数或工时等数量指标来计量。这曾使得经济理论的解释力受到极大限制。无论是增长理论中的索洛"余额"之谜，还是分配理论中的庇古"悖论"之惑，都证明了这一点。20世纪50年代末60年代初以舒尔茨（Schultz）、明塞尔（Mincer）、贝克尔（Becker）等人为代表的一些经济学家系统地将传统资本理论的概念与方法应用于人力因素及其相关行为的分析。引入劳动异质性因素以及与此相关的人力资本投资概念，将人力不再视为一种均质的投入，而是视为一种具有不同质量内涵的资本，一个高技能的复杂劳动投入便会相当于若干个低技能的简单劳动投入，这样便可将"余额"归因于人力资本的改善和提高，从而也解释了收入分配之"惑"。

一　人力资本的内涵与投资形式

人的能力的形成和发展主要是后天学习和实践过程的结果，在这个过程中需要耗费资源，换言之，人们要想不断提高自身能力，就必须把当前可消费资源的一部分拿出来用于提高其体力、智力以及其他各方面素质的投资活动。没有这种投资，即使再好的先天禀赋也难以得到发展，反而会退化殆尽。正是在这个意义上，我们可以说，人的能力是经济社会塑造的结果，它作为经济投入的一种产出，其形成机制与物质资本品无任何本质区别。故而，我们可以并且应当将资本概念应用于人，将人的能力称为"人力资本"。概括而言，"人力资本"意指通过人力资本投资所开发形成的人的各种能力的总和，只有通过花费一定时间和资源进行投资才能获得。人力资本是蕴涵于人本身的，根据现代社会的观念，人作为自由的主体是不能被买卖的，因此，人力资本或人本身不能被买卖，自然也就没有价格。在这里，可以买卖的是人力资本的服务，它的价格也就是人力资本所有者的工资，这与物质资本品既有其供给价格又有其服务的价格（租金或准租金）是不同的。人力资本开发也就是人本身的发展，就其社会生产的直接目的而言，仅仅是社会经济活动的手段，但是，就其终极目标而言，人力资本开发从而人的全面自由发展恰恰又是社会经济活动本身的目的。这就决定了人力资本的开发不仅具有单纯的经济意义，而且还具有恒久的社会历史意义。

根据舒尔茨等人的概括分析，人力资本投资形式主要有：健康投资、教育投资和职业培训三个方面。健康投资指的是通过对医疗、卫生、营养、保健等服务进行投资来恢复维持或改善提高人的健康水平，进而提高人的生产能力。虽然人的健康问题是一个错综复杂的生理与心理活动的过程，受社会、自然、环境等多种因素的影响，然而，在这些外生因素一定的条件下，健康状况的改善显然与个人健康投资的数量呈正方向变化。个人通过增加其卫生、保健方面的投入将会增加其健康资本存量，延长寿命以及寿命期的"无病工作时间"，并提高单位时间的工作效率。教育投资是指以一定的成本支出为代价来获得在各种正规学校里系统地接受初等、中等、高等文化知识教育机会的一种智力活动。教育投资的直接产品便是受教育者智能的增长，它体现在各级各类学校毕业生的特定素质和知识含量中。这些素质和知识含量会带来生产力的增长，从而比没有接受教育的同龄劳动者会产生更多的收入，该收入增量可以视为对教育投资的收益或回报。职业培训主要是指在正式的学校以外由企业或其他机构为职工提高生产技术、学习和掌握新技能而举办和提供的教育与培训，又称为非正规教育投资，它是相对于一般的正规学校教育而言的，像"从干中学"、各种技术培训班、学徒制、现场技术示范活动等，都属于此类投资形式。经过培训的职工由于增加了技能，因而会比没有参加培训时提供更高的边际生产力。教育投资和职业培训是人力资本投资的两大核心组成部分,二者都是在降低(提高)现期收入(成本)的同时更大限度地提高未来收入。教育投资主要集中于人的一生中前部较短的时期——人的学生时代,侧重于基础性、通用性知识和一般技能;职业培训则是集中于人生的随后较长的时期,通常贯穿于人的整个职业生涯,比一般的正规教育更贴近于生产实践,更侧重于实际生产知识与操作技能的培养和提高。因此,一般说来,正规教育与职业培训二者之间具有某种互补性,但是就对于企业生产与经营活动的直接效率关系而言,后者显然具有更为重要的意义。

二 职业培训投资及其均衡条件

由于本书的研究目的和范围所限,这里主要论及企业内部的职业培训。企业内部的人力资本开发活动具有多种形式,诸如从干中学、师傅带徒弟、在职培训、离职培训,等等。如果加以分类,这些人力资本开发活动基本上可以分为两大类:其一是从干中学或积累经验;其二是培训,主要是在职培训。其中,前者基本上属于一种自发的学习过程,在这个过程中,伴随着工作年限的延长和经验的积累,员工的操作技能、熟练程度以及工作技巧等方面会自然而然地提高。这种形式的人力资本开发一般不耗费多少直接成本,但是它肯定要耗费机会成本或时间成本,这个成本可以用一个新手为达到有经验的老手的水平所需要的标准时间过程中所损失的产量来计量。后者的情况则不然,它基本上属于一种自觉的或有组织的学习过程。讲到培训,无论是在职培训(诸如现场讲解、班后夜校等),还是离职培训(诸如短期进修学习等),都需要人为地组织与安排,它们虽然与企业的生产过程密切相关,但是却并非直接与产品的生产本身处于同一过程,而是具有相对独立的形式。因此,企业培训与一般的"从干中学"不同,它不仅要耗费受训者的机会成本或时间成本,而且也需要花费各种必要的直接成本支出,诸如教员费用、教材与教具费用,等等。如果说企业培训一般是分期分批有阶段性的,那么,"从干中学"这种自发的在职学习活动则可能要伴随职工的整个就业生涯。

在每一个企业通常都存在着从干中学和企业培训这样两种形式的人力资本开发活动,而每个员工也不同程度地经历了这两种人力资本投资活动,尽管它们的比重可能会因为生产技术的特点、员工队伍构成的特点以及员工自身的特点而有所不同。不过,如果为了分析上的方便,我们也可以将"从干中学"视为是一种培训,一种由员工自我进行的培训。这样，我们就可以一般地将企业培训（无论是员工自发地进行的，还是员工与企业有组织地进行的）看作是企业进行人力资本开发的基本形式了，本书中所论述的企业培训也是指包括上述自发与自觉两种形式的培训活动。

一般来说，企业内部的职业培训活动按其培训的技术内容分为两大类：通用性培训与专用性培训。前者指的是所开发或培养的技能或人力资本具有普遍适用性，即不仅适用于本企业，而且也同样适用于外部企业，如果受培训的雇员转移到外部企业，那么他（她）在其他企业所增加的边际产品将与其在本企业中的相同，例如，普通机床的操作员、机械师、内科医生等的培训就属于这种情况。后者则是指所开发或培养的技能或人力资本具有专用性，即主要适用于本企业而（完全或很大程度上）不适用于外部企业，如果受培训的雇员转移到外部企业，培训所带来的边际产品增量会减少甚至可能等于零，像宇航员、专用机床操作员等的培训就属于这种情况。相应的，按照职业培训所开发或培养的人力资本的经济适用范围可将人力资本区别为两大类：通用性人力资本与专用性人力资本。根据定义，此处的专用性人力资本指的是企业专用性人力资本。[①] 进行企业培训，一方面要花费成本（包括直接成本与间接成本或机会成本）；另一方面也会获得收益，主要表现在受训者因为技能的改善而导致其边际生产力的提高。边际生产力的提高意味着收入的提高，它不论是以利润增加形式归于雇主，还是以工资增加形式归于雇员，都代表着人力资本投资的收益。企业培训所开发或培养的人力资本类型的不同，会直接影响到培训投资的成本负担和收益享有方式的不同。对此，可以借助于简单的模型来说明。

为简便起见，假设培训仅仅发生在最初一个时期，随后的各个时期则为受训雇员投入生产使用从而获得收益的时期。由此，如果令 MP_0 代表最初的培训时期雇员的边际产品，$MP_t(t=1, 2, \cdots, n-1)$ 代表雇员在随后各个时期的边际产品，W_0 代表培训期支付给雇员的工资，$W_t(t=1, 2, \cdots, n-1)$ 代表随后各个时期支付给雇员的工资，c 代表培训时期的

[①] 专用性人力资本通常被视为企业专用性的，但是一些学者也使用行业专用性人力资本的概念（Neal, 1995）。企业专用性人力资本与行业专用性人力资本是有差别的。前者专用于某个企业，因此更容易形成沉没成本，更容易被"敲竹杠"；后者专用于某个行业，有可能在一个竞争性市场上减轻被"敲竹杠"的风险。本书限定在研究企业专用性人力资本，因此，如无特别说明，本书中的专用性人力资本（技能）均指企业专用性人力资本（技能）。

直接成本，i 代表市场利率或一般贴现率。则可以得出包含企业培训因素的均衡条件：

$$MP_0 + \sum_{t=1}^{n-1} \frac{MP_t}{(1+i)^t} = W_0 + c + \sum_{t=1}^{n-1} \frac{W_t}{(1+i)^t} \qquad (2.2)$$

上式中的左侧代表收益，右侧代表支出，而无论是收益还是支出，都分割为培训期与随后各个时期两部分。如果我们把随后各个时期的收益与支出加以整合，令 $G = \sum_{t=1}^{n-1} \frac{MP_t - W_t}{(1+i)^t}$ 表示培训结束后的各个时期中雇员的边际产品（MP_t）与其工资（W_t）的差额的贴现值之和，即企业得自培训投资的收益。则（2.2）式可以简化为：

$$MP_0 + G = W_0 + c \qquad (2.3)$$

上式含义是，在均衡的培训投资条件下，雇员在培训初期的实际边际产品（MP_0）与未来各个时期企业所增加的净收益（G）之和，应当等于培训初期的工资支出（W_0）与培训的直接成本（c）之和。

以上分析是用培训的直接成本表示的均衡条件，我们进一步用培训的总成本来表示这一条件。培训的总成本等于培训的直接成本与机会成本之和。培训的机会成本可以用雇员潜在可能的边际产品与其实际的边际产品之差来表示。令 MP'_0 表示雇员在培训期潜在可能的边际产品，C 为培训总成本，那么在均衡条件下就有：

$$MP'_0 + G = W_0 + C \qquad (2.4)$$

G 表示企业得自培训的收益，如果再用 G' 表示培训的总收益，α 和 $(1-\alpha)$ 分别表示企业与雇员各方从总收益中获得的份额，则有 $G = \alpha G'$，根据培训收益等于培训成本的均衡条件，则有 $G' = C$，$G = \alpha C$，从而上面有关培训投资的均衡条件可以进一步写成：

$$MP'_0 + \alpha C = W_0 + C \qquad (2.5)$$

或

$$W_0 = MP'_0 - (1-\alpha)C \qquad (2.6)$$

上式清楚地表明了培训投资的成本负担与收益享有必须保持相对等的基本经济原则。例如，如果 $\alpha = 0$，则表明培训收益完全归雇员个人所有，从而在客观上要求雇员个人完全承担投资成本，即 $W_0 = MP'_0 - C$。另一方面，如果 $\alpha = 1$，即培训收益完全归企业所有，则要求企业完全承担投资成本，即有 $W_0 = MP'_0$。如果 $0 < \alpha < 1$，则属于双方分享收益同时分摊

成本的情况。

先来看通用性技能培训,由于这时雇员通过培训形成的技能具有可转移性,客观上要求工资增长始终盯住其劳动的边际产品,即培训收益完全归雇员所有,故而投资成本应当完全由雇员个人承担。然而,事实上,依靠自发的市场机制很难做到这一点。第一,如果雇员个人收入水平难以承担培训投资的成本,且金融市场缺乏完善的有关个人人力资本投资融资机制,那么雇员的个人投资将会面临收入瓶颈。这一约束在经济欠发达国家和地区尤其明显。第二,即使雇员方面不存在收入瓶颈的约束,企业内的雇员培训也会因为企业方面的"不作为"(企业不愿提供培训机会)而难以有效进行。作为一种人力资本投资的形式,职业培训最基本的特点就在于它是与生产过程紧密结合的。如果企业不参与组织或不配合,任何一种职业培训都将难以有效地进行。而按以上分析的,由于通用性技能培训并不能为企业带来任何净收益,即使员工负担起全部培训的成本,企业对于提供与不提供培训也是无差异的。况且通常只要提供培训,企业总要难免发生一些无法补偿的成本,故而其不提供培训的激励将会更大,这种"不作为"成为一种常态情况。因此,在真正通用性技能培训的场合,最终结果也许并不是像贝克尔所说的那样:企业不支付培训的成本,但可能提供培训(Becker, 1993)。这样就产生了一个矛盾:一方面,企业的生产确实需要通用性技能的雇员;可是另一方面,雇员与企业各方又由于各自原因或者不能够或者不愿意承担投资成本,从而导致培训投资不足,因此出现了企业都弱化内部职业培训而热衷于外部人才争夺("挖墙脚")现象,此时企业培训投资上的"囚徒博弈"纳什均衡局面便发生了。以上分析实际上反映了依靠自发的市场机制难以开展有效的通用性技能培训,这就需要引入相应的制度安排。对此本书不展开进一步分析,以下着重分析专用性技能培训的情况。

三 企业专用性人力资本投资与工资决定

在专用性技能培训情况下,培训成本负担与收益分享的情况又如何呢?根据(2.6)式,从理论上讲,根据培训收益分享情况的不同,培训成本的支付有三种可能方式:第一种是由受训雇员来完全承担培训成本,同时他(她)也获得投资的全部收益,即雇员的工资与其边际生产力同步增长,即 $\alpha = 0$, $W_0 = MP'_0 - C$, $W_t = MP_t (t = 1, 2, \cdots, n-1)$。这与前面通用性培训下的情况是基本相同的。唯一的差别是,在通用性培训的情况下雇员的边际生产力在企业内外都是相同的,故而其工资水平始终等于外部市场的机会工资。而在专用性培训的情况下,由于雇员的边际生产力在企业内部要高于企业外部,故而其工资水平将高于外部市场的机会工资。第二种是由企业雇主来完全承担培训成本,同时获得投资的全部收益,而令雇员的工资水平保持不变,即 $\alpha = 1$,$W_0 = W_t = MP'_0 (t = 1, 2, \cdots, n-1)$。也就是说,雇员的工资并不因为培训导致的边际生产力提高而变化,仍然保持与其外部市场的机会工资相等。第三种是雇主与雇员双方共同分担培训成本,同时共同分享投资的收益,即 $0 < \alpha < 1$,$W_0 = MP'_0 - (1-\alpha)C$,$\sum_{t=1}^{n-1} \frac{W_t}{(1+i)^t} = \sum_{t=1}^{n-1} \frac{MP'_0}{(1+i)^t} + (1-\alpha)G'$。在均衡条件下,雇佣双方成本分担的比例与收益分享的比例是对等的。在专用性技能培训情况下,上述三种可能的培训投资模式中,只有第三种情况具有现实意义和实际可操作性,而前两种情况一般来说是难以有效地实施的。

先来看第一种情况,由雇员完全承担培训成本。在这种情况下,除了如同通用性培训情况下雇员的个人投资可能面临收入瓶颈约束外,雇员的专用性培训成本支出将会面临两种基本风险。其一是市场风险,即如果由于市场需求变化而导致企业的生产技术工艺陈旧过时,则相应的生产技能也将贬值,原先为培训该技能所耗费的成本支出将丧失部分甚至全部经济价值。其二是所谓的"敲竹杠"风险,主要来自于雇主的机会主义行为。如果雇主为了占有或盘剥雇员个人进行培训投资而获得的收益,而以解雇或其他终止雇佣关系的手段相威胁,以迫使雇员让渡某些应得的培训收益。一旦雇佣关系终止,雇员先前的专用性培训将蒙受全部或大部分损失。因此,除非有特定的制度安排与保证或相应的激励措施,否则,在雇员可以清楚地预见到这些风险尤其是"敲竹杠"风险的情况下,是不愿意单方面进行专用性人力资本投资的。

再来看第二种情况,由雇主完全承担培训成本。这种情况与第一种情况相似,只是投资主体发生了换位。这时,撇开市场风险不说,雇主的投资同样会面临来自雇员方面的机会主义行为的"敲竹杠"风险。在雇主投资以后,如果雇员为了占有或盘剥雇主进行培训投资而获得的收益,而以公开的离职或隐蔽的偷懒或怠工相威胁,以迫使雇主让渡某些应得的培训收益。而一旦雇员离职,雇主通过专用性投资所物化在雇员身上的专用性人力资本存量将无法收回,即使雇员不离职,但采取偷懒或怠工行为,也会使雇主的投资效率从而预期收益大打折扣。在这种情况下，除非有特定的制度安排与保证或相应的激励措施，否则，雇主也是不愿意单方面进行专用性人力资本投资的。

由此可见，在企业专用性技能培训场合，无论是雇员单方面承担成本支出，还是雇主单方面承担成本支出，都会面临严重的风险，特别是"敲竹杠"风险。因此，雇佣双方合作，共同承担培训成本同时分享培训收益的情况，也即第三种情况，显然是一种更具现实可能性的选择。按照贝克尔的观点，这种成本分担与收益分享模式可以弱化或避免机会主义的行为，因为这时任何一方的违约行为都会同时给自己和对方带来损害，雇佣双方一荣俱荣、一损俱损，从而通过合作的机制将可以维系培训投资与培训收益之间的正常经济联系。

贝克尔考察了雇员获得的一些知识和技能在某一特定雇佣关系中的价值要远高于其他潜在雇佣关系（也即专用性知识和技能）这一事实的含义。他认为，这种专用性的知识和技能很可能是雇佣关系实践中的一个重要部分。但是，它们将复杂因素引入简单的工资模型、培训投资模型以及雇佣关系的其他条款中。特别地，具有专用性技能雇员的劳动服务不再能模型化为均衡价格（工资）和数量（雇佣量或工作时间）由需求和供给曲线交叉点决定的无差异的一般性投入。一旦雇员具有了专用性技能，雇员在什么企业从事什么工作不再是无关宏旨的问题。此外，如果企业为雇员的专用性培训支付了成本，而后其离职从事其他工作，企业的资本支出将部分被浪费，未能从未来的收益中收回。同样地，如果雇员在为专用性培训支付成本后被解雇也不能从未来的收益中收回，遭受资本损失。贝克尔得出，在专用性技能投资重要的情况下，"企业的劳动力是保持原来的群体还是一个快速变化的群体不再是无所谓的事情"（Becker，1964）。

尽管贝克尔的主要兴趣在于对培训投资的经济激励，但同时通过专用性人力资本投资揭示了雇主与雇员长期关系的经济理性。贝克尔认为雇主与雇员很可能分担与分享专用性培训所带来的成本与收益，从而对双方保持雇佣关系提供激励。并且，在均衡条件下，双方成本分担的比例与收益分享的比例应该是对等的。[1] 这意味着雇员在他们雇佣关系的开始阶段收

---

[1] 桥本昌宜（Masanori Hashimoto，1981）提供的一个正式模型表明，培训成本与收益的划分应该根据一个公式——解雇与离职的相对概率以及评价雇员在本企业的生产力和其机会成本（或在可选择企业的潜在生产力）所花费成本的函数。

入少于他们的机会成本，在雇佣关系的后来阶段多于他们的机会成本。由这种收入方式将产生"向上倾斜的工资—任期曲线"，这是劳动经济学家在贝克尔之前就已经观察到的经验规律，后来的学者对其进行了扩展性研究（Topel，1990，1991）。与"企业专用性人力资本"假说一致，劳动经济学者也观察到长期任职雇员的收入要远高于他们的短期机会成本。这种经验结果通过对解雇的研究得到证实。研究表明，并非由于自身错误（例如，可能由于工厂倒闭）被解雇的长期任职雇员，在其下一份工作中获得的收入要比原有收入减少15%—25%。①

尽管工资确实看似随着任职期增长，任职期长的雇员的工资通常超出其短期机会成本，但这些证据并不能使所有劳动经济学者信服雇员获得了实质性的企业专用性人力资本。或许劳动力市场的其他特征能够解释这些经验规律。例如，强调工作匹配的搜寻过程的劳动力市场模型同样预示开始时期的低工资，且随着匹配改善工资逐渐上升；同样地，效率工资模型中，通过提高雇员被解雇的成本以诱使其努力工作，通常支付高于机会成本（即在次优工作上的工资）的工资。这些关于向上倾斜的工资—任期曲线的解释同样意味着劳动力市场会存在非自愿失业，因此在关于劳动力市场出清程度的争论中这些理论得以运用。② 但是，这些解释并不排除企业专用性人力资本在决定许多雇佣关系结构中是一个重要因素这种可能性。实际上，大多数劳动经济学者相信这种投资在许多情况下都很重要。

贝克尔关于人力资本投资的分析对我们理解工资收入以及技能的发展做出了重要贡献。对于工资的决定过程，贝克尔的人力资本理论比新古典企业理论的边际生产力方法更深入了一层。在人力资本投资模型中，工资并不是简单地取决于现货市场中工人的边际收益产品，工资的大小还要取决于企业内部关于人力资本投资的成本与收益的分担状况（这里成本与收益的分担比例是一致的）。贝克尔巧妙地运用了人力资本投资成本与收益现值相等的条件，得出了人力资本投资水平决定劳动者生产力水平，而

---

① 这些是保守估计。托佩尔（Topel，1990）在研究中发现被替换雇员的收入损失范围从所有被替换雇员的平均14%到服务年限长达10年或更久的雇员的28%。雅各布森、拉隆德和沙利文（Jacobson，Lalonde and Sullivan，1993）发现收入损失持续存在，以至于甚至在被替换6年以后，在以前工作服务6年或更久的雇员仍然比那些仍然留在原有工作的相当的雇员收入少25%。

② 关于非市场出清工资的效率争论的概要，参见克鲁格和萨默斯（Krueger and Summers，1988）和韦斯（Weiss，1990）。关于非市场出清工资的证据以及就业实践，参见卡茨和萨默斯（Katz and Summers，1989）、迪肯斯和郎（Dickens and Lang，1993）。

生产力水平又决定工资水平的结论，进而推导出了凹向原点且向上倾斜的工资—任期曲线。但是在某些方面，这一分析是有局限性的。该分析隐含地假定信息是完全的，在匹配之初，雇主与雇员签订的合约明确地规定了培训前、后的工资以及投资水平。此外，这种合约是可实施的（在雇员与企业之间发生争议时，合约中包含的信息是可以通过法院来证实的）。从而得出，在均衡条件下，双方投资成本的比例与收益分享的比例应该是对等的。新古典人力资本理论由于其完备合约假定，关于工资合约的分析忽视了双方的机会主义所带来的谈判困难，并没有考虑欺骗的可能性和"敲竹杠"问题。其所考虑的"敲竹杠"行为只存在于单方投资情况（未投资一方通过辞职或解雇以获得专用性投资带来的准租的一定份额），可以通过双方共同分担和分享投资的成本和收益以维持长期雇佣关系来解决。但是，很显然这种完备合约的假定是不现实的。专用于某一特定匹配的人力资本投资及其所形成的专用性技能会提出计量、证实以及评价等严重问题，通常不能在合约中规定，也不能轻易地被第三方（法院）观察。人力资本研究范式本身将资本概念特别是新古典的资本理论方法应用于人，所以，它的整个体系都是在新古典框架下展开的。而新古典框架的一个固有问题就是忽略了经济运行赖以为基础的制度。从这个意义上说，基于新古典型企业假设进行的有关人力资本投资问题的分析未免有些简单化了。

四 企业专用性人力资本：一个说明

自从贝克尔（1964）发展了人力资本理论以来，在研究职业培训问题时通常按照企业开发或培养的人力资本的经济适用范围将人力资本区别为两大类：通用性人力资本与专用性人力资本。需要注意的是，关于通用性与专用性的区分，并不仅仅依赖人力资本的类型或其本身的特点，它在很大程度上还将以市场环境和制度结构为转移。在现实经济中，劳动力市场存在着摩擦因素，这些因素可能来自劳动力市场上交易成本的存在、培训企业与外部企业间在培训信息和雇员能力信息方面的信息不对称，等等。使得尽管是通用性的人力资本，劳动力难以充分流动，从而受培训者难以在外部市场的企业获得竞争性或更高的工资，即工资被扭曲或挤压，这时雇员的人力资本实际上已经"专用化"了，那么此种人力资本也可以在一定程度被视为是企业专用性的（Acemoglu and Pischke, 1999）。在这种情况下，真正意义上的所谓"通用性人力资本"是不存在的。如果在最严格的意义上说，完全的专用性培训所培养的技能具有完全的企业专用性，即仅仅适用于本企业，其在外部企业的边际生产力等于零。但是实际上，属于这种极端专用性的情况并不多见，大多数的培训都是介于完全的一般培训与完全的专用性培训两极之间的中间地带。所以，一般来说，只要一种培训所培养的技能带来的边际生产力的增加在本企业比在外部企业更大，那么我们就可以把它视为专用性培训，只是不同技能专用性程度不同而已。

应当说，在社会生产尚未达到完全程度的标准化（实际上也不可能达到）条件下，绝大多数生产技能都或多或少具有企业专用性，即在特定企业或特定岗位上适用的技能如果转移到其他企业，都要不同程度发生贬值，从而导致其生产效率的某种程度降低。威廉姆森曾经把企业的人力资本或技能的专用性归因于四个方面：一是由于设备非完全标准化而引致的设备专用性；二是由于具体生产过程的特殊性所产生的过程专用性；三是由于企业特定的员工队伍结构所决定的团队适应的特殊性；四是由于特定企业的信息渠道和信息符号所引发的信息沟通的专用性（Williamson, 1985）。

关于企业专用性人力资本界定的最近发展是技能权重方法，强调技能并不是企业专用性的，但是不同工作所需要的技能组合是企业专用性的（Lazear, 2003）。假设每一份工作需要多种技能，且这些技能中的每一种也能在其他企业使用，在这种意义上可以说是通用性的。然而，各个企业在不同技能之间的权重是不同的。我们可以通过现实的例证说明假设的合理性。在一个提供最优纳税的企业软件的小型硅谷企业中，典型的管理层雇员必须具备关于税法、经济学、软件以及 Java 编程的一些知识。这些技能的任何一项都不是企业专用性的。经济中有许多其他企业需要税收的知识，许多企业生产产品过程中运用经济学的知识，Java 更是一种在整个硅谷都通用的语言。但是这些技能在所论企业的数量组合，在许多其他企业是很难复制的。如果管理者离开该企业将很难找到一个企业，充分利用所有其在最初企业所获得的技能。第二份工作可能会使用一些经济学和一些税收方面的知识，但是很少的编程技术，或者可能会使用一些税收和编程的技术，但是很少的经济学知识。企业专用性人力资本是由一系列通用性技能组合而成，其专用性体现在特殊的技能权重上，即各种一般性技能的不同权重导致了专用性。

此外，人力资本企业专用性程度的高低一般依赖于外部劳动力市场的状况（紧的或松的）以及搜寻成本。当劳动力市场是从紧的且搜寻成本低，一个被解雇雇员很可能找到一份工作，其技能需求与其在先前工作中获得的技能很好地匹配；当劳动力市场是松的且搜寻成本高，雇员也许不得不就业于一个只能较少地利用其在先前企业中获得的技能，尽管从其他雇主也会利用相同的技能这种意义来看，每一项技能单独可能都是"通用性的"。作为结果，雇员的离职或解雇导致其工资的损失，特别是在松的劳动力市场及高搜寻成本的职业。这也从一个方面说明，真正意义上的所谓"通用性人力资本"是不存在的。中国劳动力市场典型供大于求，劳动力市场是松的，企业人力资本更多的是专用性人力资本。

企业专用性人力资本的技能权重法对于企业对通用性技能承担成本提供了新的解释。一些技能培训看似通用性的，但是企业却承担部分成本，这一问题已经引起很多文献的关注，特别是近期，代表性的有阿西墨格鲁和皮施克（Acemoglu and Pischke，1999）、布思和索伊加（Booth and Zoega，1999）、卡佩利（Cappelli，2002）。从技能权重法看，企业对一些看似通用性的技能支付部分成本是情理之中。因为雇员离开该企业将几乎不能找到另一个企业需要相同比例的技能，这对于雇员的流动施加了工资成本，因此雇员不愿承担全部的培训成本。由此可以得出一个推论：随着技能的组合特质性越强，雇员支付培训成本的激励就越少，即使组合中的每一项技能都是通用性的。

需要指出的是，本书对企业专用性人力资本与企业专用性技能不作区分。即使从技能权重的角度，企业专用性技能同样可以视为由一系列通用性技能组合而成，其专用性体现在特殊的技能权重上。

第三节 委托—代理理论

标准新古典经济学没有工资或薪酬形式的概念，甚至在坚持新古典范式的人力资本理论中也没有涉及工资形式及其功能问题。这主要是由于新古典范式集中关注市场供求关系的运作及其均衡条件，而不考虑企业内部的制度安排及其经济后果。故而证明工资与劳动边际生产力的等边际条件便成为其劳动市场模型的要义，至于这种工资究竟采取何种形式以及相关的经济后果似乎就无关紧要了（Gibbons，1996）。然而，工资形式并非是无关宏旨的，不同工资形式实际上是反映了不同的制度安排，从而将具有不同的激励功能和经济后果。一旦我们超越新古典范式而将分析视角伸展到企业内部，不同工资形式的选择及其经济机理就成为不能回避的重要问题。当科斯（1937）试图打开企业这个黑箱时，我们发现这绝不是那个无摩擦的完美的新古典世界，而是广泛存在着信息不完全和不对称。企业相关当事人之间所进行的不再是非人格化的匿名交易，而必须靠各种各样复杂的合约关系联系在一起。由此，科斯把企业理解为一种不同于标准的市场交易的合约，从而开创了合约理论研究的先河。在此基础上，后人的工作又沿着两条线索发展。第一条线索主要是由阿尔钦和德姆塞茨（Alchian and Demsetz，1972）、詹森和麦克林（Jensen and Meckling，1976）等人发展起来的委托—代理理论，其核心是设计出一套有效机制来激励代理人"说真话"和"不偷懒"。由于这个机制将各种或然状态下当事人的权利和责任都涵盖其中，是一个不需要再谈判的完全合约，因此该理论也被称为"完全合约理论"。完全合约理论延续了新古典经济学关于当事人完全理性的假定，且合约的缔结及执行过程是没有成本的，并相信可以设计出完全的合约。然而，这一假定在现实中往往是不成立的，当事人完全理性和完全合约的假定遭到了以威廉姆森和哈特等为代表的一些经济学家的猛烈批评，他们发展了合约理论的第二条线索——"不完全合约理论"，对此，本书将在后面的章节中做进一步分析。

一　企业的合约网观点

所谓"合约"，又称契约和合同，指当事人之间关于权利和义务的承诺。[①] 经济学家很早就从合约的角度思考问题。最初，埃奇沃思方盒中的"合约曲线"实际上刻画了瓦尔拉斯一般均衡下的帕累托最优的短期合约集合。引入不确定性之后，"合约曲线"可以被重新解释为阿罗—德布鲁（Arrow-Debreu）一般均衡下的帕累托最优的长期合约集合。这种长期合约包含了当事人对未来商品的或然索取权，但是当事人之间的信息是对称的。因此，一旦脱离新古典的完美市场假设，例如信息是不对称的，那么合约可能无法达成。幸运的是，自1970年以来，以阿尔钦和德姆塞茨（1972）、罗斯（Ross，1973）、詹森和麦克林（1976）、莫里斯（Mir-

---

① 为了行文方便，本书统一将 contract 译为"合约"。

rless, 1976) 以及霍姆斯特龙 (Holmstrom, 1979) 等人的经典工作为代表，经济学家发展了一个专门的"合约理论"来分析完美市场之外的合约。合约理论在早期也称为代理理论，后来发展成为更加形式化的委托—代理理论或称激励理论。委托—代理理论是过去30多年中合约理论最重要的发展之一，是经济学家们通过深入研究企业内部信息不对称和激励问题而发展起来的。现代经济学中的合约概念比法律中的合约概念更为广泛，不仅包括具有法律效力的合约，也包括一些默认合约。实际上是将所有的交易（无论是长期的还是短期的、显性的还是隐性的）都抽象为一种合约关系，并将此作为经济分析的基本要素。合约概念之所以如此重要，是由于任何组织机构都可以看成是一组合约的联结。组织中人与人之间的关系、部门与部门之间的关系、上级与下级之间的关系及所有者与经营者之间的关系都可以视为合约关系。因此，企业可以视为"一系列合约的联结" (Jensen and Meckling, 1976)。将企业视为合约网（"一系列合约的联结"）的观点是一个重要的见解，促使学者们思考企业内各种参与者之间的关系。

作为经济学门类下一门新兴学科的合约理论，虽然与合约有联系，但它并不研究与合约有关的所有经济问题。它只是从理论层面对合约的性质、作用、形式、设计和应用提供简约、便利的分析框架与方法。确切地说，它是一门以合约为核心，以博弈论为方法，研究激励、信息和经济制度的理论。之所以说合约理论并不是研究与合约有关的所有问题，是因为它是以合约为出发点研究经济机制和经济制度的理论，而且它所研究的机制和制度也是围绕着经济中的特定问题，这些问题包括：如何设计合约解决交易中的信息不对称问题，如何解决合约执行中的承诺问题，如何在信息不能被证实的情况下设计合约，以及合约不能被执行的情况下如何通过制度的安排来提高经济效率。因此，总体而言，合约理论是研究关于激励、信息和经济制度的理论。

二 委托—代理理论中企业工资的决定

在一个委托—代理关系中，我们通常把发出要约的一方或者主动缔约方称为"委托人"，而把接受要约或者被动缔约方称为"代理人"。[1] 一

---

[1] 值得注意的是，因为合约理论利用了博弈论分析工具，有时也把所有参与人称为代理人，此时"代理人"与"当事人"是一个概念，而不管谁是委托方，譬如在不完全合约框架下的分析。但本节不做这种泛称。

些专著或教材把具有信息劣势的一方称为委托人，而把具有信息优势的一方称为代理人，这是不太准确的。事实上，委托人和代理人的区分不是绝对的，而是相对的，是根据研究问题的需要进行假设的。委托—代理理论具有如下假设：

（1）假设经济个体被赋予实质的或萨维奇（Savage，1954）理性，即当事人关于他们所面临的问题的所有解决办法拥有完全的信息，具有无限计算能力，能够计算这些解决办法的可能的结果，并且能够根据他们的偏好完美地排列这些结果。这意味着他们能够设计出考虑每一种相关的或然情况的合约。且合约必须以可以被第三方（通常是法院）证实的条款为内容。

（2）委托人和代理人之间存在信息不对称和目标冲突：当目标相互冲突但信息对称时，委托人与代理人能够找到最优策略（合约），解决代理问题；当目标没有冲突，即使信息不对称，代理问题也不存在；而当目标相互冲突且信息不对称时，代理人的"道德风险"问题就随之而生。这里说的"信息不对称"不是说委托人对于代理人的行为或类型完全无知，而是假定委托人根据一个先验的概率来估计代理人的行为或类型。

（3）合约的设计目标是在满足代理人参与约束和激励相容约束条件的同时，最大化委托人的利益。所谓参与约束，简单地说，就是代理人接受合约要比不接受好。委托人设计的合约必须使代理人的收益至少不低于代理人在外部市场上的机会收入或保留效用，因此它也称为个人理性约束。所谓激励相容约束，简单地说，就是代理人干得好要比干得不好时获得更多收入，这样才有上进的动力。当代理人满足了参与约束和激励相容约束时，最大化委托人利益，这就表明委托人成功地以一定代价激励代理人按照自己的目标行事。

如果把企业视为雇佣双方所达成的一种合约或制度安排，那么这种制度安排中的重要内容之一就是企业产出或收益如何在雇佣双方之间分配的问题，从雇员的角度来说也就是其工资决定问题。企业（或雇主）雇佣雇员是为了实现企业利润最大化，但这要以雇员努力工作创造高绩效为条件。在雇佣关系中，道德风险的一种重要情形就是雇员的偷懒或怠工行为。泰勒（Taylor，1929）曾说过，"技术熟练的雇员，很少有人不去花费相当多的时间来研究他以多慢的速度工作，却仍能使雇主相信他正以良好的速度进行工作"。

雇佣双方之间可以视为一种委托—代理关系（企业为委托人，雇员为代理人），在事前签订合约时，存在着企业如何通过合约激励雇员努力的问题。① 委托—代理问题的基本路径是：委托人设计合约→代理人根据情况选择接受（或拒绝）合约→代理人提供努力→随机因素决定状态→委托人根据结果进行支付。在雇佣双方这种委托—代理关系中，企业只能观察到雇员工作完成的情况，不能观察到雇员的努力水平，不能根据行为给雇员付酬。这就要求企业把一些可行的变量写入合约，该变量必须是可以被观察和证实的。企业的问题是使薪酬计划建立在可观察的变量基础上，在某种程度上激励雇员选择有利于企业的行为。学术界出现了大量在委托—代理框架下研究企业内部工资合约的文献，以探讨企业如何设计工资合约激励雇员的行为符合企业的利益。此处，我们并不是对已有激励文献进行综述（我们也不可能在一节的篇幅中探讨有关人工设计的激励机制的所有问题），而是集中论述作为一种激励机制的工资合约的代表性形式。

传统的委托—代理理论的相关文献探讨的是"单一委托人"、"单一代理人"、"单一任务"、"单一代理阶段"的双边委托—代理问题，是整个委托—代理问题中最抽象、最理想的形式，也是其他代理理论的基础。在这种代理问题中，比较简单、直接地将工资和绩效联系在一起的工资形式是计件工资，参见如下分析：张五常（Cheung, 1969）、斯蒂格利茨（Stiglitz, 1975）和莫里斯（1976）。计件工资，是以产量为激励指标，雇员每生产一单位产品就得到一笔规定数目的报酬。将产量直接和收入挂钩使得雇员努力的方向非常明确，特别是当生产过程中个人努力的弹性很大而企业又难以有效控制生产节奏时，计件工资更能有效地起到激励雇员努力工作的作用（Lazear, 2000），激励效果十分明显。然而，计件工资并非能够适用于任何情况。当产出难以衡量，计件就很困难；当完成某一项生产任务的人数增多时，计算个人对产出的贡献也开始变得困难；当产量受到除了雇员努力程度之外的一些随机因素影响时，计件工资可能让雇员承担过大的风险；等等。通过不断放松"单一任务"、"单一代理人"、"单一代理阶段"的假设，对传统的双边委托—代理理论的发展大致有这

---

① 与当前的大量有关文献不同，本书主要不是考虑对企业中主要管理者的激励问题（股东为委托人，管理者为代理人），而是考虑对企业一般组织成员的激励。

样几条线索：

（一）放松传统委托—代理理论中的"单一任务"的假设条件，发展了"多任务"委托—代理理论（Holmstrom and Milgrom, 1991; Baker, 1992）

传统委托—代理理论在研究委托人如何设计最优合约来降低代理人道德风险的问题中，假定代理人只从事单一工作，或者说代理人的努力选择是一维的。在现实中的许多情况下，代理人从事的工作任务不止一项，或者说，即使一项工作任务也涉及多个维度。进一步地，同一代理人在不同工作任务或维度之间的精力分配是有冲突的。比如，生产线上的工人业绩不仅取决于其生产产品的数量，而且取决于其所生产产品的质量，工人必须在产品数量和质量上分配时间和精力；企业经理不仅要注重当期利润，还要考虑企业未来的盈利能力；教师不仅要教给学生基础知识，还要注重培养学生的想象力和创造力。这些例子中的后项任务都较难监督和衡量。"多任务"委托—代理理论表明，当一个代理人从事多项工作任务或维度且监督难度不同时，对易于监督的工作过度激励就会诱使代理人将过多的努力用在这些方面而忽略其他方面，从而导致资源配置的扭曲。如果委托人期望代理人在某项任务或维度上花费一定的精力而该任务或维度又不可观测，那么，激励工资就不应该用于其他任何任务或维度，以防出现激励偏差。或者说，当代理人从事多项任务时，从传统的委托—代理模型中得出的计件工资的结论是不适用的。在某些情况下，固定工资合约[①]可能优于根据可观测变量来奖励代理人的激励合约。

因此，与"强激励"相比，组织内部更常使用的是"弱激励"（Slade, 1996）。与计时工资（固定工资合约）相比，计件工资是一种较强的激励机制，事实上在组织内部计时工资比计件工资更具普遍性，多任务委托—代理理论为此提供了一种解释。威廉姆森认为，"与计时工资相比，计件工资工人掩盖其产品质量的动机更强一些"，并且"计件制工人的合作意识不如计时制工人强"，因此，"要避免强激励机制这种无效性，还是采用弱激励机制比较合适"。

---

① 这里的固定工资合约相当于简单的计时工资，这种合约既不包含传统模型所要求的激励条款，形式也比较单一。

(二) 放松传统委托—代理理论中的"单一代理人"的假设条件，发展了"多代理人"委托—代理理论

传统委托—代理理论所关注的组织内的激励问题只集中在对个人的激励或建立在绝对评价体系上激励机制的研究，即代理人获得的报酬支付完全取决于代理人个人的表现（通过客观评价或主观评价）。而在现实组织内部，很多情况下雇员的报酬还取决于其他雇员的表现。这就涉及"多代理人"的激励问题。关于"多代理人"的激励问题，主要分为两个方向：一是考虑代理人产出比较的相对绩效评价的激励（Lazear and Rosen, 1981）；二是考虑产品是由一个团队共同生产的团队激励（Alchian and Demsetz, 1972）。

相对绩效评价就是一个代理人业绩的确定是相对于工作性质相同或相似的其他代理人产出的情况而定的。现实中确实存在着大量基于相对绩效的激励方案，因为在某些情况下，基于绝对绩效的激励可能由于某种原因而变得困难：(1) 绝对绩效指标是基于代理人边际产出的准确度量，相对绩效指标是基于代理人边际产出的排序，而不是具体的边际产出，边际产出的排序要比边际产出的准确度量来得简单，因此可以降低监控成本。(2) 基于绝对绩效指标的激励可能让代理人承担过多风险。由于代理人业绩除了受代理人行为影响外，还受环境的不确定性因素影响。因此，同一工作环境下其他代理人的工作业绩能够提供关于该代理人行为的有价值的额外信息。通过将其他代理人的业绩指标引入对该代理人的激励合约，可以剔除更多的外部不确定因素的影响，使该代理人的报酬与其个人的可控变量关系更为密切。(3) 基于绝对绩效指标的激励可能由于委托人潜在的道德风险而难以有效激励代理人努力。研究表明，在代理人面临共同的环境（工作环境、市场环境、相同的个人能力等）时，相对业绩比较能降低代理人风险，减轻双方的道德风险。

"锦标赛"是相对绩效评价的一种特殊形式。在锦标赛制度下，代理人获得的支付是其相对绩效的函数，即该支付只取决于他在组织内的绩效排名，而与代理人绩效的绝对水平或者代理人之间的绩效差距无关。锦标赛规则如下：当 n 个代理人的产出被确定后，产出排名在前 λn 名（包括第 λn 名）（$0<\lambda<1$）的代理人获得高额奖金 M，余下的代理人获得小额奖金 m。在对锦标赛理论的开创性研究中，拉齐尔和罗森（Lazear and Rosen, 1981）比较了两种工资合约：线性激励合约（计件工资）和锦标

赛激励合约。分析结果表明，如果代理人是风险中性的，在上述两种工资合约下，道德风险问题可以无成本通过将风险转移出去；如果代理人是风险规避的，两种工资安排的相对优劣取决于代理人所面临的共同的随机冲击的方差及产出依赖于努力的随机因素方差：如果前者的方差较大，锦标赛合约优于计件工资合约；如果后者的方差较大，则锦标赛合约不如计件工资合约。后续研究在此基础上又进行了丰富和拓展。例如，格林和斯托基（Green and Stokey，1983）进一步分析了共同的随机冲击对工资合约选择的影响；奥基弗、维斯库西和泽克豪泽（O'Keefe，Viscusi and Zeckhauser，1984）研究了如何对奖金结构进行优化设计，来诱使合适的代理人参与锦标赛，阻止错误类型代理人的参与；奈尔伯夫和斯蒂格利茨（Nalebuff and Stiglitz，1983）在一个一般性的理论框架下分析竞争性报酬计划（锦标赛合约），分析了环境的不确定性、竞争者的数量对锦标赛合约激励的影响，以及竞争的设计，包括奖赏与惩罚的最优使用和绝对与相对绩效标准的使用；哈柏林和伊伦布施（Harbring and Irlenbusch，2003）研究了锦标赛设计的两个基本特征——锦标赛规模和奖金结构，发现后者更能决定代理人的行为，代理人平均努力水平随着获胜比例的增加而提高。

锦标赛机制虽然有很多优点，但也存在不足。例如，根据绩效的相对表现激励代理人很容易产生"合谋"，即代理人通过共同地消极怠工而达到相互保险的目的，从而降低了委托人所提供合约的激励强度。委托人不得不进一步提高激励强度，但这会带来更多的"合谋"收益，从而导致进一步的"合谋"，这是一个恶性循环。如果委托人不能通过其他手段禁止代理人之间的相互保险，那么任何一种对称的相对绩效评价机制都无法防止"合谋"，这就是石黑（Ishiguro，2004）所证明的"不可能定理"（Impossibility theorem）。哈柏林和伊伦布施（2008）对不同规模、不同获胜比例下的锦标赛合谋现象进行了分析。此外，代理人通过减少竞争对手的产出可以提高他们的"相对位置"，从而产生相互拆台行为，破坏组织内部的合作氛围（Lazear，1989）。

上述理论主要涉及一些对雇员个人绩效比较敏感的薪酬制度，个人工作成果容易与其他人的工作成果划分开来，而且个体只对自己所做的工作负责。但是，在很多情况下，产品是由一个团队共同生产的，个体的劳动成果难以从团队产品中分离出来。例如，一个软件应用开发团队，在软件开发过程中集聚了集体的智慧。阿尔钦和德姆塞茨强调企业联合生产技术的重要性,最早提出企业实质上是一种"团队生产"方式。描述团队生产的特征为:(1)使用多种资源;(2)产品不是每个配合的资源各自产出的加总,等等;(3)在团队生产中使用的所有资源不是属于一个人(Alchian and Demsetz,1972)。根据阿尔钦和德姆塞茨,团队生产的主要问题是计量产出(任何单个人的产出不能从团队成员产出中分离出来),以及激励团队成员努力工作的报酬支付方式。在团队生产中一个成员的行为依赖并影响其他成员的生产力,团队总产出易于观测而单个成员的工作绩效却难以度量。因此,如果不能给团队成员按劳付酬,势必会出现"搭便车"(free rider)现象。[①] 如果团队成员通过合作生产比独立生产能实现更高的生产力,团队生产的优势就会凸显。如果这个额外的生产力超出监督及激励团队成员努力工作的成本,团队生产方式将会被采纳。阿尔钦和德姆塞茨进一步指出,在团队生产受欢迎情况下,计量与报酬问题可以通过监督工作专门化来解决。由一个团队成员专门负责监督,并赋予该成员雇佣和解雇团队成员的权利以及对企业扣除其他投入支付后的净收入的索取权。

与员工之间竞争关系的激励机制(如锦标赛)不同,以团队为基础的激励机制更注重员工之间的合作。从劳动性质考虑,团队激励适用于这样一类人群:他们的工作高度分工且紧密合作,需要通过彼此之间的配合来完成某项工作,每个人的工作只是整个工作流程中的一部分,但最终工作结果反映的是所有人的劳动成果。对这类人群进行团队激励更有助于增进彼此之间的协作,共同来完成整个工作。此外,团队激励还适用于另一类人群:他们需要从所有团队成员的智慧中萃取出高于个人智力的团队智力来完成某项具有创造性的工作,他们之间技能上的互补、思想上的启发以及彼此间的信任是组成团队的基础。对这类人群采用团队激励可以更好地发挥集体智慧,促进彼此之间知识的交流与信息的共享。企业中的研发团队就属于这类群体。

团队激励的形式是多样的,如企业内部实行的团队奖金、利润分享制、员工持股制(ESOP)、合伙人制度,等等。团队奖金是团队激励的一种普遍方式,一般是以短期目标为主。团队奖金通常是委托人根据团队一

[①] 关于团队生产的相关问题、团队努力所获收益如何分配以防止团队成员"搭便车"问题的总体讨论,参见霍姆斯特姆(1982)。

定的组织目标设定一些奖金奖励的标准，当团队产出达到这些奖励标准时委托人给予全体团队成员奖金奖励，以此来激励团队成员努力工作。研究表明，团队奖金通常在规模较小的团队中使用，因为在小规模团队中"搭便车"效应相对不明显；此外，团队奖金的使用还需在短期内且团队产出能准确度量的情况下使用，这样才能保证团队奖金应有的激励效果。利润分享是团队劳动报酬的另一种常见形式，通常是在某个时期内依据公司利润给员工一定的奖励。一般来说，利润分享可以激发员工的努力、提高员工整体的技能水平、增加组织内的信息流动（Kruse，1992）。通常在利润分享下，每个员工得到的份额并不一样。典型的利润分享计划是将待分配的利润按员工的基本薪金的相对比例进行分割，员工的薪金越高，得到的份额就越大。尽管利润分享计划常常被认为是一种激励计划，但研究表明，其效果却十分有限（Chisholm，1997；Estrin et al.，1987）。因为涉及利润分享的员工团队通常很大，团队中大部分员工并不在一起工作，搭便车效应就会占绝对优势（Ma，1988）。由于"搭便车"问题，采用利润分享激励能够引起个人激励和团队激励之间的矛盾（Samuelson，1977）。实际上，利润分享计划是风险分担的一种形式（Estrin，et al.，1987）。

（三）放松传统委托—代理理论中的"单一代理阶段"的假设条件，发展了"多阶段"委托—代理理论

传统委托—代理理论中隐含地假定委托人和代理人之间的委托—代理关系是一次性的，而现实中组织内部的委托—代理关系往往不是一次性的。事实上，雇佣双方通常维持着长期稳定的雇佣关系。在长期雇佣关系下，形成了委托人与代理人之间的重复博弈。[①] 马尔科森（Malcomson，1984）在拉齐尔和罗森（1981）的锦标赛理论的基础上，采用世代交叠模型，假定雇员在劳动力市场中持续两个时期。企业在任一时期雇佣足够多的新雇员，雇佣初期所有的雇员是同质的，个人的产出由其努力和随机变量共同决定，分析基于相对绩效评价的晋升对雇员努力的激励。在该报

[①] 许多国家都存在长期稳定的雇佣关系。其中，日本大企业以终身雇佣而著称，是采用长期雇佣最典型的国家，即使在强调劳动力流动性的美国和英国，雇佣年限也并非如想象的那样短。在美国，一般雇员在同一企业平均工作 8 年，有 25% 的雇员在同一企业工作超过 20 年，年龄超过 30 岁的雇员中，有 40% 的雇员在同一企业至少工作 20 年；在英国，在同一企业工作 20 年以上的雇员比美国更普遍（Hall，1982）。另据经合组织（OECD，1986）的报告，日本企业中的正式雇员在同一企业工作超过 10 年的比例为 70%，相应的数字美国是 37%，英国是 39%，意大利是 46%，德国是 53%，法国是 58%。

酬体系中包括三个从低到高的工资等级：w_0 为支付给新雇员的工资；w_1 为支付给没有得到晋升的资深雇员的工资①；w_2 为支付给已经获得晋升的资深雇员的工资。其中晋升比例为 p ($0<p<1$)，即第一期产出排在前 p 比例的雇员得到晋升。企业对雇员提供一个两时期雇佣合约，规定了 w_0、w_1、w_2 和 p。当然，这一分析可以扩展到多时期、多层级晋升情况。用晋升提供激励具有信息优势，即如同锦标赛一样仅需要比较相对业绩，不需要衡量绝对业绩。在晋升竞赛中，唯一需要的业绩信息就是有关谁做得更好的相对或序数信息，在很多情况下，只有这种信息才能及时或低成本取得。晋升的另外一个优势是，晋升需要长期的业绩评价，所提供的激励也是长期的，进而鼓励雇员的长期行为。晋升固然能对雇员提供较强的激励，但这实际上只是对有晋升希望的雇员而言。由于晋升呈金字塔形，即使对有希望晋升的员工，晋升也不经常发生或越来越难，那么如何对晋升希望不大或不再有晋升可能的资深雇员提供激励是另一个值得研究的问题。

贝克尔和斯蒂格勒（Becker and Stigler, 1974）在其工资增长模型中，假定雇员在劳动力市场中经历的时期为 n，雇员偷懒被发现的概率为 p，雇员从偷懒中获得的收益为 R，δ 为一般贴现率，w_a 代表机会工资，w_t 代表雇员任职期为 t 时企业支付的工资，企业一旦发现雇员偷懒则将其解雇。研究表明，为了激励雇员努力工作，企业始终支付高于雇员机会工资的工资水平。而且企业在 $1-n-1$ 期支付雇员不变的工资溢价（wage premium），在最后一个时期支付一个更高的工资溢价，体现了长期内工资增长具有的激励作用。马尔科森（1984）也论及工资应该随着雇员在企业的任期递增，并将其解释为与经验相关的技能增长，但并没有将其视为一种激励方式。拉齐尔（1979, 1981）延伸了贝克尔和斯蒂格勒（1974）的分析，得出了两个结论：（1）贝克尔和斯蒂格勒（1974）提出的工资计划是企业为了防止雇员偷懒而设置的，它需要在雇员整个职业生涯内执行，这个工资计划的特点是工资是企业特殊资历（firm-specific seniority）的增函数，当资历较低时，工资低于边际产品价值；当资历较高时，工资高于边际产品价值。（2）这种工资计划中需要引入强制退休政策，因为

---

① 之所以对没有得到晋升的资深雇员支付工资 $w_1 > w_0$，是考虑资深雇员与经验相关的技能的增长。

后期较高的工资（高于其边际产品价值）致使雇员不愿退休，强制退休计划可以保证雇员有效的年龄退休，并提出了"报酬后置"理论，具体来讲，在雇员任期的某一时期之前，雇员的报酬小于其对企业的边际贡献；在这一时期之后，报酬大于其对企业的边际贡献。这也从一方面解释了许多企业采用的报酬递增计划或向上倾斜的工资—任期曲线。索洛（Solow，1979）提出的"效率工资假说"解释了努力与工资水平的关系，最早将效率工资制度提升到理论高度。然而，索洛的研究还只是效率工资理论的起点。因为在该模型中，雇员的努力程度与实际工资水平之间的关系是外生给定的，所以为什么工资水平对雇员具有激励作用的问题并没有得到解答。而夏皮罗和斯蒂格利茨（Shapiro and Stiglitz，1984）提出的怠工模型完成了这一工作。在该模型中，效率工资不再只是个假定，而是从厂商利润最大化的行为中推导出来的。较高的工资会提高雇员由于偷懒而被解雇的机会成本，从而激励雇员努力工作。

前述的多阶段委托—代理关系的激励模型均属于显性激励，主要是指委托人用正式合约形式规定代理人在什么情况下获得什么报酬，它可以由第三方（法院）来公正并强制执行。事实上，在一个委托—代理关系的重复博弈中，可能没有必要签订一个充分的法律上可执行的合约来实现事实上的可执行性，这一点已经在拉德纳（Radner，1981）等研究中得到证实。拉德纳（1981）和鲁宾斯坦（Rubinstein，1979）利用重复博弈模型证明，在委托代理双方之间能够保持长期关系的情况下，如果双方具有足够的耐心（或者说具有足够大的贴现因子），帕累托最优风险分担和激励就能够实现。实际上，长期雇佣合约通常不会是完全充分，且能够被法院所证实的（合约的不完全性会在第三章详细论述）。在隐性的或缺乏约束力的合约中，合约条款只要可以被雇佣双方所证实（不仅限于书面形式的合约，而且包括默认合约），在多阶段委托—代理关系中，雇佣双方对自身"声誉"[①]的

[①] 经济学中所谈的声誉主要是指：在长期交往中，行为人之间存在信息不对称情况下，个人或组织建立和维持的一种名声。这种声誉或名声对个人或组织能够产生一定的激励作用。亚当·斯密（Adam Smith，1776）在200多年前就已经意识到声誉是一种保证合约得以顺利实施的重要机制，并对此做了一些简单的分析与解释，但并未形成成熟的思想，也没有给出完备的分析框架。真正把声誉激励引入经济模型中是20世纪80年代以后博弈论发展的结果。现今，声誉经济学这一研究领域的主要研究议题是：在委托—代理关系中，代理人当前绩效对其未来收益的影响，这也正是声誉在经济学中的意义所在。

关注（Kreps et al.，1982）以及组织内的"职业关注"①（Fama，1980），能够形成一种内生于代理人自身的自我激励与约束机制，即隐性激励机制。

　　上述这些在委托—代理框架下关于工资合约问题的研究具有重要的理论价值。它们在一定程度上进一步拓宽了分析视角，丰富和深化了人们对于工资制度安排的复杂多样性及经济机理的认识。进而，对于各种不同工资形式的适用条件、激励效果及其局限性也都可以得到较有说服力的解释。然而，这些研究主要集中于如何激励雇员努力工作不偷懒，却无法回答企业专用性人力资本投资所提出的问题。例如，阿尔钦和德姆塞茨的团队生产理论，就其本身而言并没有为团队成员为什么不能每天改变，或每小时改变提供特别的原因。实际上，阿尔钦和德姆塞茨认为"雇主与雇员间的长期合约并非企业的本质特征。"他们反而认为，雇主与雇员的关系相当于一系列短期合约："雇主不断地陷入必须被双方接受的合约条款的再谈判中"（Alchian and Demsetz，1972）。② 但是，在大企业中，长期雇佣关系是常态而不是例外。因此，他们的观点无法解释大企业的实际运行方式。"多阶段"委托—代理理论虽然论述了长期雇佣关系中的激励问题，但是并没有解释长期合约存在的原因。克劳福德（1988）证明，除非引入"资产专用性"，否则难以解释长期合约对短期合约的替代。阿尔钦和德姆塞茨最初的观点可以通过考虑企业专用性人力资本投资或其他可能使保持一个特定的工作团队有利的因素加以改进。德姆塞茨本人在近期的研究中在这个方面作出了努力（Demsetz，1991）。他认为，在具有专用

---

　　① 职业关注，主要是指委托人根据代理人当期的产出来修正对代理人能力的信念，并且在下一期付给代理人与其能力相应的薪酬，以此来激励代理人。"职业关注"对代理人的激励与声誉激励在本质上是相同的，只是研究的范围和视角不同而已。对于"职业关注"隐性激励的研究主要有两个方向：一是研究"职业关注"隐性激励与显性激励之间的关系及二者的组合激励（Holmstrom，1982；Gibbons and Murphy，1992）；另一个方向体现在研究"职业关注"对代理人行为的多维度影响（Narayanan，1985；Scharfstein and Stein，1990；Anderson，2002）。

　　② 阿尔钦与德姆塞茨（1972）指出，科斯所说的——企业的特征在于它通过比普通的市场拥有更为优越的权利（如命令、强制或行动的纪律约束等）来解决问题，例如雇主有令雇员做什么的权利——是一种幻觉。他们诘难道：企业靠什么保证雇员（在合同限制的范围内）一定服从雇主呢？如果雇员不服从又能怎么样呢？不过是解雇而已。这种权威，同市场交易中单个消费者向食品商分派任务的情况没有区别。所以，企业的实质不是雇主与雇员的长期合约，而是团队生产。在所有权投入的合约中，处于集权位置的团体充当合约代理人，统一使用所有投入。企业这种合约形式是团队生产诱致的。

性人力资本的团队生产中,某成员的人力资本与团队其他成员的人力资本共同使用要比单独使用更有价值,一个个体的生产力不再仅仅依赖于"是团队中的一部分",而且依赖于"是从事一个特定任务的一个特定团队的一部分"。如果成员在团队中不再是无关宏旨的,是要紧的,这就使得最初的阿尔钦和德姆塞茨(1972)的分析复杂化。进行专用性人力资本投资,并知道一旦被配置在这个特定的团队他们尤其有价值的团队成员,将不再愿意接受仅仅是他们(短期)机会成本的工资。因此,监督者不再能够拿走企业全部的经济剩余。

实际上,在某些方面,企业专用性人力资本投资提出的问题与委托—代理问题类似。雇员的一些行为,例如获得技能、积累专用性知识、付出专用性努力、与同事发展专用性关系,这些行为企业不能直接衡量,因此不能直接补偿雇员。企业只能观察(或许是不完全地)这种投资的产出。正如阿罗所说的,"一般而言,在雇佣关系中,努力以及通过培训和自我改善获得的能力很难观察"(Arrow,1985)。但是,规范的委托—代理问题在一个关键方面不同于企业专用性投资问题:非对称性。在规范的委托—代理问题中,一个隐含的假定是一旦薪酬计划已经确定,委托人的行为对与薪酬计划相联系的变量的结果不再产生影响。结果被实现,承诺给代理人的薪酬作为该结果的一个函数被决定。因此,关于双方的可信性以及协议的可实施性的一些强假定被包含在规范的委托—代理问题中(Wiggins,1991)。然而,企业专用性投资的情况,双方的行动却能影响投资收益。雇员采取行动来影响企业的收益,但是企业能够采取行动不仅影响雇员得到的报酬,而且影响由该行动产生的租金与准租金流。例如,企业能够决定关闭雇员工作的工厂,从而没有机会实现收益;或者股东可以把企业卖给其他人,这些人能够解雇管理者或废除企业。[①]

因此,委托—代理文献在激励理论、机制设计理论、劳动与人事经济学等领域为我们提供了丰富的理论成果和实践启示,在描述某些类型合约问题是有用的。然而,如果企业专用性人力资本是一个重要投入时,委托—代理理论在描述雇佣关系的基本特征或企业本身的性质时可能过于片面。

[①] 贝克尔(1964)明确地意识到了这一问题。施莱弗和萨默斯(Shleifer and Summers,1988)在他们关于恶意接管的评论中的观点也与此观点接近,认为这种接管可能通过违反原来管理者与雇员及其他利益相关者的隐性合约为新所有者创造价值。尽管施莱弗和萨默斯没有明确诉诸企业专用性人力资本投资,但这种投资将会是在这个事件中准租金很容易到手的一个解释。

第三章 不完全合约与"敲竹杠"问题

通过前文的论述，新古典企业理论和委托—代理理论关于企业工资决定的研究大多没有论及企业专用性人力资本问题，甚至关于人力资本问题的讨论也极为罕见。新古典人力资本理论虽然研究了企业专用性人力资本对于工资的决定，却存在研究假设过于简单而难以解释现实问题的弊端。尽管新古典人力资本理论也讨论过"敲竹杠"现象，但只是在单方投资的情形下才会出现的结果（未投资一方通过辞职或解雇以获得专用性投资带来的准租的一定份额），可以通过双方共同投资来解决，它忽视了双方互相"敲竹杠"的问题。"敲竹杠"问题是不完全合约理论的中心话题。本章论述本书的理论基础——不完全合约理论，梳理问题研究的理论脉络，主要是对不完全合约理论与"敲竹杠"问题的文献综述，以揭示本书理论框架本身所涉及问题的内在演化逻辑。并进一步指出雇佣合约的特性及其所导致的企业内部雇佣双方的"敲竹杠"问题，确认本书选题的针对性。并对关于如何设定工资合约以解决雇佣合约中的"敲竹杠"问题的相关文献进行简要述评。

第一节 从完全合约到不完全合约

委托—代理框架下对企业工资合约的研究在激励性合约设计方面取得了非常丰富的结论，但是，该框架延续了新古典经济学关于当事人是完全理性的假设，且合约的缔结及执行过程是没有成本的，并相信可以设计出完全的合约。这也遭到了一些经济学家的强烈不满。按照现代合约理论的观点，纯粹意义上的完全合约只存在于理论之中，现实中所有的合约都是不完全的，只是在完全或不完全程度上有所不同。这一点已经获得了经济学者的共识。事实上，随着在委托—代理框架下的理论分析触角日益接触到更复杂的现实问题,一些关于多阶段委托—代理关系的研究也已经认识到合约的不完全性,从而关注隐性激励机制的作用。

学者们很早就注意到合约的不完全性。科斯在《企业的性质》这一开创性论文中通过对短期合约和长期合约的讨论,已初步提出了合约不完全的思想。他认为,要素和劳务的供需双方为了避免利用价格机制的成本或风险,宁愿签订长期合约而非短期合约。"由于预测的困难,关于商品或劳务供给的合约期限越长,那么对买方来说,明确规定对方该干什么就越不可能,也越不合适。因此,对将来要提供的服务只是一般性地规定一下,具体的细节留待以后的讨论。"(Coase,1937)这可能是经济学家第一次谈及合约的不完全性。此后,威廉姆森(1979)、克莱因(1980)、萨维尔(Shavell,1980)、戴伊(Dye,1985)、格罗斯曼和哈特(1986)以及哈特和莫尔(1990)也都明确提到了合约的不完全性。以威廉姆森和哈特为代表的经济学家认识到,由于某种程度的有限理性或者交易成本,使得现实中的合约是不完全的。威廉姆森(1985)的研究强调当事人的有限理性,典型地,合同不完全性源于合同语言所受到的一个限制——事前准确地描述某些事件是无能为力的,即使那些事件和它们的内涵在事后很容易被验证。即使是简单的合同,其实也很复杂。威廉姆森(1985)曾指出,为了讲清楚一份合同,不仅要使用价格、法律条款等概念,甚至要使用"投机"、"名誉"这些词语。为了签订一份合同,仅仅有"理性人"出场远远不够,还要请专门的"合同人"登台亮相。按照威廉姆森的说法,这种复杂程度要比德姆塞茨(1967)所举的产权的例子"远在几个数量级之上"。格罗斯曼和哈特(1986)、哈特和莫尔(1990)的研究则强调法官的有限理性,法官理性的程度对谈判和可以被实现的执行机制产生影响。

具体地说,可以将合约不完全原因概括为三类成本(Tirole,1999):一是预见成本,即当事人由于某种程度的有限理性,不可能预见所有的或然状态;二是缔约成本,即使当事人可以预见到或然状态,以一种双方没有争议的语言写入合约也很困难或者成本太高;三是证实成本,即关于合约的重要信息对双方是可观察的,但对第三方(如法院)是不可证实的,而导致合约无法确切执行。当存在上述这些合约成本时,所缔结的合约就是不完全的。可以说,不完全合约包含两层含义:第一,合约内容不完全;第二,即使合约在内容上是完全的,也不能得到完全的执行。

在法学和法经济学领域，合约的不完全性也受到关注，例如，麦考利（Macaulay, 1963）、艾尔斯和杰特纳（Ayers and Gertner, 1989, 1992）的研究。不过，经济学上的合约不完全性有时跟法律上的不完全性定义不同。前者特指合约没有充分地状态依赖，而后者在司法实践中更倾向于界定为责任或功能上不完全，埃格尔斯顿、波斯纳和泽克豪泽（Eggleston, Posner and Zeckhauser, 2000）对两类不完全性作了对比。

第二节 产品市场中不完全合约与纵向一体化

一 不完全合约与"敲竹杠"模型

不完全合约会导致什么结果？克莱因、克劳福德和阿尔钦（1978）、格劳特（Grout, 1984）、威廉姆森（1985）等从不同方面指出了不完全合约会导致无效投资的观点，格罗斯曼和哈特（1986）、哈特和莫尔（1988）分别从合作博弈和非合作博弈的角度首次给出了严格形式化的证明。上述文献的基本逻辑是：由于合约是不完全的，所以事前的专用性投资无法写入合约。一旦自然状态实现，在这种具有双边锁定特征的再谈判过程中，投资方就会面临被对方"敲竹杠"或攫取"可占用性准租金"[①]的风险，即投资者投资的边际收益中有一部分被对方分享了。预期到这种"敲竹杠"行为，投资者事前就会投资不足。我们在上述文献的基础上，提炼出一个基本模型。

假设风险中性的一个买方（B）和一个卖方（S）之间存在一种纵向关系，双方在日期 0 签订了一个合约，规定卖方在日期 3 向买方提供一个特定的小产品 G。由于缔约环境非常复杂，事前难以描述 G 的具体要求（如形状、规格或价格等），双方只能等自然状态 θ 在日期 2 实现之后再进行谈判。[②] 在日期 1，买方和卖方同时选择各自的关系专用性投资 i_B 和

[①] 克莱因、克劳福德和阿尔钦（1978）对资产的准租金的解释为，假设一项资产为某一个人所有并租给另一个人，这项资产的准租就是超过另一承租人次优使用的价值。准租潜在的可占用部分为超出出价第二高的使用者的价值。

[②] 在日期 2，小产品的形状和规格已知，并且可描述，因此签订一份关于价格的可执行的合约毫无困难。

i_S,其中,$i_\varphi \geq 0 (\varphi = B, S)$,代表投资的水平和成本。模型的时序如图3-1所示。

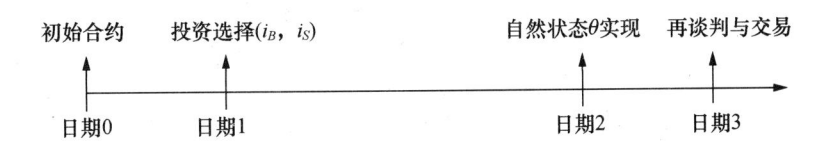

图3-1 买卖双方投资博弈的时序

i_B 可能代表买方 B 开发其最终产品市场所作的支出。假定,如果交易发生,B 的收入以 $R(i_B, \theta)$ 来表示;如果交易不发生,B 就会从现货市场上按价格 $\bar{p}$ 购买"非专用性"小产品,在这种情况下的收益用 $r(\theta)$ 来表示。同样,i_S 可能代表为使卖方 S 生产更有效率而花费的货币或时间。假定,如果交易发生,S 的生产成本以 $C(i_S, \theta)$ 来表示;如果交易不发生,S 将在现货市场上按价格 $\bar{p}$ 出售他的小产品。不过,他将不得不做一些调整以使它成为通用的小产品,在这种情况下,S 的生产成本用 $c(\theta)$ 表示。此处,$r(\theta)$、$c(\theta)$ 均独立于投资数量,意味着双方所进行的是完全专用性投资。[①] 假定贴现率为0,且对所有的 i_B 和 i_S 来说,$R(i_B, \theta) - C(i_S, \theta) > r(\theta) - c(\theta) \geq 0$,表明他们在发生交易时的报偿要比不发生交易时大,则交易发生,就有等于 $[(R-C)-(r-c)]$ 的合作剩余(准租金)。假定 $R'_{i_B} > 0$, $R''_{i_B} < 0$, $C'_{i_S} < 0$, $C''_{i_S} > 0$(也就是说,R 是严格凹状,C 为严格凸状),且 R, r, C, c 以及 i_B 和 i_S 在事后对双方来说是可观察的,但(对局外者来说)却是不可证实的。[②] 为简便起见,假定没有谈判成本,并且双方根据对称的纳什谈判解以50∶50的比例分享合作剩余。

作为一个标尺,社会最优(first-best)的投资水平是双方使他们的交易关系的净现值实现最大化的投资水平,是最大化社会总剩余的解,表示为:

$$(i_B^e, i_S^e) = \arg \max_{i_B, i_S} E_\theta [R(i_B, \theta) - C(i_S, \theta) - i_B - i_S] \qquad (3.1)$$

---

① 这样的假设仅仅出于方便,但不会影响结论。
② 由于这种"可观察但不可证实"的信息结构假设无须借助不成熟的有限理性模型,因此成为不完全合约理论模型的基础假定。

其中，E_θ 表示以 θ 为条件的条件期望算子。于是，(i_B^e, i_S^e) 是以下一阶条件的一个解：

$$E_\theta[R'_{i_B}(i_B,\theta)] = 1 \quad \text{和} \quad E_\theta[-C'_{i_S}(i_S,\theta)] = 1 \tag{3.2}$$

根据纳什谈判解，在纳什均衡下买卖双方的最佳决策由他们各自的期望收益函数决定。于是，买卖双方个人最优投资水平 (i_B^*, i_S^*) 为最大化各自期望收益的投资水平，表示为：

$$i_B^* = \arg\max_{i_B} E_\theta \left\{ r(\theta) - \bar{p} + \frac{[R(i_B,\theta) - C(i_S,\theta)] - [r(\theta) - c(\theta)]}{2} - i_B \right\} \tag{3.3}$$

$$i_S^* = \arg\max_{i_S} E_\theta \left\{ \bar{p} - c(\theta) + \frac{[R(i_B,\theta) - C(i_S,\theta)] - [r(\theta) - c(\theta)]}{2} - i_S \right\} \tag{3.4}$$

于是，(i_B^*, i_S^*) 是以下一阶条件的一个解：

$$E_\theta[R'_{i_B}(i_B,\theta)/2] = 1 \quad \text{和} \quad E_\theta[-C'_{i_S}(i_S,\theta)/2] = 1 \tag{3.5}$$

根据收益函数 R 的凹性，成本函数 C 的凸性，将式（3.5）与式（3.2）对比可以得出，买卖双方个人最优投资水平 i_B^* 与 i_S^* 均小于社会最优投资水平 i_B^e 与 i_S^e。这证明，由于投资收益没有完全内生化，投资者投资的边际收益中有一部分被对方分享了，这就产生了"敲竹杠"问题，因此会导致事前关系专用性投资不足的现象。

二 产品合约中的"敲竹杠"与纵向一体化

"敲竹杠"问题最初是在分析产品合约提出的。科斯（1937）最早致力于科层关系——一些个体通过权威作出如何使用人力以及物力的决定——可能取代市场交易的原因，以解释企业的存在。科斯认为，"在企业外部，价格支配生产，通过一系列在市场中的交换交易来协调。在企业内部，这些市场交易被消除，交换交易的复杂的市场结构被企业家/协调者所代替"（Coase，1937）。在一些情况下，通过权威协调活动要比个体间独立地互相联系提供投入品能够节约交易成本，更有效率。自从科斯开创性的见解，经济学家们开始关注于在企业内组织生产可以节约成本的情况。核心问题是哪些因素可能增加通过市场交易组织活动的"交易成本"。威廉姆森（1975，1985）进一步识别了一些在客观、现货市场上交易的成本比较高的交易特征，并指出存在这些特征的交易，交易方将会选择通过科层安排来实施。其中，一个关键的特征是"资产专用性"，意指将资产再配置于其他用途的困难程度。根据威廉姆森,其他鼓励科层管理而不是市场交易的特征还包括资产的使用年限、交易的不确定性与复杂性、交易方的"有限理性"以及交易方的"机会主义"倾向。在这些特征中,资产专用性居于核心地位,因为能够很容易再配置的资产在某一特定关系中是不存在风险的。只有当资产是专用性的时候,使用年限、不确定性与复杂性、有限理性以及机会主义这些问题才变得重要。威廉姆森通过引入资产专用性,指出缔约后的机会主义造成的交易成本是企业取代市场的主要原因,逐步发展了交易成本经济学(Transaction Cost Economics,TCE)[①],其工作引发了一系列关于当资产具有专用性时所出现的合约问题的文献。具有代表性的是,克莱因、克劳福德和阿尔钦(1978)提出,当合约双方各自进行关系专用性投资时,任何一方都会面临被对方盘剥从投资中获得的收益的风险,即"敲竹杠"行为。他们推断,潜在的"敲竹杠"问题将会鼓励合约双方实行纵向一体化。假定一方拥有一个煤矿,另一方拥有一个电厂,且电厂建在煤矿口处,计划从该矿场使用煤。双方很可能发现他们自身经常陷入关于价格以及煤被售给电厂的条款的争论中。但是,如果单独一方拥有煤矿和电厂,这个所有者将会最大化联合收益,且不会在双方就贸易条款讨价还价上浪费资源。

试图检验威廉姆森以及克莱因、克劳福德和阿尔钦假设的经验研究普遍证实了专用性投资在决定纵向一体化程度上起到重要作用。[②] 其中,蒙特沃德和蒂斯(Monteverde and Teece,1982a,1982b)的研究引出了一个令人感兴趣的转折:对于纵向一体化,专用性人力资本投资可能是比专用性物质资本投资更重要的原因。蒙特沃德和蒂斯研究汽车产业零件生产时提出在什么情况下企业将会选择内部生产,而不是与外部供给者签订合约进行生产。他们主张如果在零件生产中使用的专用性资产仅仅包括物质资本,如工具,纵向一体化可能不是必要的。在这种情况下,如果汽车装配公司拥有专用性的工具,并把它们租给生产零件的承包商,"敲竹杠"问

[①] TCE主张通过市场、企业或科层、混合形式(抵押、互惠、特许经营等)等多种治理结构来解决不完全合约下的"敲竹杠"问题。治理结构的选择由交易的特征(资产专用性、交易的不确定性等)决定,以最小化交易成本为宗旨,当资产具有高度专用性时,往往采取企业或科层(纵向一体化)的治理结构。

[②] 除了大量案例研究,例如,威廉姆森、诺斯(North)的贡献以及大量其他文献的许多推断已经被计量经济学检验,具体参见谢兰斯基和克莱因(Shelanski and Klein,1995)关于计量经济学检验的调查。

题是可以避免的。蒙特沃德和蒂斯称为"准一体化"的这种安排在汽车零件生产中是常见的。但是在生产零件的专用性投资是专用性的知识和技能的情况下，准一体化将不再能解决"敲竹杠"问题，将需要完全一体化来最小化交易成本。同样，马斯滕、米汉和施奈德（Masten, Meehan and Snyder, 1989）发现在回归中专用性知识投资与专用性设备投资都可以用来解释纵向一体化，且专用性知识投资有更强的解释力。

根据 TCE，如果两个企业之间存在高度专用性投资，那么通过一体化可以弱化潜在的"敲竹杠"或者机会主义行为的危害。但是，这些研究并没有给出一个关于一体化的成本和收益的清晰解释，也没有提供一体化后谁该拥有企业所有权。格罗斯曼和哈特（1986）、哈特和莫尔（1990）通过建立正式数学模型（以下简称 GHM）论述了这个问题。GHM 考虑了这样一种情况：各自拥有资产的买卖双方之间存在一种纵向关系，卖方与其资产结合向买方提供投入品，买方与其资产结合利用这种投入品来生产在产品市场上出售的产品，双方签订了一个不完全合约。[①] 双方需要做出事前的关系专用性投资（模型中隐含地假定为人力资本投资），这种投资使得资产更具有生产力。模型提出，由于合约是不完全的，因此合约中除了可以事前规定的特定权利之外，还有事前无法规定的剩余权利，对这部分权利的控制就是所谓的剩余控制权，剩余控制权直接来自于对物质资产的所有权。[②] 一个人拥有的资产越多，剩余控制权越大，谈判力越强，得到的剩余越多，因此事前的专用性投资激励就越强。模型产生的论断是，得到剩余控制权的一方固然增加了投资激励，但失去的一方却因此减少了投资激励，所以社会最优的投资激励不可能实现，这就是一体化带来的收益和成本。因此，应该通过资产所有权或者剩余控制权的配置，确保在次优条件下实现最大化总剩余，这就要求把所有权安排给重要的或不可或缺的投资一方。[③] 由于他们认为剩余控制权天然地来自于物质资产所有者，

[①] 在前述交易成本经济学（TCE）的分析中隐含着合约是不完全的前提假定。GHM 模型中假定合约不完全性是由于法官的有限理性，合约关系的相关变量是不能被第三方证实的。而在 TCE 中，合约的不完全性不仅仅是因为法官的有限理性，也因为缔约方的有限理性。

[②] 此处的物质资产即非人力资产，包括"硬"的方面，如机器、库存、建筑物、土地。也包括"软"的方面，如专利、客户名单、版权，等等。本书中的物质资产均与非人力资产等同，可互换。

[③] 模型中假设双方都对风险持中性态度，而且拥有大量（无限）的初始财富，因而每一方都能购买对他来说是有效率的任何资产。

因此该理论也被称为"产权理论"（Property Rights Theory，PRT）。① 产权理论虽然证明了专用性人力资本的重要性，但是却强调物质资产的所有权对于投资激励的决定性作用，认为物质资产的所有权增加了所有者做出最优专用性人力资本投资的激励。② 在这个意义上，产权理论将企业定义为一种物质资产的集合。

三　TCE 与 PRT 的对比分析

TCE 和 PRT 试图坚持科斯主义精髓，即交易成本与合约不完全性的普遍存在，在两个不同的分析框架下发展了不完全合约理论，是不完全合约理论的两个重要分支。本小节从 TCE 与 PRT 二者分析的假设，主要是关于合约不完全性的原因，以及它们各自分析问题的有效域两方面对这两种理论框架进行对比分析。③

依照威廉姆森（1975，1985），当一种关系中存在很强的双边相互依赖时，纵向一体化使得一方保护其专用性投资免受潜在的"敲竹杠"。沿着这一分析思路，格罗斯曼和哈特（1986）、哈特和莫尔（1990）试图建立纵向一体化研究的正式模型（GHM 模型）。在他们的模型中，产权影响双方进行专用性资产投资的激励。尽管 PRT 的灵感来自于威廉姆森的分析，但格罗斯曼、哈特和莫尔设计第一个产权理论模型的意图不仅是模型化威廉姆森的基本见解，且通过构建一个能够同时考虑科层协调的优势和劣势的分析框架对其有所超越（Grossman and Hart，1986；Hart and Moore，1990）。PRT 分析所依赖的假设不同于 TCE，这两种分析中合约不完全性并不是产生于相同的原因。

---

① 这里说的"产权理论"不同于早期由科斯、阿尔钦等人创立的产权理论，前者用"剩余控制权"这个新概念来定义所有权，并使用了精巧的数学模型从而成为主流合约理论的一部分。因此，也可以称为"新产权理论"。本书提及的产权理论如不加特别说明均指"新产权理论"。

② 这一观点简单而深刻。说它深刻，是因为它指出了组织中权力的来源，相对于以前的理论而言这是一个进步；说它简单，是因为有时更多物质资产却并不意味着更多投资激励，有时权力不仅仅来源于物质资产。关于物质资产越多投资激励越强的问题，邱（Chiu，1998）以及德麦泽和洛克伍德（De Meza and Lockwood，1998）同时得出了与此相反的结论，他们认为在一定条件下损失资产反而可能增强代理人的投资激励。出现两种截然相反的结论的原因，是因为他们采取了不同的博弈解。GHM 模型采取合作博弈方法，将外部选择权当作"现状点"，即当事人一旦合作就不再行使关系外的权利；邱等人采取非合作博弈方法，将外部选择权视为一种"威胁点"（threat point），即当事人再谈判过程中随时可能行使关系外的权利。

③ 关于 TCE 与 PRT 较为系统的对比分析，可参见布鲁索和法里斯（Brousseau and Fares，2000）以及索西耶（Saussier，2000）的研究。

在 TCE 中，合约的不完全来自所有参与人的有限理性，既因为缔约方的有限理性，也因为法官的有限理性。正如西蒙（1982，1987）指出的，不同于萨维奇公理（Savage, 1954），有限理性假设意味着经济代理人不知道他们面临的问题的所有解法，不能计算这些解决办法的可能结果，且不能在他们的偏好空间完美地排列这些结果。关于合约，这意味着他们不能设计出不花费高成本而考虑每一种相关的或然情况这种最优的解决办法（行为规则）。除了所有参与人的有限理性，在 TCE 的分析中，合约不完全的另一个原因是奈特（Knight, 1921）的分析中所论述的极度不确定性，代理人不能想象未来的特征。必须澄清，这不同于奈特（1921）分析中的风险或者贝叶斯的不确定性。事实上，在这两种情况下未来的可能特征是被代理人知道的。他们只是对于实际上将要发生什么不确定，这由一个（客观的或主观的）概率函数形式化。然而在极度不确定性情况下，代理人不知道未来状态的可能特征，他们不能提出有效适应每种未来情况的或然合约。由于 TCE 中的有限理性来自所有参与者，需要在许多不同的方面被界定，形式化有限理性的假设确实是一个相当大的难题，所以至今仍未建立令人满意的有限理性模型，这也是 TCE 方法上的一个弱点。

在 PRT 中，合约的不完全根源于合约执行中最后诉诸的法官的有限理性，即合约的不可证实性。遵循"不可证实性"路径，PRT 指出了合约不完全性的两个原因：（1）法官无法证实相关的自然状态；（2）双方无法阻止事后的再谈判。在 GHM 模型中，通过只依赖不可证实的假设构建了一个逻辑上统一的框架来解释科层协调如何弥补由合约不完全所导致的投资扭曲。一些学者，特别是梯若尔（Tirole, 1999），并不确信在不可证实性假设基础上合约的不完全性能够始终被内生化。实际上，他拒绝事后交易成本（证实成本）能够解释合约的不完全性这一观点，因为他认为"可观察但不可证实"信息的假设是毫无意义的。在这种情况下，双方总是可以通过实行一个披露机制以使信息可被交易双方观察，可被法官证实来完善一个不完全合约。如此，这种机制使得合约视自然状态的发生而定，从而导致了一个完全合约的结果。但是，梯若尔提出的这类合约机制有一些局限性。它需要执行很高的违约惩罚以及双方不再对这个惩罚再谈判的可信的承诺。实际上，梯若尔提出的合约的执行隐含着不存在双方对初始合约再谈判的可能性。因此，它隐含地、矛盾地假定双方不够精明以从一个事后相互有利可图的再谈判中获利（Hart, 1995）。① 另外，对再谈判能力的考虑导致对"可观察不可证实"观点的接受，因为实行一个能使缔约者将任何可观察信息转化为可证实的信息披露机制是不可能的。作为结果，不可证实性假设使在不完全合约中建立一个统一的缔约形式成为可能。

TCE 中普遍的有限理性假设导致由有限理性的代理人设计和执行的协调机制是不完善的，因而必须结合其他机制来更有效地起作用。因此，各种协调机制（像合约和制度）之间的互补性被内生化。在这里，制度不是给定的，且从它们不能使代理人在零交易成本上交易来讲，它们是不完善的。这些假设导致了这样一种观点，协调机制（合约和制度）总是不完善的，因为它们没有保证成功的和无成本的协调。经济代理人通过各类治理机制的互补性来试图降低交易成本。然而，由于他们的有限理性，他们从未能达到最完美的解决方法，但是通过从选择过程中学习和获益来改进它们。因此，TCE 框架的主要问题是，比较在不同情况下由各种协调机制的组合产生的相对成本。在 PRT 中，合约的不完全仅仅由于法官的有限理性，法官理性的程度对谈判和可以被实现的执行机制产生影响。因此，问题是分析合约执行最后诉诸的法律框架如何影响它们的设计。PRT 关注于给定事先存在的制度特征情况下可以被执行的这类合约（制度在分析中不是内生的）。在这一点上，TCE 很大程度上不同于 PRT，因为它提出一个逻辑上一致的理论框架来内生化制度和治理结构的形成。

因此，TCE 与 PRT 这两种分析框架更多是互补的，而不是替代的。它们不是竞争的，因为它们处理的问题明显不同，具有各自分析问题的有效域。如果 TCE 在处理（分立的）可选择的治理机制的组合的比较时是有效的，在处理个体合约设计上它却表现得比较无力。由 PRT 提供的合约机制的精确分析在这种情况下就比较有力。另外，PRT 不能抓住这样的事实：代理人综合各种类型的治理机制，因为他们在获益于规模、范围和知识经济的集体治理与为交易的特定需求定制的个体间治理之间进行一个权衡。两个框架都存在着分析的弱点，使我们无法认为其中一个比另一个

---

① 然而，两个论据证明作出这个假设是正当的。从分析的观点，合约的再谈判来自代理人的机会主义行为，这意味着他们不能承诺不对初始合约再谈判（Hart and Holmstrom, 1987）。从经验的观点，文献指出如果双方同意再谈判，法官一般不强制双方应用"不可再谈判合约"这一措辞（Jolls, 1997）。

更有力、更普适。PRT被批评，或是因为它逻辑上不一致，或是因为它依赖于一个特定的假设。尽管TCE有很强的逻辑一致性，但它不得不面临强大的方法困难。由于理性可以在许多不同的方面被界定，且这些因素对每个个体而言都是变化的，所以建立令人满意的有限理性模型看上去依然遥遥无期。而且，TCE作为有力研究框架的主要原因——它能够内生化各个层面内含的治理机制，同样是它方法的致命的弱点，因为实践中，为了得出协调问题与治理解决方法之间比较简单的可检验的因果关系，学者们通常只研究一种层面的治理（视其他为给定）。尽管各种层面的治理之间的相互作用被TCE学者群体所掌握，但这些相互作用在个体研究中并没有真正地被研究。

在经验研究方面，依赖一个强的经验基础。全世界600多份对TCE进行的经验研究表明，TCE在经济学、金融学、管理学、法学、政治学和公共政策等各个领域的理论命题，总体上得到了支持（Boerner and Macher，2001）。可以说，TCE是"一个在经验上成功的故事"（Williamson，2002）。另外，关于PRT的实证检验相对要少得多，因为有关剩余控制权的定义比较含糊，在实践中难以测验。近几年，关于PRT的实证检验有所发展。贝克和哈巴德以美国卡车行业为例，考察了合约不完全是卡车所有权的配置问题。他们发现，司机是否拥有卡车，取决于驾驶激励和谈判成本的权衡取舍。驾驶路程越长，卡车载货量越是难以测度，或者越是对装备具有单方面的要求，则产权越是应该配给司机而非运输公司（Baker and Hubbard，2002）。这支持了PRT的结论。埃尔芬拜因和勒纳以1995—1999年超过100份互联网接入联盟（Internet portals alliances）的合约为样本证实了PRT，发现对投资最重要的一方往往拥有所有权（Elfenbein and Lerner，2002）。莫斯等（Moss et al.，2001）关于农田租赁合约的经验研究支持了TCE与PRT在实践运用中的融合。这项研究论述了交易成本在行为中的作用与玉米种植带农业特征一致性的早期研究。TCE合约多样性通过交易属性的不同来解释，效率相关问题通过使治理结构与这些特征匹配来解决。研究表明农民确实是这样做的，根据交易特征选择不同的租赁合约。该研究进一步证明了交易条款如何被产权所影响，产权的转让或划分如何能影响农田的价值和租赁价格。

四 广义不完全合约理论：多个视角

由于产权理论中的GHM首次建立了正式的不完全合约模型并将它应

用于企业理论以及相关领域，因此，在正式文献中，不完全合约理论通常指产权理论，属于狭义上的不完全合约理论。但是由于 TCE 与 PRT 都是在不完全合约框架下研究如何最大限度地减少由于合约不完全所导致的效率损失，因此我们统一冠之为不完全合约理论，属于广义上的不完全合约理论。除了 TCE 和 PRT，大量研究从多个视角研究如何最大限度地减少由于合约不完全所导致的效率损失，均可以视为广义的不完全合约理论。这里，为了更为系统地把握不完全合约理论的全貌，从各个视角对不完全合约理论进行了归纳和综述。[①]

(一) 法律干预的视角

这里所说的法律干预，是指国家或法律机关通过立法或司法程序来弥补由于合约不完全所造成的无效率。针对造成不完全合约的几类交易成本，法经济学界的干预学派提出了不同的干预措施。

如果是高昂的缔约成本造成合约不完全，那么在一定条件下，国家可以提供某种形式的"默示规则"，按照某种规则来调整合约不完全时当事人的权利和义务。在司法实践中通常表现为司法解释或者判例。由于国家立法具有规模经济优势，因此，当国家创设默示规则的一次性成本小于私人解决问题的总成本之和时，国家提供默示规则就是值得的（Schwartz，1994）。如果是证实成本导致合约不完全，那么根据履约理论，法庭基于某些可证实的条款强制执行合约通常优于提供默示规则。因为缔约各方不会把那些不可证实的条款写入合约，所以在这种情况下，国家提供默示规则就是无效的（Schwartz，1992，1994）。如果是预见成本造成合约不完全，那么双方在信息不对称情况下，法庭通过否决或是认可合约，可以迫使有信息优势的一方主动揭示信息（Anderlini et al.，2006）。在信息对称情况下，法庭如果否决合约，会减弱当事人的专用性投资激励，但是会增强当事人面对或然状态的保险能力，因此，最佳的干预规则在激励和保险之间权衡取舍（Anderlini et al.，2007）。

尽管有不少学者强力主张通过法律干预减少不完全合约所带来的效率损失，典型的如萨维尔（Shavell，2005），但是，实际上法律干预的前提条件是相当苛刻的。有效的法律干预要求法庭面对的是具有同质性的

---

① 本部分的论述参考了杨瑞龙、聂辉华《不完全契约理论：一个综述》，《经济研究》2006 年第 2 期。

大量案件，并且法庭在信息方面至少不劣于当事人。显然，这些条件与本章第二节第一部分中缔约环境的假设是有差异的，而且在现实中几乎不存在。所以，法律干预理论虽然在法经济学界得到一些学者支持，但在经济学界并不被看好。

（二）赔偿的视角

给定不完全合约，由于不可预见的或然性，事后可能会出现专用性投资所带来的准租小于零的情况，因此有时违约对双方都是帕累托改进的。在法经济学文献中，通常主要考察期望损失赔偿和信任损失赔偿两种赔偿方式。前者是指违约方要补偿对方在关系外的机会收益，后者是指违约方不仅要支付对方在关系外的收益，还要补偿对方所做的专用性投资。①

萨维尔（1980）最早把赔偿措施当作弥补合约不完全的手段，并且证明了两种赔偿措施都会导致过度投资，但期望损失赔偿措施帕累托优于信任损失赔偿措施。但是，他的分析只在单方投资时成立。他假定非投资者是违约者，因此在存在赔偿措施的情况下，投资者相当于获得了一种投资的保险。并且他从赔偿中得到的边际私人收益超过了边际社会收益，所以会过度投资。在信任损失赔偿措施下，投资者所做的任何专用性投资都会得到补偿，所以他比期望损失赔偿措施下更容易过度投资。罗杰森（Rogerson，1984）进一步考察了允许再谈判时的情况，他发现萨维尔（1980）的结论依然成立。

赔偿措施能够解决无效投资问题的前提是相关变量和各方的权责可以完全被法院证实，而这正是问题本身。这些前提与本章第二节第一部分中"可观察不可证实"的信息假设是有差异的。因此，赔偿的视角与法律干预的视角面临同样问题。

（三）机制设计的视角

机制设计思想是通过一种简单的选择性合约或者再谈判设计可以实现社会最优的专用性投资水平。根据是否考虑再谈判，可以将与主题相关的机制设计理论分为两个阶段。第一阶段的文献没有考虑再谈判。穆尔和鲁普洛（Moore and Reupllo，1988）、穆尔（1992）设计了一个精巧的多阶段信息博弈。在此博弈中，任何偏离均衡路径的一方都将获得不利的默认选择权（defanlt option）——一个非帕累托最优的数量—价格对，并使双

---

① 法经济学文献中的"信任"相当于经济学文献中的专用性投资。

方都向第三方缴纳罚金，因此均衡中没有人说谎，这保证了子博弈完美履约。罗杰森（1992）考虑了一个更简单机制，就是直接把谈判力赋予一方，比如买方，买方向卖方提供一个默认选择权，通过对交易数量或价格的微调，在满足卖方的个人理性约束条件前提下，迫使其达到社会最优的投资水平。无论从理论还是从法律上讲，禁止或事前承诺不进行再谈判都是不合理的。既然合约是不完全的，那么等自然状态实现后双方再谈判是不可避免的。

第二阶段的机制设计理论考虑了再谈判。钟（Chung，1991）最先考虑了再谈判设计，但是他外生地假设一方在再谈判中获得了全部谈判力。艾德琳和赖克斯坦（Edlin and Reichelstein，1996）虽然内生了再谈判过程，但是他们的结论只在单方投资时成立。阿洪、德瓦特里庞特和雷伊（Aghion, Dewatripont and Rey，1994）弥补了上述缺陷，把再谈判的过程看作一个包含了显示有效交易数量和投资信息的罗宾斯坦（Rubinstein）轮流出价谈判，规定谈判必须在日期3（见图3-1）达成，否则发出要约并被对方拒绝的一方将受到巨额惩罚。诺尔德克和施米特（Noldeke and Schmidt，1995）提出了一个类似机制，不过假定微调的主要工具是价格而非数量。马斯金和穆尔（Maskin and Moore，1999）对不完全合约的机制设计理论进行了概括性论述。

机制设计理论实际借鉴了完全合约的思想，因为它假定有效的结果建基于一些可证实的变量（交易数量、品质或者违约责任），而这与不完全合约模型的假设环境是不同的。此外，机制设计理论所设计的再谈判机制不能避免第三方与当事人之间的合谋，甚至缺乏现实基础（比如，法律对于违约金是有限制的）。

（四）声誉的视角

无论是法律干预、赔偿还是机制设计视角，都是基于静态的、一次博弈的环境，然而这难以强有力地解释为什么现实中依然存在大量复杂的长期合约。例如，乔斯科（Joskow，1985）发现，在一些地区的发电厂和煤矿之间，大部分合约都在10年以上，有些甚至长达50年。由于不可能在合约中轻而易举地界定每一或然事件，甚至即使知道每一或然事件，法律纠正的费用也很昂贵。因此，交易者通常采取一种通过市场机制而不是法律实施机制的长期默认型合约。也就是说，违约者要承受撤回未来业务而导致的资本损失（市场惩罚违约者）。这种声誉市场实施机制无疑是相对于纵向一体化的主要选择。麦考利（Macauley，1963）提供的证据表明，在商业关系中，相对非正式的、法律上不可实施的合约形式占支配地位，依赖明确法律制裁的极为罕见。企业通常依赖有效的不受法律支配的市场制裁，诸如通过贬低一个具有机会主义行为企业的声誉而使其未来预期业务减少，以此作为履行合约的手段。

声誉理论有时也称为自我实施的合约理论。尽管声誉文献非常多，但是在不完全合约环境下讨论声誉的文献却不多见。早期的如克莱因和莱弗勒（Klein and Leffler，1981）利用完全信息重复博弈对不完全市场合约进行分析。克雷普斯（Kreps，1990）开创了组织内部不完全合约分析的先河，把企业文化理解为企业应对不可预见的或然性的一般原则。这些模型的一个基本含义是，只有在考虑贴现后履约的期望总收益高于违约的期望总收益时，当事人才不会"敲竹杠"。贝克、吉本斯和墨菲（Baker, Gibbons and Murphy, 2002）从一个动态的角度扩展了 GHM 模型，分析所有权与声誉的关系，认为所有权会影响不完全合约的违约激励。哈洛宁（Halonen，2002）证明，在静态环境下，不可能是最佳的联合所有权在无线重复博弈环境下可能是最佳的。

第三节　雇佣合约与"敲竹杠"问题

一　企业：雇佣合约对产品合约的替代

以上主要分析在市场上进行产品交易过程中存在关系专用性投资（尤其是专用性人力资本投资）时，两个独立签约个体企业 A 和企业 B 的纵向一体化关系。[①] 一体化后，一个企业的所有者变成另一个企业的雇员，由企业内部的雇佣关系替代了产品市场上的独立签约关系。正如张五常（1983）所言，企业"合约"，发生在要素市场上；而价格机制的"合约"，则是发生在产品市场上。因此，企业无非是以要素市场上的合约替代产品市场上的合约，由雇佣合约替代产品合约，从而节约交易成本。雇佣合约把隐藏在产品一般市场交易之中的人力资本分解出来，并把人力资

[①] GHM 认定无效率问题不可能完全解决，因为这违反了边际原理。TCE 认为，通过一体化可以弱化"敲竹杠"问题，但是对于能否彻底解决投资无效率问题或者语焉不详，或者讳莫如深。

本本身当作可作为企业购买的独立要素。根据 PRT，纵向一体化抑制了不完全合约所固有的"敲竹杠"风险，它能激励合并方（雇主）有效的专用性人力资本投资，因为事前剩余控制权的分配影响其事后对由有效投资产生的剩余索取的能力。但是，一体化的成本却是被合并一方（成为雇员）由于缺乏所有权减少了专用性人力资本投资激励。在 GHM 模型中雇佣合约是无关紧要的[①]，并没有考虑雇员专用性人力资本的重要性。但是，在企业的生产中，雇员的专用性人力资本往往是企业的关键性要素，是核心员工所必备的，特别是在人力资本密集型企业。由此，问题进一步提出，在雇佣合约不完全的情况下，企业内部的专用性人力资本投资问题又如何解决呢？如何保护这种投资以促使雇员专用性技能的形成呢？也即如何降低 GHM 模型中所谓一体化的成本呢？这可能是更基本的问题。以上关于纵向一体化的分析并没有给出回答。

二 雇佣合约的特性与企业专用性人力资本

与新古典现货市场劳动供求与工资决定理论不同，实际劳动雇佣合约很大一部分是一种不完全的、隐性的，并且赋予雇主重要权力的长期关系合约。通常的发包—承包合约都把工作规定得相当详细，而且承包人对一般未明确规定的行动拥有许多剩余控制权。与此相对照，劳动雇佣的典型特征是，它只构造了关系框架，确定了主要目标，而对工作的具体细节、未来的报酬、冲突的处理办法等则事先很少有规定。在合理范围内，雇员使用其脑力和体力进行雇主要求他们从事的任务。也就是说，这种合约是不完全的合约。按照这种合约，雇主拥有行动的许多剩余控制权，即能够命令雇员做合约条款或法律没有明确禁止的事情。雇员如果不愿服从，可以也只能辞职。[②]

一些经济学家强调了雇佣合约的这一关键特性：支领薪俸的雇员对雇主权威的服从（公认的发放命令的权利）。[③] 1951 年，西蒙（Simon）建

[①] 参见霍姆斯特姆和罗伯茨（Holmstrom and Roberts, 1998）、霍姆斯特姆和米尔格罗姆（Holmstrom and Milgrom, 1991, 1995）对 GHM 模型的批评。

[②] 当然，并非所有的雇佣合约都是如此，也存在例外情况。比如，国外大学的终身教授，有时就是自己拥有决定权。

[③] 早期的论述参见科斯（1937）。科斯在他 1937 年具有开创性的论文《企业的性质》中指出，企业的显著特征是通过比市场更优越的权威和权力来解决问题，即雇主可以命令、指使雇员做什么，而一个独立的签约人却必须用收买（bribe）来使另一个独立签约人做他所希望做的事情。

立了雇主和雇员间权威关系的第一个数学模型，将雇佣合约解释为一个不完全合约，雇主提供工资，作为回报雇员同意接受雇主的指示。双方不能缔约一个可实施的或然合约，无法充分界定雇员需要做什么作为现实世界状态的函数，雇员将在其"接受域"内接受命令。[①] 简言之，雇佣合约是高度不完全的，合约中雇员同意自己服从雇主（有限）的权威。因此，雇佣合约指出了一种不同于即期市场中普遍存在的讨价还价模式的新交易模式。正如米勒（Miller，1992）所言，非对称地授予指导他人行动的权威，可以达致永远不可能通过有效谈判商谈出来的有效率的结果。关于市场与组织的相对优点，西蒙在不确定性背景下提出了一个新的论点，将组织视为维持大量可能性的一种手段，从这个意义上说，比市场更为灵活。更准确地说，雇佣合约，也就是进入一个具有权威关系和约束规则的内部劳动力市场，比所谓的典型的"要么接收要么拒绝"结构的销售合约具有更大的灵活性。也许看似奇怪，西蒙论述的组织的制度效率依赖于"灵活性"，而在解除管制情况下，市场通常被视为灵活性的象征。但是，如果注意微观基础就不足为奇了：灵活性应该被界定为关于行动的，而不是价格的。雇主对雇员的权威关系（Coase，1937；Simon，1951）区别于权威导向下合作成果的分配，这种权威只限于行动的剩余控制权。

实际上，在哈特和莫尔（1990）的分析中也谈到了这一点，雇主因为拥有专用性物质资产对雇员会拥有权威，使雇员有服从于雇主为其工作的激励。但是，雇佣合约不仅无法具体界定雇员的行动，也无法明确规定雇员的工资水平，尤其是在涉及专用性人力资本投资的情况下。在论及企业专用性人力资本投资以及工资水平的剩余控制权时，PRT 由企业 A 和企业 B 的一体化关系推出来物质资产是"黏结物"的结论，运用到企业内部雇主对雇员的关系上存在着逻辑上的跳跃。这种分析忽视了这样一个事实：企业专用性人力资本投资的投资主体是企业与雇员[②]，但是客体却仅仅体现在雇员身上，即企业与雇员投资的人力资本最终将物化在雇员身

[①] 这一开创性的文献，尽管被数次引用（例如，Arrow，1974；Williamson，1975；Kreps，1990，1996；Marsden，1999），尽管它符合现实，却没有被发展，引出一系列新的文献。

[②] 根据贝克尔（1964）的分析，企业专用性人力资本投资有三种可能的投资模式，第一种是完全由企业进行投资；第二种是完全由雇员进行投资；第三种是由企业与雇员共同进行投资。在三种可能的投资模式中，由企业与雇员共同进行投资最具有现实意义和实际可操作性。而完全由企业进行投资和完全由雇员进行投资由于面临较大的市场风险和"敲竹杠"风险，通常难以有效实施。

上。人力资本区别于非人力资本的一个重要的产权特征是，它的所有权只能属于作为它的载体的个人。也就是说，一个人的技能和知识是只由他（她）自己拥有的资产。如罗森（1985）所说，人力资本的"所有权限于体现它的人"，在禁止奴隶制的社会里，谁也没有权利买卖、转让人力资本。[1] 这是一种独一无二的所有权。即使雇员的人力资本产权被部分地限制（如雇主与雇员签订了长期合约或定期服务合约[2]），从而不能随意离职，但是人力资本天然属于个人的特性，使之以迥然不同于非人力资本方式来做回应。人力资本是巴泽尔（1977）所说的"主动资产"，它的所有者——个人——完全控制着资产的开发利用，可以将相应的人力资本"关闭"起来，以至于这种资产似乎从来就不存在。因此，即使雇员已经被剥削了，他们也不会完全束手无策。雇员虽然"被迫"接受了低工资，但他们可以调整工作质量，反过来使剥削他们的雇主吃亏。[3] "企业雇佣工人是为了进行生产……它想买的是工作质量，而不仅是耗费在工作上的时间。"（Okun，1981）为此，威廉姆森（1975）曾把合作分为两种，一种是尽心尽力的合作，一种是敷衍的合作。尽心尽力的合作需要的是以积极的态度对待工作，由此才能进行创新，以有效的方式做出决断；而敷衍的合作则是公事公办，对本职工作以外的事情能拖就拖，能推就推。就像布劳和斯科特所看到的：

> 一项合约给雇员规定的只是一组最低的任务标准，并不能保证其奋发进取，取得最佳业绩……法定的权威既不能，也无法去支配雇员的意志，使他尽其所能地贡献聪明才智以完成其业绩……它可以使雇员更遵守纪律、更服从规定，但并不能鼓励他们去尽力工作、承担责任或发挥其创造性（Blau and Scott，1962）。

---

[1] 罗森在解释人力资本只能属于个人的产权特征时，用了一个限制条件"在自由社会里"。意思是，只有在不允许将人为奴的法律条件下，人力资本属于个人才是真实的。但巴泽尔关于奴隶经济的研究表明，即使奴隶，也拥有他自身人力资本的产权（Barzel，1977）。

[2] 长期合约指厂商不能解雇工人，工人也不能自动离职的合约；定期服务合约指雇主可以解雇雇员，但雇员不能中途离职的合约。

[3] 正如马歇尔所说："谁也不能预先定死一年的工时数量；即使能办到，工作强度也还是有弹性的。"（Marshall，1948）

PRT将企业定义为物质资产的集合，忽视了专用性人力资本所拥有的剩余控制权。诚然，人力资本尤其是专用性人力资本只有和专用性物质资产相结合才能发挥作用。但不能忽略问题的另一方面，专用性人力资本的使用可以改变物质资产的效率，而这种人力资本只属于劳动者本人。如果具有专用性人力资本的劳动者离开或"禁闭或限制使用"其人力资本，会导致物质资产的使用效率大大降低，且作为投资一方企业的投资成本无法从收益中收回。因此，在涉及企业专用性人力资本情况下，可以将企业理解为专用性物质资产与专用性人力资本的特殊合约。瑞占和津加莱斯（Rajan and Zingales，1998）将"所有权"与"权力"区分开来。在他们的模型中，企业的"所有权"给予所有者拒绝其他人使用物质资产以及将物质资产卖给第三方的权利。这些权利使"所有者"在关于租金的最终分配谈判中具有重要的"权力"。但是，参与者也可以通过其他方式获得"权力"。任何人在企业专用性人力资本的投资同样使其在这种关系中具有谈判力，因为他的专用性人力资本投资意味着如果他保持这种与企业的结合，并在企业中使用其人力资本，将会创造更多的可供分享的总租金。因此，瑞占和津加莱斯认为，权力不仅仅来自物质资产所有权。或者说物质资产并不是企业的唯一的关键资源。基于这种认识，他们坚信企业并不能够完全由非人力资产所规定，特别是在那些人力资本已经成为企业存在和发展的关键性要素的新型企业中。企业可以被看作一系列专用性投资的连接，或互相专用化的资产和人员的一个集合。① 总之，他们认为，企业的经济本质是"一个难以被市场复制的、由专用性投资所构成的网络"，一个能够创造组织租金的网络。

因此，在缺乏有约束力工资合约情况下，专用性物质资产所有者与专用性人力资本所有者均拥有对工资水平的剩余控制权。由双方谈判决定工资水平，从而决定准租金②如何分配，雇佣双方都能通过对另一方"敲竹杠"来试图盘剥从专用性人力资本投资中所获得的收益。

三 ILM理论与企业专用性人力资本投资

尽管新古典人力资本理论也讨论过"敲竹杠"现象，但只是在单方

---

① 青木昌彦也曾有过相似的论述。他将企业定义为"企业专用性资源的一个持久结合"，认为企业应该被视为专用性的劳动和资本的组合，管理应该被视为协调关于产量水平、投资与企业层面租金分享的决策（Aoki，1984）。

② 专用性人力资本投资产生的准租金即为雇员所获得的专用性技能在某一特定企业中的价值高于其他潜在企业的价值。

投资情形下才会出现的结果（未投资一方通过辞职或解雇以获得专用性投资带来的准租的一定份额），可以通过双方共同投资来解决（Becker，1964）。这种双方互相"敲竹杠"的问题是不存在的，被忽视的。贝克尔（1964）通过专用性人力资本投资的分析揭示了长期雇佣关系的经济理性，指出在专用性技能投资情况下，企业劳动力是保持原来群体，还是一个快速变化的群体不再无关宏旨的。

多林格和皮奥里（Doeringer and Piore, 1971）的内部劳动力市场理论是在贝克尔这一洞悉的基础上发展起来的。所谓内部劳动力市场（Internal Labor Market, ILM），顾名思义，指的是存在于企业内部的劳动力市场，它实际上也就是企业内部的各种劳动合约与就业安排的制度总和。关于 ILM 的思想最早出现于 20 世纪 40 年代末 50 年代初。美国劳动经济学家莱斯特（Lester, 1948）和理论经济学家雷诺兹（Reynolds, 1951）在研究工资级差及其与劳动力市场结构的关系时，指出了传统的工资理论与厂商理论的局限性，这为人们拓宽视野探索新的劳动力市场理论提供了重要启示。之后，便有一些经济学家和社会学家分别从不同角度探讨了企业内部劳动关系问题。这一领域的重要贡献包括邓洛普（Dunlop, 1957）、克尔（Kerr, 1954）、利夫纳什（Livernash, 1957）、梅伊（Meij, 1963）和雷蒙（Raimon, 1953）的工作。但是，这些文献都属于描述性的。多林格和皮奥里（1971）在总结和吸收以往研究成果的基础上，第一次明确提出并系统阐述了 ILM 的概念、起源、运行机制与基本特征等一系列重要问题。他们指出，有两类劳动力市场：一类是工匠、手艺人等零工活动的市场，另一类是大工业中的劳动力市场。前者直接受市场力量的调节，后者除了在初始雇佣时受到外部市场供求关系影响以外，其有关劳动配置、工资决定等活动都是在企业内部通过管理规则来进行的，而与外部市场无关。ILM 理论集中探讨企业内部的就业制度或劳动合约安排的性质、特点及运行机制，超越了新古典的简单框架，弥补了传统劳动经济学理论的空白。

多林格和皮奥里（1971）的 ILM 理论强调 ILM 出现的三个关键性要素：专用性人力资本或技能、在职培训和习惯法则。他们认为，专用性技能的存在和在职培训过程强化了雇员与特定生产过程进而特定企业之间的相互依赖性，鼓励企业设计适当的制度安排以稳定就业，减少流动。由此在企业内部产生了维持稳定就业关系的习俗与惯例。习惯法则的作用则在于在长期实践中强化这些管理,使之演化成为企业内部的一整套隐含或成文的管理规则,并进一步认为使用劳动力细化的批量生产技术需要专业性技能,从而使稳定的就业关系更加重要。[①] 稳定性就业促进专用性技能的进一步发展,二者互为因果。20世纪70年代以后,更多的经济学者开始介入ILM研究领域,各种创新成果不断涌现,应用日益兴起的以非对称信息、交易成本等概念为基础的新的合约经济学的思想,集中探讨ILM的经济理性即它的效率基础问题。可以概括为几个方面:

第一,促进专用性人力资本的积累。ILM的一系列就业安排,诸如长期雇佣、内部晋升、年功工资等,本质上是由企业专用性人力资本投资决定的。这种投资具有难以"打捞"的"沉没成本"的性质,容易在事后面临"敲竹杠"的风险,因而在客观上要求保护。长期的雇佣合约通过"锁定"(lock in)效应增加了雇佣双方长期合作的激励,同时借助于一系列相关的制度安排又约束了双方在分享资本准租过程中的机会主义倾向。

第二,有助于雇员规避风险。贝利(Baily,1974)与阿扎利艾迪(Azariadis,1975)的研究继承了奈特(1921)关于厂商的特征就在于向雇主转移风险的思想,认为在雇主具有风险中性而雇员具有风险厌恶的通常情况下,雇主以某种隐含承诺的方式向雇员提供较为固定性的工资而使其收入免受外部市场波动的影响,将会使得到保险的雇员产生更高的生产力,从而形成一种互利的结果。因此,ILM关于工资与就业的安排虽然呈现刚性,但仍然是一种有效率的制度安排。

第三,实现雇佣双方的有效匹配。J. 萨洛普和S. 萨洛普(J. Salop and S. Salop, 1976)从信息收集与筛选效率角度看待ILM。他们将企业内部实行的年功工资制度即向上倾斜的工资—任期曲线归结为雇主在信息不对称条件下对雇员特征的筛选行为。雇主在支付了大量培训费用的情况下,愿意与雇员保持长期的雇佣关系。但是雇员方面的偏好可能是多种多样的,应该怎样识别那些愿意长期就业的雇员呢?通过实施在就业初期支付相对较低的工资而在就业后期支付相对较高的工资这样一种分配政策,

---

[①] 雅克比(Jacoby,1990)对这一结论提出质疑。尽管他承认经验证据支持从19世纪末到20世纪70年代中期美国就业是向更高的工作稳定性转变,但是他认为"鲜有证据表明这种转变是由对企业专用性技术或技能增长的依赖导致的。事实上,证据表明相反的论点:在此期间技术与工作技能变得更少而不是更多的企业专用性"。

可以有效地将那些愿意在某一企业中长期工作而较少有跳槽倾向的人分离出来，从而以一种低成本的方式实现雇佣双方的有效匹配。

第四，提供有效的激励机制。一些研究将ILM的制度安排归结为一种激励机制。马尔科森（1984）的晋升模型认为，ILM的职务晋升遵循着相对绩效考核的锦标赛原则，这可以减少监督活动以节约信息成本，并提高激励效果。拉齐尔（1979）的延期支付模型又叫"人质"模型，与上面筛选模型有些相似，也认为向上倾斜的工资—任期曲线是保证长期雇佣关系、降低雇佣成本的有效安排。不过视角有所不同，它强调的是雇员为了在未来获得越来越高的收入而不得不接受初期被减低的工资，相当于雇员抵押给企业的"人质"，它增强了雇员维持原有就业关系的激励。所以，该模型更着眼于事后的激励而不是事前的筛选。夏皮罗和斯蒂格利茨（1984）的效率工资模型认为，在ILM上雇主一般都付给雇员高于外部机会工资的报酬，即效率工资，这将加大雇员偷懒的成本，从而增强了激励效果。阿克洛夫（Akerlof，1982）的礼物交换模型与效率工资模型十分相似，认为劳动工资合约可以视为雇主与雇员之间一定程度的礼物交换。雇主提供一份高于雇员机会成本的工资等于是向雇员送了"礼物"，雇员付出高于最低程度的努力来还回"礼物"。

上述关于ILM经济效率的研究表明，虽然ILM的工资按照新古典的等边际法则是未出清的，但企业仍然实现了高效率。这些研究之间基本上是互补的，即分别从专用性人力资本、雇员的风险规避、筛选匹配以及激励等不同侧面揭示了ILM的效率基础。但是，由于各自分析视角不同，其具体的论证过程与逻辑环节仍存在很大差别，某些结论甚至是彼此相左的。关于ILM工资决定机制与动态轨迹，风险分担的观点基于保险原则给出了一条平滑的工资曲线，而从人力资本专用性、激励等问题研究的预测就不相同，提出向上倾斜的工资路径。而同样是对于向上倾斜的工资路径，人力资本专用性的模型与激励模型的具体解释也大相径庭。前者遵循边际生产力→工资报酬的原则，后者则依据工资报酬→边际生产力的激励思路。

从人力资本专用性问题立论，ILM理论分析企业内部的一系列就业安排，诸如长期雇佣合约、内部职务晋升、年功工资等能够保护企业专用性人力资本投资。对此分析的最重要的发展是TCE的引入。TCE的贡献在于为ILM提供了一个整体的理论基础。TCE主要通过比较各种不同的治理结构来选择一种最能节约事前交易成本和事后交易成本的制度。例如，威廉姆森（1985）在分析劳动组织中指出，交易性质不同，所需要的治理结构也会不同，每种劳动交易的治理结构必须与每种劳动交易的具体属性相适应或相匹配。并根据人力资本的专用性程度以及工作任务的可分离程度提出了四种类型的有效的工作组织和治理结构。例如，令k_0与k_1分别表示人力资本的专用性低与高两种情况，s_0与s_1分别表示工作任务的可分离性低与高两种情况。这样就可以得到以下四种劳动力市场类型：（1）k_0，s_0：内部现货市场；（2）k_0，s_1：初级团队；（3）k_1，s_0：互担责任的市场；（4）k_1，s_1：亲密型团队。[①]威廉姆森还指出了使在职者比在现货市场上雇佣的雇员对雇主更有价值的组织的一些特征，诸如团队成员融合、非正式过程创新以及对规章和程序的理解。并指出专用性人力资本投资很重要的交易必须采取一些保护措施。特别地，在这类交易中，"雇佣关系的连续性将受到重视"。威廉姆森意识到企业专用性人力资本必须要"置于一个受保护的治理结构，以免由于雇佣关系的无意中断而造成生产价值损失"（Williamson，1985）。此外，他提及解雇费以及工作保险形式作为鼓励和保护雇员在企业专用性技能上投资的可能机制，退休金作为提供激励以防止具有专用性技能的雇员离职的机制。他还指出工会的集体谈判、内部晋升制度等有助于对雇员专用性技能投资提供保护的治理结构。威廉

[①] 这四种劳动力市场类型也就是企业的四种就业制度安排，以下分别对这四种劳动力市场类型做一简单说明。（1）在内部现货市场中，根本用不着设计专门的治理结构来维持这种雇佣关系，只要任何一方感到不满意，雇佣关系即告结束。现实中一些建筑工人、办公室的勤杂工等等，可归于此类。（2）初级团队主要适用于团队生产情况，在这种团队生产中，人力资本总体来说通用性较高，员工替换也相对容易，所以合约期限不必过长。现实中一些属于简单协作性质的工作如集体搬运、集体组装等，可归于此类。（3）在互担责任的市场中，虽然工作任务可分解，但由于高人力资本专用性，只要能维持这种雇佣关系，企业和雇员就都能获得利益，因此需要区别于通常的市场合约的更长期的就业合约。现实中一些需要专门化知识与技能的职能服务型企业，比如会计师、律师事务所，其内部高级员工适用于这种市场类型。（4）亲密型团队，也称为内部劳动力市场，在其中人力资本既是企业的专用资产，也是团队的重要成分。这是一种最成熟形态的企业就业制度安排，它与典型的外部现货市场合约恰好形成对立的两级。在现实中，生产技术工艺较为复杂的大中型制造业企业中的主要生产线或核心岗位，均属于此类。

除了根据人力资本的专用性程度与工作任务的可分离程度对企业所需的治理结构进行划分，还有一些学者从其他维度对企业就业制度安排进行划分，例如，张凤林（2006）根据人力资本的互补性程度与专用性程度提出了四种企业的就业制度安排。令，k_0与k_1分别表示人力资本的专用性低与高两种情况，s_0与s_1分别表示互补性弱与强两种情况，可以得出四种不同的科层组织形式：（1）k_0，s_0：准市场；（2）k_0，s_1：市场与科层的某种混合；（3）k_1，s_0：简单科层；（4）k_1，s_1：复杂科层。

姆森、沃切特和哈里斯（Williamson, Wachter and Harris, 1975）的研究也从人力资本专用性问题立论，将ILM与合约理论联系，认为ILM通过将工资与工作岗位挂钩以及实行内部晋升的制度安排，防止了个人工资谈判的发生及其相应的机会主义行为，从而实现了交易成本的节约。

TCE在处理分立的、可选择的治理机制组合的比较时是有效的，但在处理个体合约设计上却表现得比较无力。在关于具体如何将工资合约的设定模型化，以保护专用性人力资本投资，这些研究并没有去探究。从而，TCE在将专用性人力资本研究与合约理论整合，构建一个正式的模型方面就略显匮乏。普兰德加斯特（Prendergast, 1993）以及卡恩和胡伯曼（Kahn and Huberman, 1988）应用不完全合约的思想，将ILM中的晋升制度模型化，探讨企业内部晋升制度如何保护专用性人力资本投资。关于晋升模型将在第五章进行详细的论述与评价。

四 不同工资合约形式的界定

本书在不完全合约框架下，分别分析灵活工资合约和固定工资合约下企业专用性人力资本投资问题。本书关于工资合约的"灵活"与"固定"的划分是以雇佣双方事前（投资完成前）是否形成了对事后（投资完成后）有约束力的工资合约为标准，而不是以单纯意义上的工资是否会发生变化来划分，如以计件工资、计时工资为维度划分的"灵活"与"固定"是以单位时间内（例如，以月计算）工资是否发生变化为标准。计件工资，它的实际数额将与事后的产量、绩效相联系，是灵活的、变化的，但是它的单件工资标准是事前确定的，对事后工资是有约束力的，这时，雇员面临的主要是不确定性（外部）风险，而不存在雇主欺骗（"敲竹杠"）的风险。在本书的框架内，它不属于灵活工资合约。计时工资，虽然其工资水平在单位时间内（例如，以月计算）不会发生变化，但是它的工资水平可以在事后被双方重新谈判，因此，在本书的框架内，它也可以属于灵活工资合约。实际上本书中的灵活工资合约与固定工资合约都可以实行的是计时工资。

关于在不完全（雇佣）合约框架下保护企业专用性人力资本投资的研究，除了上述TCE相关研究以及有关ILM中的晋升制度模型化的研究，还有一些学者关注如何设定工资合约以解决雇佣合约中的"敲竹杠"问题。格劳特（1984）最早将雇佣合约中的"敲竹杠"问题模型化，使用一般纳什谈判方法分析在缺乏有约束力工资合约（也可视为灵活工资合约）情况下，事后机会主义会导致事前无效率投资。马尔科森（1997）关于灵活工资合约的分析得出了相同结论。并进一步分析了赋予企业在投资完成后设定工资的权利的合约，亦即霍尔和拉齐尔（Hall and Lazear, 1984）所谓的"企业设定工资"合约，以及简单固定工资合约的情况下雇佣双方的专用性投资问题。并得出"企业设定工资"合约能够诱使企业进行有效的投资，但是雇员却不会进行任何投资；在选择适当工资水平的固定工资合约情况下双方均会做出一些投资，然而任何一方均不能做出有效的投资水平。事实上，根据本书上述所分析的人力资本特殊的产权性质，"企业设定工资"合约情况下，雇员仍可以就工资向上再谈判，从而盘剥企业投资的部分收益，因此，这种合约是很难实施的，在雇佣关系中并不普遍。上述研究均认为在雇佣双方专用性人力资本投资完成后由双方进行工资谈判的灵活工资合约会引发"敲竹杠"行为，从而导致专用性投资的无效率。这也是不完全合约理论的经典命题。

　　本书通过在雇佣双方投资博弈中引入投资成本相关性合作的谈判方式，将传统"敲竹杠"模型中影响谈判力的因素与当事人对公平的偏好这种行为因素二者融合，重新分析灵活工资合约下的"敲竹杠"问题。将投资成本视为谈判力的来源之一是本书的关键假设，也是对现有"敲竹杠"模型的一个改进，并得出不同于经典不完全合约理论的结论。普兰德加斯特（1993）以及卡恩和胡伯曼（1988）在不完全合约框架下对企业晋升制度的研究仅限于企业与雇员的一次性博弈。本书在不完全合约框架内引入基于声誉的关系合约（隐性合约），研究企业内部双重晋升层级结构对专用性人力资本投资的保护。严格来讲，关系合约理论和不完全合约理论两类文献都是在信息对称的环境下分析当事人之间的博弈行为，这是它们之间的相同点；不同的是，关系合约文献通常是在一个动态无限重复博弈的环境下分析当事人的激励问题，而不完全合约文献则通常是在一次性博弈的环境下分析"敲竹杠"给当事人带来的激励反应。本书更进一步，将二者结合起来分析企业内部的晋升制度，这也是对现有理论框架的一个改进。

第四章　灵活工资合约：个人工资谈判

本章基于 GHM 分析框架，建立一个劳动力市场的"敲竹杠"模型，来分析灵活工资合约下雇主与雇员的专用性人力资本投资决策。在这种合约下，雇佣双方并没有具体规定事后（投资完成后）的工资水平，而由谈判来决定该工资水平。小企业的技术骨干、核心员工（由于小企业中通常没有成型的内部劳动力市场、成熟的晋升制度安排，所以这些核心员工的事后工资水平往往无法事先确定，要由雇佣双方谈判来决定）以及一些需要专门化知识或智能型服务的企业单位，比如各种咨询公司以及会计师事务所的核心员工通常实行这种工资合约形式。已有相关研究普遍认为灵活工资合约会引发"敲竹杠"行为，从而导致专用性投资的无效率。这也是不完全合约理论的经典命题。本章通过在雇佣双方的投资博弈中引入投资成本相关性这种合作的谈判方式，将传统"敲竹杠"模型中影响谈判力的因素与代理人对公平的偏好这种行为因素融合，将投资成本视为谈判力来源之一，重新分析灵活工资合约下雇主与雇员的投资决策。这也是对现有"敲竹杠"模型的一个改进，并得出不同于经典不完全合约理论的结论。

第一节　传统的投资博弈：投资的无效率

一　模型的基本假设

以下分析一个雇主和雇员的双边投资博弈。假设一个雇主（B）和一个雇员（W）之间的雇佣关系持续两个阶段。在第一阶段（事前阶段），双方签订了一个不完全合约（日期0），并进行专用性人力资本投资以促使雇员专用性技能的形成，分别为 i_B 和 i_W（日期1），$i_\varphi \geq 0 (\varphi = B, W)$。代理人 φ 的投资成本表示为 $C(i_\varphi)$。[①] 且函数 $C(i_\varphi)$ 满足 $C(0) = 0$，$C'(i_\varphi) > 0$，$C''(i_\varphi) > 0$。日期2，所有的相关信息（i_B、i_W）都是已知的，自然状态 θ 随机实现，其中 Θ 表示可能性自然状态的有限集，$\theta \in \Theta$，且 θ 独立于 i_B、i_W。在第二阶段（事后阶段），双方对初始合约进行再谈判并执行合约（日期3）。这里所说的事前和事后都是针对自然状态的实现而言。阶段博弈的时序如图 4-1 所示。

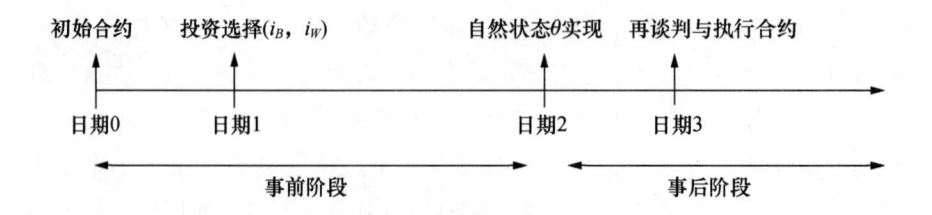

图 4-1 雇佣双方投资博弈的时序

令日期2 的状态为 $\sigma \equiv (i_B, i_W, \theta)$，企业从雇佣中获得的收入以 $R(\sigma)$ 表示（该收入扣除了资本设备的租金等非劳动要素报酬）。这一形式隐含着模型中不考虑任何代理问题，激励完全相容了。为了集中研究人力资本投资问题，排除偷懒这一道德风险。假设对于任一 i_φ，$R(\sigma)$ 是二阶连续可微，严格递增且严格凹的。投资能够提高雇员的生产力，但是边际收益递减，因此有 $\frac{\partial R(\sigma)}{\partial i_\varphi} > 0$，$\frac{\partial^2 R(\sigma)}{\partial^2 i_\varphi} < 0$。假设 $R(\sigma)$ 满足 $R(i_B, i_W, \theta) = R(i_W, i_B, \theta)$ 这一对称形式。雇员的事后报酬仅取决于工资 $W(\sigma)$，企业的事后报酬为 $R(\sigma) - W(\sigma)$。假设双方均为风险中性的[②]，则双方从

---

① 这里，i_B 和 i_W 分别代表雇主和雇员投资于专用性人力资本所提高的技能水平。此处，雇主和雇员的投资成本函数均为 C(·)。这一假设仅仅是为了方便建模，从理论上讲它应该不失一般性。

② 一些研究强调雇员风险规避的特征，例如贝利（1974）、戈登（Gordon，1974）以及阿扎利艾迪（1975）认为，雇员比雇主更重视风险规避，进而将雇员的风险规避解释为工资刚性的原因。本书假设雇主与雇员双方均为风险中性的，这样假设便于计算，避免引入风险分担问题，也是不完全合约文献的标准假设。由于哈特和莫尔（1988）已经证明，存在专用性投资的不完全合约不可能实现最优风险分担。因此，我们将重心放在专用性投资效率上，而不考虑风险分担问题。

交易中所得到的总的事后报偿为 $R(\sigma)$。为简便起见，假定贴现率为0。仍然遵循经典的不完全合约模型（GHM 模型）的"可观察但不可证实"的信息结构假设，假设 i_B、i_W、$C(i_\varphi)$ 和 $R(\sigma)$ 在事后对双方来说是可观察的，但（对局外者来说）却是不可证实的。因此，它们就不可能成为可执行合约的构件。

二 社会最优投资

首先考察企业与雇员社会最优的投资水平，即双方使他们的交易关系在日期0的净现值实现最大化投资水平，表示为：

$$(i_B^e, i_W^e) = \arg\max_{i_B, i_W} E_\theta[R(\sigma) - C(i_B) - C(i_W)] \tag{4.1}$$

其中，E_θ 表示以 θ 为条件的条件期望算子。企业与雇员的最优投资水平 (i_B^e, i_W^e) 是以下一组方程的一个解：

$$E_\theta[R'_{i_B}(\sigma)] = C'(i_B) \quad 和 \quad E_\theta[R'_{i_W}(\sigma)] = C'(i_W) \tag{4.2}$$

以上社会最优的投资水平只有在雇主与雇员之间是信息完全的，且双方能够签订一个完全合约的理想状态下，才能够实现，此时不存在讨价还价和"敲竹杠"问题。在定义了社会最优作为基准之后，讨论在雇佣双方签订一个不完全合约，由双方讨价还价来决定工资水平情况下的投资效率问题。

三 "敲竹杠"：投资的无效率

专用性人力资本投资在雇员会选择继续工作而非离职的最低工资与雇主所能支付给雇员最高工资之间嵌入了一个楔子，即产生了可占用性准租。在这种情况下，需求和供给情况决定的并非是唯一的均衡工资，而是依赖于雇主与雇员可供选择的市场机会的楔子的范围。由于雇佣合约是不完全的，雇佣双方没有具体规定事后工资水平，由再谈判决定工资在楔子内的具体位置，即合作剩余的分配情况。[①] $W^0(\theta)$ 表示雇员在其他企业所能获得工资水平，也即雇员选择继续留在该企业的最低工资，此处的 $W^0(\theta)$ 独立于投资数量，意味着所进行的是完全专用性投资。[②] $\pi^0(\theta)$ 表示雇主

---

① 新古典人力资本理论关于雇佣双方专用性人力资本投资的分析中，假定信息是完全的，在匹配之初，雇主与雇员签订的合约明确地规定了人力资本投资前、后的工资以及投资水平。此外，这种合约是可实施的（在雇员与雇主之间发生争议时，合约中包含的信息是可以通过法院来证实的）。从而得出，在均衡条件下，双方投资成本的比例与收益分享的比例应该是对等的（Becker, 1964）。该分析忽视了机会主义的谈判困难，并没有考虑欺骗的可能性。

② 这样的假设仅仅出于方便计算，但不会影响本书的结论。

通过雇佣一个替代工人所得到的利润,即企业所能接受的最低限度的利润,由于这种专用性人力资本只体现在被投资的雇员身上,$\pi^0(\theta)$ 独立于投资数量。因此,此处雇佣双方可进行谈判的合作剩余为 $R(\sigma) - \pi^0(\theta) - W^0(\theta)$。①不考虑双方在分享合作剩余时的具体策略和详细过程,假设双方按照一般纳什谈判解来分享合作剩余,$\alpha(0<\alpha<1)$ 表示雇员获得的剩余份额,$1-\alpha$ 表示企业获得的相应份额。② 这里的相对"讨价还价力"α 和 $1-\alpha$ 受各种因素的影响,如讨价还价采用的战术、谈判实施的程序、参与人的贴现率(本书中已假设为0)等,总体用τ表示,但与双方的投资成本无关,并不能反映双方的投资对合作剩余的贡献。这里遵循了已有"敲竹杠"问题文献中的投资成本作为沉没成本与合作剩余的事后谈判力无关的简单假定。则双方的谈判工资为:

$$W(\sigma) = W^0(\theta) + \alpha(\tau)[R(\sigma) - \pi^0(\theta) - W^0(\theta)] \quad (4.3)$$

命题 4.1:如果雇佣合约是不完全的,在企业与雇员通过谈判分享专用性人力资本投资所带来的准租,且投资成本与事后谈判力无关情况下,企业与雇员的投资均会少于社会最优水平。

命题 4.1 的证明如下:

企业的个人最优投资水平为最大化期望利润的投资水平:

$$i_B^0 = \arg\max_{i_B} E_\theta \{\pi^0(\theta) + [1-\alpha(\tau)][R(\sigma) - \pi^0(\theta) - W^0(\theta)]\} - C(i_B) \quad (4.4)$$

雇员的个人最优投资水平为:

$$i_W^0 = \arg\max_{i_W} E_\theta \{W^0(\theta) + \alpha(\tau)[R(\sigma) - \pi^0(\theta) - W^0(\theta)]\} - C(i_W) \quad (4.5)$$

于是,(i_B^0, i_W^0) 是以下一组方程的一个解:

$$[1-\alpha(\tau)]E_\theta[R'_{i_B}(\sigma)] = C'(i_B) \text{ 和 } \alpha(\tau)E_\theta[R'_{i_W}(\sigma)] = C'(i_W) \quad (4.6)$$

---

① 此处不考虑企业雇佣一个替代雇员的招聘成本以及雇员找到其他企业的工作所发生的搜寻成本等这些流动成本。

② 上一章分析产品市场中"敲竹杠"问题时假定当事人采取50:50的对称纳什谈判解来分享剩余,这是格罗斯曼和哈特(1986)采取的特解。威廉姆森(2002)认为,企业在行政控制、合约法和协调性等方面都与市场不同,因此假定企业的雇主和雇员之间的谈判过程和市场上缔约当事人之间的谈判过程一样显然是不合理的。这里,我们不妨采取一般化的纳什谈判解。

因为 $0 < \alpha(\tau) < 1$，由(4.6)式可得 $E_\theta[R'_{i_B}(\sigma)] > C'(i_B)$，$E_\theta[R'_{i_W}(\sigma)] > C'(i_W)$。与(4.2)式进行对比可以得出，企业与雇员的个人最优投资水平 i_B^0 与 i_W^0 均小于社会最优投资水平 i_B^e 与 i_W^e。

命题 4.1 的经济含义非常直观：对于任何水平的投资，企业（雇员）的边际所得 $[1-\alpha(\tau)]E_\theta[R'_{i_B}(\sigma)]$（$\alpha(\tau)E_\theta[R'_{i_W}(\sigma)]$）严格小于其投资所带来的边际收益 $E_\theta[R'_{i_\varphi}(\sigma)]$，从而导致企业所进行投资的边际收益一部分被雇员获得了，雇员所进行投资的边际收益一部分同样被企业获得了，这就产生了威廉姆森（1985）所谓的"敲竹杠"问题。作为结果，企业与雇员的投资均会少于社会最优水平，导致投资需求博弈的一个非效率低投资均衡。

第二节 基于公平心理偏好的投资博弈："敲竹杠"问题的一个行为解决

本节仍然分析灵活工资合约下雇佣双方的双边投资博弈。两个理性代理人①联合生产潜在剩余，并在事后根据纳什需求谈判对其进行分割。但是，此处考虑代理人对公平偏好这种行为因素，通过将投资成本因素引入雇佣双方对合作剩余的纳什需求谈判的谈判力变量，将个人的公平偏好模型化，来重新分析灵活工资合约下的"敲竹杠"问题。

一 沉没成本决策无关性原理的重新审视

经典的不完全合约理论认为，合约的不完全会导致"敲竹杠"，当事人在面临"敲竹杠"风险时会做出无效率的专用性投资（Williamson, 1975, 1985; Klein et al., 1978; Grossman and Hart, 1986; Hart and Moore, 1990）。这一问题引发了大量文献，经济学家们从治理结构（Williamson, 1975, 1985）、产权（Grossman and Hart, 1986; Hart and Moore, 1990）、法律干预（Schwartz, 1992, 1994）、赔偿（Shavell, 1980, 2005）以及机制设计（Maskin and Moore, 1999）等多个视角研究如何最大限度地弱化"敲竹杠"问题，减少由于合约不完全所导致的效率损失。然而，这些关于"敲竹杠"问题的文献都面临一个共同问题：遵循新古

---

① 在合约理论中，有时"代理人"与"当事人"是一个概念，而不管谁是委托方。

典经济学和标准博弈论关于"作为经济主体的人是纯自利的"的假定，简单地假定投资成本作为沉没成本与事后谈判力无关。

大多数微观经济理论通常坚持完全理性假设，认为沉没成本是已经被支付且无法收回的，因此人们在理性选择时应更为重视机会成本，而忽略过去发生的沉没成本，这就是新古典经济学的沉没成本决策无关性原则。这一原则被看成是一项基本经济学原理，并作为理性选择的真谛而成为新古典经济学家思维方式的重要标志。然而，我们经常会发现这一原理与直觉相悖，沉没成本有时也会影响行为决策。许多学者通过实验证据来重新审视这一原理。卡尼曼、尼奇和塞勒（Kahneman, Knetsch and Thaler, 1986）在一项调查中询问，在各种不同情况下，消费者是否认为商店提高产品价格是合理的。结果显示人们不愿意接受由于较高的需求而导致的价格的提高，但是，愿意接受由于较高的投入成本而导致的价格的提高。布雷（Bewley, 1995）发现相对于劳动力市场需求的变化，雇员更愿意接受由于企业绩效的变化而导致的薪酬的变化。一些关于谈判行为的实验研究表明谈判行为不仅受到谈判力的影响，而且受到"非策略的"因素诸如对于联合收益的贡献的影响。泽尔腾（Selten, 1978）所做的报酬分配实验中，首先让两个参与人在不同房间执行一个共同任务，随后要求其中一个参与人在他自身与另一个参与人之间分配总剩余。实验证明，具有较少贡献的参与人倾向于按照被告知的贡献的比例来分配报酬，尽管给予该参与人完全的决断力。近期，哈克特（Hackett, 1993）、昆尼格斯坦（Konigstein, 2000）以及甘特纳、古斯和昆尼格斯坦（Gantner, Güth and Konigstein, 2001）所做的关于联合生产剩余分配的谈判实验所得出的共同发现是，当剩余由参与人本身创造而不是被免费提供时，实验谈判行为是不同的。参与人实现的剩余份额随着相对投资的增加而增加。行为经济学家将这种行为解释为参与人对"公平的偏好"（或对不公平的厌恶）。

关于"最后通牒"博弈的实验研究比较能够说明参与人对于公平的偏好，甚至不惜偏离自身利益。由两个实验参与者分配一笔固定数目的钱，局中人1作为提议者（Proposer）向局中人2响应者（Responder）提出如何分配这笔钱，响应者可以接受也可以拒绝。若拒绝二人一分钱都得不到，若接受则按提议者的方案进行。在标准的理性假设下：（1）提议者和响应者均只理性关心他们各自能得到多少钱；（2）提议者知道响应者是理性和自利的。这样，博弈的子博弈完美均衡实际是一个非常极端的情形：只要是有钱赚，响应者对提议者的方案均会接受，因此，提议者给出最小单位的钱，比如一分钱，而将其余的钱据为己有。然而，通过数百次在不同国家、不同钱数的最后通牒实验的结果表明，提议者的提议少于20%时，被拒绝的概率为50%，绝大多数提议者的提议在40%—60%之间，而且拒绝的可能性随着钱数的增加而减少（Güth, Schmittberger and Schwarze, 1982; Camerer and Thaler, 1995; Roth, 1995）。拒绝提议的响应者实际上是在花钱惩罚不公平的行为。

二 引入公平心理偏好的"敲竹杠"模型

在双方对由关系专用性投资所产生的合作剩余进行谈判问题中引入公平偏好这一行为因素，意味着投资者所要求的剩余份额随其自身相对投资成本增加而增加，随着另一方相对投资成本增加而减少。虽然也有一些研究在"敲竹杠"问题中引入了沉没成本相关性因素，却全盘否定原有影响谈判力的因素，单纯地由公平原则决定谈判结果。将公平的合作剩余分配原则定义为：沉没成本 +1/2 合作净剩余，从而得出可以提供事前投资的最优激励（Troger, 2002; Carmichael and MacLeod, 2003）。这种所谓的"完全公平"分配原则是不现实的，尤其是在劳动力市场中，雇主与雇员关于合作剩余的谈判结果既受公平原则的影响，但又不完全受公平原则支配。本小节的模型将传统"敲竹杠"模型中影响谈判力的因素与代理人对公平的偏好这种行为因素二者融合，将投资成本视为谈判力的来源之一，这是本节的关键假设，也是对现有的"敲竹杠"模型的一个改进。

在以下分析中引入行为因素，来修正在描述实际的讨价还价行为中失真的标准博弈论原则，使其能够容纳代理人公平偏好这种行为因素。拒绝传统"敲竹杠"模型的投资成本无关性观点，分析投资成本影响谈判结果的情况。仍然假设雇佣双方按照一般纳什谈判解来分享合作剩余，但是这里雇员与企业所获得的剩余份额也即相对"讨价还价力" α^*（$0 < \alpha^* < 1$）与 $1 - \alpha^*$ 不仅取决于上文所述的因素 τ（传统的讨价还价博弈所强调的因素），还取决于双方所投入的投资成本这一"非策略的"因素，也即双方在投资阶段的相对贡献，具体表示为 $\alpha^*(i_B, i_W, \tau)$ 与 $1 - \alpha^*(i_B, i_W, \tau)$。因此，投资成本也是谈判力的来源之一，这是本书的关键假设。从而有 $\dfrac{\partial \alpha^*(i_B, i_w, \tau)}{\partial i_W} > 0$，且 $\dfrac{\partial [1 - \alpha^*(i_B, i_w, \tau)]}{\partial i_B} > 0$。则双方的谈判工资为：

$$W(\sigma) = W^0(\theta) + \alpha^*(i_B, i_W, \tau)[R(\sigma) - \pi^0(\theta) - W^0(\theta)] \tag{4.7}$$

命题 4.2：与投资成本与事后谈判力无关的情况相比，在投资成本影响企业（雇员）谈判力情况下，双方有更强的专用性人力资本投资激励。

命题 4.2 的证明如下：

企业的个人最优投资水平为最大化期望利润的投资水平：

$$i_B^1 = \arg\max_{i_B} E_\theta \{\pi^0(\theta) + [1 - \alpha^*(i_B, i_W, \tau)][R(\sigma) - \pi^0(\theta) - W^0(\theta)]\} - C(i_B) \quad (4.8)$$

雇员的个人最优投资水平为：

$$i_W^1 = \arg\max_{i_W} E_\theta \{W^0(\theta) + \alpha^*(i_B, i_W, \tau)[R(\sigma) - \pi^0(\theta) - W^0(\theta)]\} - C(i_W) \quad (4.9)$$

这里将 $\alpha^*(i_B, i_W, \tau)$、$1 - \alpha^*(i_B, i_W, \tau)$ 具体化为如下形式：

$$\alpha^*(i_B, i_W, \tau) = \alpha(\tau) + \frac{C(i_W) - C(i_B)}{2[R(\sigma) - \pi^0(\theta) - W^0(\theta)]} \quad (4.10)$$

$$1 - \alpha^*(i_B, i_W, \tau) = [1 - \alpha(\tau)] + \frac{C(i_B) - C(i_W')}{2[R(\sigma) - \pi^0(\theta) - W^0(\theta)]} \quad (4.11)$$

这种形式反映了一个具有较大（较小）的相对贡献的代理人将得到比原有份额 $\alpha(\tau)$、$1 - \alpha(\tau)$ 更多（更少）的份额，符合代理人对公平偏好这一行为假设。若 $C(i_W) > C(i_B)$，则平均每单位合作剩余雇员比企业多投入的成本为 $\dfrac{C(i_W) - C(i_B)}{R(\sigma) - \pi^0(\theta) - W^0(\theta)}$，则雇员应在原有分享的剩余份额 $\alpha(\tau)$ 的基础上增加 $\dfrac{C(i_W) - C(i_B)}{2[R(\sigma) - \pi^0(\theta) - W^0(\theta)]}$，企业应在 $1 - \alpha(\tau)$ 的基础上减少相应的份额，从而雇员与企业之间谈判力的差距较投资成本不影响谈判力的情况下增加了 $\dfrac{C(i_W) - C(i_B)}{R(\sigma) - \pi^0(\theta) - W^0(\theta)}$；反之亦然。例如，若 $\alpha(\tau) = 0.5$，$C(i_W) = 20$，$C(i_B) = 10$，$R(\sigma) - W^0(\theta) - \pi^0(\theta) = 50$，则雇员获得的剩余份额为 $\alpha^*(i_B, i_W, \tau) = 0.6$，企业所获得的剩余份额为 $1 - \alpha^*(i_B, i_W, \tau) = 0.4$。将（4.10）式代入（4.9）式，（4.11）式代入（4.8）式，可以得出，(i_B^1, i_W^1) 是以下一组方程的一个解：

$$\begin{cases} (1) 2[1 - \alpha(\tau)] E_\theta[R'_{i_B}(\sigma)] = C'(i_B) \\ (2) 2\alpha(\tau) E_\theta[R'_{i_W}(\sigma)] = C'(i_W) \end{cases} \quad (4.12)$$

将（4.12）式与（4.6）式进行对比可得，对于 $\forall \alpha(\tau) \in (0, 1)$，$(i_B^1, i_W^1)$ 均大于 (i_B^0, i_W^0)。在投资水平影响企业（雇员）谈判力情况

下，企业（雇员）较高的投资水平不仅增加双方用来分享的合作剩余，而且提高其在事后谈判中所获得的相对剩余份额。因此，与标准的投资成本无关谈判相比，在这种情况下，双方有更强的投资激励。企业与雇员在投资需求博弈中以比较合作的方式选择投资水平，导致一个高投资"合作性均衡"。

命题4.3：在投资水平影响企业（雇员）谈判力的情况下，雇佣双方所面临的"敲竹杠"风险取决于双方的初始谈判力，且双方有可能在事前做出社会最优甚至过度的投资。

命题4.3的证明如下：

在投资水平影响企业（雇员）谈判力情况下，由(4.12)式可得，企业的边际所得为 $2[1-\alpha(\tau)]E_\theta[R'_{i_B}(\sigma)]$，雇员的边际所得为 $2\alpha(\tau)E_\theta[R'_{i_W}(\sigma)]$。因此，雇佣双方所面临的"敲竹杠"风险取决于双方的初始谈判力 $\alpha(\tau)$。下面根据(4.12)式讨论 $\alpha(\tau)$ 的具体取值对企业和雇员所面临的"敲竹杠"风险，进而投资决策的影响。当 $\alpha(\tau)=\frac{1}{2}$ 时，$E_\theta[R'_{i_B}(\sigma)]=C'(i_B)$，$E_\theta[R'_{i_W}(\sigma)]=C'(i_W)$。企业与雇员投资的边际所得 $2[1-\alpha(\tau)]E_\theta[R'_{i_B}(\sigma)]$ 和 $2\alpha(\tau)E_\theta[R'_{i_W}(\sigma)]$ 均等于其投资所带来的边际收益 $E_\theta[R'_{i_B}(\sigma)]$ 和 $E_\theta[R'_{i_W}(\sigma)]$，不存在"敲竹杠"风险，因而双方的投资水平均为社会最高水平。当 $0<\alpha(\tau)<\frac{1}{2}$ 时，$E_\theta[R'_{i_B}(\sigma)]<C'(i_B)$，$E_\theta[R'_{i_W}(\sigma)]>C'(i_W)$。企业投资的边际所得 $2[1-\alpha(\tau)]E_\theta[R'_{i_B}(\sigma)]$ 大于其投资所带来的边际收益 $E_\theta[R'_{i_B}(\sigma)]$，雇员投资的边际所得 $2\alpha(\tau)E_\theta[R'_{i_W}(\sigma)]$ 小于其投资所带来的边际收益 $E_\theta[R'_{i_W}(\sigma)]$，因此，雇员单方面临着"敲竹杠"风险。因而企业的投资水平 i_B^1 大于社会最优水平 i_B^e，投资过度，雇员的投资水平 i_W^1 小于社会最优水平 i_W^e，投资不足。当 $\frac{1}{2}<\alpha(\tau)<1$ 时，$E_\theta[R'_{i_B}(\sigma)]>C'(i_B)$，$E_\theta[R'_{i_W}(\sigma)]<C'(i_W)$。企业投资的边际所得 $2[1-\alpha(\tau)]E_\theta[R'_{i_B}(\sigma)]$ 小于其投资所带来的边际收益 $E_\theta[R'_{i_B}(\sigma)]$，雇员投资的边际所得 $2\alpha(\tau)E_\theta[R'_{i_W}(\sigma)]$ 大于其投资所带来的边际收益 $E_\theta[R'_{i_W}(\sigma)]$，因此，企业单方面临着"敲竹杠"风险。因而企业的投资水平 i_B^1 小于社会最优水平 i_B^e，投资不足，雇员的投资水平 i_W^1 大于社会最优水平 i_W^e，投资过度。

以上分析的经济含义是，在投资水平影响企业（雇员）谈判力的情况下，雇佣双方所面临的"敲竹杠"风险取决于双方的初始谈判力。初始谈判力相对较弱的一方会面临"敲竹杠"风险，从而导致其投资不足；初始谈判力相对较强的一方不会面临"敲竹杠"风险，并会过度投资；双方初始谈判力均等时，双方均不会面临"敲竹杠"风险，双方的投资水平为社会最优水平。因此，赋予雇佣双方均等地位具有重要的经济意义。

三 结论分析

在考虑公平心理偏好的雇佣双方专用性人力资本投资博弈中，雇主与雇员最大化自身利益的理性投资选择导致了合作的行为，合作的结果。在这种情况下，可以视为实现了"公平—效率"的兼顾。但是上述模型为了集中研究人力资本投资问题，没有考虑任何代理问题，假定完全相容了激励。当然，在一个完全雇佣合约下，所有与雇员努力相关的变量能够被明确地描述和证实，雇员会付出适当的努力。但是事实上，雇佣合约通常是高度不完全的，雇员对于工作的努力程度有很大的自主权。如果进一步考虑到雇员存在道德风险问题，根据拉宾（Rabin，1993）的"互惠性动机公平"理论[①]，引入一些重要的行为因素：假如雇员认为自己在事后得到了应有的权益，作为一种互惠，他将会尽心尽力地合作；反之，假如他感觉受到了欺骗或权益被侵占，为了报复，他将只会敷衍地合作，不付出最佳的努力。如果雇员关于自己应得权益判断的参照点由公平原则来决定，基于雇员工作态度的互惠行为，企业更会倾向于这种"公平—效率"兼顾的准租的分配方式，企业可以将这种"公平互惠行为"作为新的要素加以运用来增加其利润。这进一步说明将投资成本视为谈判力的来源之一的合理性与可行性。

这种对公平的关注以及互惠行为假设也恰恰是劳动力市场中"礼物交换"现象的反映。礼物交换的思想最初是由阿克洛夫（1982）通过对企业的实际观察正式表述出来的。含义是雇主提供一份高于雇员机会成本的工资等于向雇员送了"礼物"，雇员付出高于最低程度的努力来还回"礼物"。[②] 随后，这种思想被许多学者所做的"礼物交换博弈"实验所

[①] 拉宾（1993）把"公平性"定义为当别人对你友善时你也对别人友善，当别人对你不善时你也对别人不善（即"投桃报李"和"以牙还牙"）。

[②] 根据阿克洛夫（1982）的礼物交换思想，工资水平决定雇员的努力水平，这是一种互惠行为。这不同于"效率工资"理论中的观点：较高的工资会提高雇员由于偷懒而被解雇的机会成本，从而激励雇员努力工作。

证实（Fehr, Kirchsteiger and Riedl, 1993; Fehr and Gächter, 2000; Gächter and Falk, 2002）。在"礼物交换博弈"实验中，存在过剩的劳动力供给，提议者（雇主）提供一份要约也可以被理解成工资。每个响应者（雇员）可以不接受这份要约，这样双方的收益均为0。若响应者接受要约还需要做出一个努力程度的决策，这个努力程度是有成本的，努力程度越高，成本越高，而且是一个凸函数形式。雇主与雇员可以规定工资，但是不能规定努力程度。雇员选择的努力程度越高，则企业利润越大，而雇员的效用就越低。雇主与雇员仅匹配一个时期，也即一次性博弈，不同于双方重复博弈，任何一方都不存在建立声誉，也不存在雇主对雇员选择的低努力程度进行惩罚。该博弈基本上是一个序贯"囚徒困境"博弈，其中雇员有一个占优策略是选择可能的最低努力程度。唯一的子博弈精炼均衡是雇主提出保留工资，雇员接受并付出最低的努力。但是，实际的实验结果并非如子博弈精炼均衡所预言的，而是雇主提出的工资显著高于保留工资，而雇员的努力程度也显著高于其可能的最低努力程度。且雇主提供高工资和雇员提供高努力程度的互惠行为广泛存在。"礼物交换博弈"实验表明相当一部分雇员愿意以慷慨的努力报答对自己慷慨或公平的行为。此外，一些关于不同地区、不同规模企业的研究调查表明，企业工资的设定很大程度受工人对于公平工资观点的约束（Blinder and Choi, 1990; Agell and Lundborg, 1995; Bewley, 1995; Campbell and Kamlani, 1997）。因此，在雇佣双方专用性人力资本投资博弈中，上述证据强有力地说明互惠行为有助于本书这种基于公平原则的合作剩余分配的不完全合约的实施。

需要说明的是，本节的分析考虑到沉没成本（代理人公平偏好）的"敲竹杠"问题依赖较强的信息条件，双方在谈判过程中对于各方对合作剩余的贡献是信息对称的、可观察的。如果企业内部的信息是封锁的，企业和雇员的投资情况没有或无法披露给对方，双方很难形成各自的投资水平能够影响其得到的合作剩余份额的预期，从而很难在投资需求博弈中以比较合作的方式选择投资水平，导致企业与雇员的实际投资决策没有达到内在效率。因此，有必要进一步深入研究企业与雇员之间合作产生的制度化可能性，以期把握合作、引导合作出现。当然，由于本书研究的重点以及篇幅所限，不对此做进一步研究。

第五章　固定工资合约Ⅰ：
晋升层级制

从前面章节分析可以看出，灵活工资合约模型关于工资谈判的一个关键假设是在事后每一个单个雇员与企业就其个人工资进行再谈判。灵活工资合约事前并没有规定一个对事后有约束力的工资，因此，可以视为一种缺乏有约束力的合约。这种工资合约通常只适用于小部分群体，例如，小企业的技术骨干、核心员工，以及一些需要专门化知识或智能型服务的企业单位，比如各种咨询公司以及会计师事务所单位的核心员工。这种工资合约与许多现实世界的劳动力市场并不相符，特别是大中型企业。既不适合于对企业的内部组织研究，也无法解释企业或组织中的权威、授权、层级制等重要的制度问题。

事实上，针对不同雇员个体的专用性人力资本所带来的准租进行谈判在很多情况下仅仅是在理论上可行的。因为它遵循了GHM模型的事后科斯式的谈判模式，隐含的假定状态实现之后缔约方能够无成本地再谈判，并在伴随一定的转移支付的同时达成一个有效率的结果，即认为能够实现事后效率。① 实际上，事后讨价还价过程中会带来诸如时间、精力、"寻租"成本、影响成本或说服成本等诸多成本。为了减少讨价还价，企业通常向雇员提供一个"要么接受要么离开"的工资合约（Williamson, Wachter and Harris, 1975）。该工资合约具有一定的约束力，为未来合约的修订或再谈判提供了参考点，通常在事后只有经过双方同意才能够再谈判。

如果考虑将合约视为参照点的观点（Hart and Moore, 2008），引入一些重要的行为因素：假如雇员认为自己在事后得到了应有权益，作为一种互惠，他将会尽心尽力合作；反之，假如他感觉受到了欺骗或权益被侵占，为了报复，他将只会敷衍地合作。而雇员关于自己应得权益的判断由

---

① 在不完全合约理论中，事后效率是指当状态实现之后，双方能够无成本地再谈判。

最初签订的合约决定。又假定个体存在自利的偏见。① 那么，当合约过于灵活，允许事后多个结果发生时，双方很可能对相同情况的评价存在分歧。每一方都可能会夸大自身的贡献，感觉受到了欺骗，而采取报复手段，仅仅是敷衍地合作，不付出最佳的努力水平，这就产生了事后的无效率。如果考虑到这种事后的无效率问题，这种固定工资合约中工资支付的明确性就显得更为重要了。因此，许多企业内的工资仅仅与工作相关而不是与雇员个人相关，使得个人工资谈判受挫，具有非个人工资谈判的性质。

基于此，本章重点分析事前提供具有一定约束力的初始合约这种固定工资合约情况下，企业专用性人力资本的投资问题。企业与雇员作为企业专用性人力资本投资主体，企业提供的有组织的培训只是专用性人力资本投资的一小部分，一般针对新雇员，时间也不会过长。而雇员的"从干中学"这种自发的在职学习活动则可能要伴随雇员的整个职业生涯，这种专用性人力资本投资方式可能更为重要。而且，企业培训的过程也是雇员主动学习的过程，企业提供了培训的机会，但是技能水平的提升则取决于雇员自身的学习意愿和学习能力。因此，本章将研究重点放在如何诱使雇员的专用性人力资本投资或专用性人力资本获得的问题上。将普兰德加斯特（1993）的晋升模型进行扩展，将其置于一个重复博弈的框架中，引入了企业对声誉的关注，分析了包括水平晋升层级在内的双重层级结构。

第一节 固定工资合约与再谈判

这一节分析一种较为简单的固定工资合约：雇主与雇员在事前签订合约时规定了一个固定的工资水平，该工资水平具有一定约束力，为未来合约的修订或再谈判提供了参考点。此处，不考虑企业或组织中有关晋升、雇员层级结构等制度问题。

一 再谈判与工资刚性

分析简单的固定工资合约下投资激励的一个重要问题是关于雇佣合约修订的安排，即再谈判过程。再谈判过程本身可以影响租金的分配，从而

---

① 自利偏见是一种动机性偏见，是指人们倾向于把自己的成就归因于内部因素，如能力、努力等，把自己的失败归因于外部因素。

影响当事人事前的投资激励。在这种具有一定约束力的工资合约情况下，事后再谈判过程不同于灵活工资合约下的再谈判过程。在法律上，只要双方同意，任何合约都可以再谈判，进行修订。但是，在合约条款的修订由一方提出，而另一方不同意时，情况又如何呢？

根据英国法律，若没有明确的合约与之相反，目前的雇佣条款就是一个合法的合约，即使没有以书面形式订立。这些条款只有在双方同意的情况下才可以被修订，因此，它们继续有效直至双方同意对其修订或合约终止。菲罗多有限公司（Ferodo Ltd.）的案例（IRLR 516, 1987）说明了其中的含义。如果一方试图改变当前工资条款，另一方明确表示这种改变是不能接受的，而雇佣关系仍然继续，目前的工资条款就必须继续履行，直至合同终止。[①] 从这个角度看，与当前雇员的工资谈判实际上是对现有合约的正式的再谈判。如果合约的持续期没有明确的规定，雇佣关系可以在适当事前通知的情况下终止，最低提前多久通知由法律规定。在此期间雇主必须支付雇员当前工资水平，或者通过适当补偿来代替通知。长期服务的雇员有权要求法律所规定的裁员补偿的最低水平。然而，关于终止一个合约是为了提供一个修订条款后的新合约。也就是说，将合约的终止作为一种谈判策略以改变雇佣条件，法律上存在着约束（具体参见 Industrial Relations Legal Information Bulletin, 1991）。在其他欧洲国家，终止一个雇佣合约对于雇主而言更加困难或者成本更高，爱默生（Emerson, 1988）和拉齐尔（1990）的研究对此进行了详细的论述。在美国，雇主和雇员关于改变雇佣条款方面存在着不对称性。如果雇主通告雇佣条款的一个变化，"雇员在获知这种变化的情况下继续工作就被认为是接受……根据这项规则，雇员在抗议的情况下继续工作将无法阻止有效的修订"（Specter and Finkin, 1989）。相反，如果雇员要求雇佣条款的一个改变，而雇主明确地声明这种改变是不能接受的，若雇佣关系仍然继续，这种情况下不构成对雇员的需求的接受。[②] 因此，从上述各国的劳动法律上看，

[①] 该案例的实质情况如下。菲罗多公司试图对某些雇员减薪，一些雇员"在抗议下"继续工作。菲罗多公司支付他们减薪后的工资，被雇员起诉违反合约。英国上议院维持了下级法院的裁决，原合同仍然有效，并令公司赔偿雇员自新条款强制执行以来整个时期的工资损失。

[②] 可以通过下列问题进一步阐明。假设一个雇员向雇主宣布，除非加薪，否则明天他不准备来工作。雇主拒绝，但是第二天雇员仍然来工作，雇主也允许其工作。这种情况下，雇主是要继续支付先前的工资水平还是要支付雇员所要求的水平？美国劳动法律师的回答是，通常地（受一定法律条例支配），如果雇员继续工作且被允许继续工作，将采用现行的工资水平。

当前实施的工资具有一定的刚性,对未来的合约修订或再谈判具有一定的约束力。

麦克劳林(Mclaughlin,1994)利用对美国雇员1976—1986年收入动态的面板研究(Panel Study of Income Dynamics,PSID)数据①,得出的在此期间(1976—1986)受雇于同一雇主的雇员名义工资变化的分布,如图5-1所示。

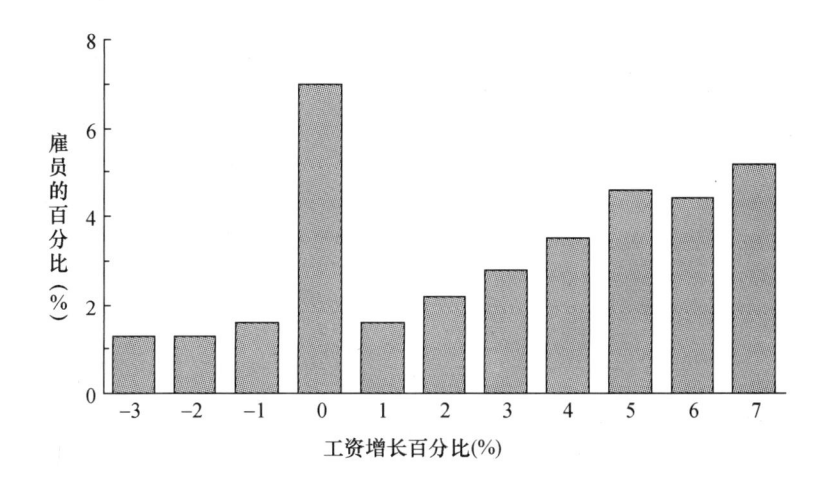

图5-1 受雇于同一雇主的雇员名义工资增长分布

资料来源:Maclaughlin, K. J., " Rigid Wages?"[J]. *Journal of Monetary Economics*, Vol. 34, No. 3, 1994, pp. 383-414。

标识为0的柱状体代表零名义工资变化的雇员比例,其他的柱状体代表名义工资在某一个百分比增长范围内的雇员比例。例如,标识为1的柱状体代表名义工资增长0—1%的雇员的比例;标识为-1的柱状体代表名义工资增长-1%—0的雇员的比例。此处并没有列出被调查雇员(样本期间受雇于同一雇主的雇员)的工资增长的全部分布,图5-1中显示了10年之间(1976—1986)工资较小范围变动的雇员比例。特别引人注目的是,零名义工资变化的柱状体突出,这些足以说明名义工资的刚性,为前面所述的雇佣合约再谈判理论提供了经验支持。

---

① 该PSID追踪调查了多达5000个家庭的主要收入者(限于受雇人员)在1976—1986年的收入数据。在此期间每年调查中,被临时解雇的个体、自我雇佣的个体从样本中排除。

二 固定工资合约模型

由于本章将研究重点放在如何诱使雇员的专用性人力资本投资问题上,这里只考虑雇员投资情况。模型的时序仍然遵循第四章图4-1所示。假定企业与雇员在签订合约时(日期0)规定了一个固定的工资水平 W^c。雇员在任何时间终止雇佣合约均不受到处罚,当然要根据法律规定提前一定时间通知企业(也就是说,如果雇佣关系发生,则工资将是 W^c,但是雇员可以决定雇佣关系是否发生)。这一工资水平只有通过双方的同意才能够被再谈判。雇员为获得专用性技能所进行的投资选择(日期1)以 i_W 表示,$i_W \geq 0$。投资成本表示为 $C(i_W)$,且函数 $C(i_W)$ 满足 $C(0) = 0$,$C'(i_W) > 0$,$C''(i_W) > 0$。日期2,投资完成,自然状态 θ 随机实现,其中 Θ 表示可能性自然状态的有限集,$\theta \in \Theta$,且 θ 独立于 i_W,企业从雇佣中获得的收入以 $R(i_W, \theta)$ 来表示(该收入扣除了资本设备的租金等非劳动要素报酬)。同样,这一形式隐含了模型中不考虑任何代理问题,激励完全相容了。假设对于任一 i_W,$R(i_W, \theta)$ 是二阶连续可微,严格递增且严格凹的,投资能够提高雇员的生产力,但是边际收益递减。为简便起见,假定贴现率为0,为避免引入风险分担问题,将重心放在专用性投资效率上,假定双方均为风险中性的。在这里,仍然遵循"可观察但不可证实"的信息结构假设,假设 i_W 和 $R(i_W, \theta)$ 在事后对双方来说是可观察的,但(对局外者来说)却是不可证实的。

W^c 在满足以下不等式时,双方在发生交易时的报偿要比不发生交易(关系破裂)时大:

$$W^0(\theta) < W^c < R(i_W, \theta) - \pi^0(\theta) \tag{5.1}$$

其中,$W^0(\theta)$ 表示雇员在其他企业所能获得的工资水平,即雇员选择继续留在该企业的最低工资,$\pi^0(\theta)$ 表示雇主通过雇佣一个替代雇员所得到的利润,即企业最低限度的可接受利润。与第四章模型相同,仍然假设所进行的是完全专用性投资,因此 $W^0(\theta)$ 与 $\pi^0(\theta)$ 均独立于投资数量。左边的不等式意味着相对于其他企业,雇员更愿意在本企业以 W^c 的工资水平就业;右边不等式意味着相对于雇佣一个替代雇员,企业更愿意以 W^c 的工资水平雇佣该雇员。在这种情况下,雇员所提出的任何工资水平的增加会被企业拒绝,企业所提出的任何工资水平的减少也会被雇员拒绝。此时,初始工资 W^c 是不会被再谈判的,交易将在没有任何再谈判的情况下发生。

如果考虑到劳动力市场的摩擦因素,雇员的外部选择权会随着外部劳动力市场的状况而变化。当外部劳动力市场是松的,外部选择权会降低,$W^0(\theta)$ 降低,此时雇员在企业内部的工资水平要较优越于企业外部,但只要仍然满足 $W^0(\theta) < W^C < R(i_W, \theta) - \pi^0(\theta)$,双方就不会进行再谈判;当外部劳动力市场是紧的,$W^0(\theta)$ 上升,但只要仍然满足 $W^0(\theta) < W^C < R(i_W, \theta) - \pi^0(\theta)$,双方就不会进行再谈判,只有当上升至 $W^0(\theta) > W^C$ 时,双方才会就工资进行向上的再谈判。一般来说,当初始工资 W^C 不在 $W^0(\theta)$ 到 $R(i_W, \theta) - \pi^0(\theta)$ 的范围之间时,即(5.1)式没有得到满足,双方会对工资水平进行再谈判。初始工资 W^C 不再具有约束力,类似于灵活工资的情况,从而双方分享雇员的专用性投资所带来的收益。

在这种规定了一个固定工资水平且这一工资水平只有通过双方同意才能够被再谈判的工资合约情况下,为了提供一个能够被双方所接受的合约(即在该合约下,发生交易要比关系破裂更好),企业初始工资的设定 W^C 需满足 $E_\theta[W^0(\theta)] < W^C < E_\theta[R(i_W, \theta) - \pi^0(\theta)]$。其中,$E_\theta$ 表示以 θ 为条件的条件期望算子。在这种工资合约下,雇员预期到事后的工资水平在很大程度上与自身的投资水平无关,因此,雇员的投资决策 i_W 是满足以下不等式的一个最低投资水平:

$$E_\theta[R(i_W, \theta) - \pi^0(\theta)] > W^C \tag{5.2}$$
s.t. $W^C - E_\theta[W^0(\theta)] \geq C(i_W)$

然而,在这种情况下,企业没有激励提供过高的 W^C 来诱使雇员进行专用性投资,因为过高的 W^C 会使得企业在事前承受过多的工资成本,而事后从雇员专用性投资中所获得的报偿 $E_\theta[R(i_W, \theta) - \pi^0(\theta)] - W^C$ 也是微量的。从而雇员也就没有激励进行过多的专用性投资。即使当自然状态 θ 在日期2实现后,W^C 不在 $W^0(\theta)$ 到 $R(i_W, \theta) - \pi^0(\theta)$ 的范围之间,双方对工资水平进行再谈判,雇员也会因为其所进行的专用性投资所产生的一部分收益被企业获得而缺乏投资激励,出现第四章第一节所分析的"敲竹杠"问题。因此,这种简单的固定工资合约不足以激励雇员进行专用性人力资本投资。

这种简单的固定工资合约形式通常存在于一些大中型企业的一些特定工作岗位,例如,发电厂一个机组的巡视员、检修工,供电厂的送电、变电、配电检修工等岗位,化工厂的蒸吸、滤过、炭化、司炉工岗位,油田的采油、热注、集输、测试工作岗位,等等。这些岗位雇员的人力资本基本属于通用性的，或至少通用性较强，这些岗位的工资水平通常是事先确定的。

第二节 雇员层级制——更为复杂的固定工资合约

上一节分析了一种较为简单的固定工资合约，没有考虑企业或组织中有关雇员层级制、晋升这一制度特征。实际上，在企业内部，雇员层级制（科层）[①] 是普遍存在的组织模式，以多种形式与规模出现。科层作为一种人事（人力资源）管理制度，通过晋升阶梯为雇员提供职业生涯发展。在职位安排上，设立等级制工作阶梯，实行内部晋升制度。所谓工作阶梯是根据技术难易程度和工作重要程度而将企业内工作岗位分成不同等级，一个工作阶梯也就是某一类职能活动所包含的各个层级由低到高的排列，例如，办事员、秘书、副科长，等等。在工资决定上，实行等级性工资制度。与短期就业合约相对应，外部劳动力市场的工资率取决于短期的劳动供求均衡，一般将等于现期的劳动边际生产力。然而，等级性工资制度与此却有很大的不同，在这里工资并不拘泥于盯住短期劳动边际生产力，而是与工人的长期绩效或长期边际生产力相联系。工资水平按照内部岗位等级的差别保持稳定的刚性状态。晋升通常伴随着收入的增加[②]，吉布斯和亨德里克斯（Gibbs and Hendricks，1996）利用一家大企业人事报告的研究结果表明：基于绩效的同一等级职位内报酬的方差变异较小；相反，不同等级职位之间的报酬支付有较大的变异方差，而大部分的收入变异又归结到晋升上。

实际上，本节冠以"固定工资合约"，就本身而言，其特征并不在于"固定"，而在于"长期安排"，晋升就意味着一种长期的工资安排计划。

[①] 在科斯和威廉姆森的交易成本经济学分析中，"科层"指的是与"市场"相对的一种资源配置形式，相当于组织经济学中的厂商、企业和组织。在这里，科层相当于雇员层级制，是作为一种企业的人事管理制度。

[②] 当然，晋升不仅包括职位等级的提高和工资的增长，还意味着工作的认可、工作环境的改善、权力的增加、社会地位的提高、进一步成长的机会，等等。不过，为了简化分析，对晋升的经济学分析往往侧重于工资的增长。

一般来说，凡是生产规模较大、技术工艺要求较复杂、知识密集度较高的企业，其核心员工队伍以及管理层往往实行这种工资合约形式。

在人事管理经济学中，晋升是最活跃和最重要的研究课题。相关研究主要从以下三个方面对企业内部的晋升制度给出解释：工作配置、努力激励和技能获得激励。

一 晋升用于工作配置的研究

晋升可以视为将雇员配置到特定工作上的一种方式。配置可以是静态的，即它在一期内发生（参见 Sattinger，1975；Rosen，1982；Waldman，1984a）；也可以是动态的，它描述了随着时间的推移，雇员如何攀登工作阶梯，而后者正是本书的主题——晋升。两者的差异在于企业是否拥有关于雇员能力的充分信息。如果信息是充分的，企业应在一开始就把雇员配置到最能发挥其能力的岗位上去，而不是逐级晋升。这么做使得企业获得最大的资源配置收益，同时，如果他不这么做，就无法留住该雇员。而在信息不充分的情况下，企业会选择逐级晋升，一方面有利于收集有关雇佣能力的信息，另一方面也可以节约工资成本。

通过晋升实现工作配置通常可以通过两种方式实现。一种方式是通过企业对雇员能力的"学习"（Murphy，1986；Gibbons and Katz，1992）。这一类模型通常假定雇员在进入企业的时候，没有人知道其真实能力（包括他自己）。但随着时间的推移，企业会通过观察雇员以前的产出（该产出是雇员真实能力的一个有"杂音"的信号）逐渐更新对雇员真实能力的认识。假定企业有两份工作，分别记为 1 和 2（2 的层级高于 1）。假定将能力为 η_i 的雇员 i 配置在工作 j 上的产出为 $b_j + c_j\eta_i (j=1, 2)$，其中，$b_1 > b_2 > 0$，$0 < c_1 < c_2$，并且存在 η' 满足 $b_1 + c_1\eta' = b_2 + c_2\eta'$。因此，能力低于 η' 的雇员应配置在工作 1，能力高于 η' 的雇员应配置在工作 2。假设在新进入企业的时候雇员具有高能力（η_H）的概率为 p，具有低能力（η_L）的概率为 $1-p$，其中 $\eta_H > \eta' > \eta_L$，并且假定 $E(\eta) = p\eta_H + (1-p)\eta_L < \eta'$，因此，新进入企业的雇员总是被配置在工作 1。企业经过一段时间的"学习"后，对雇员的能力有更多了解，就会晋升那些期望能力高于 η' 的雇员，工作配置随着时间的推移变得更有效率。由于企业可能向上或者向下调整对雇员能力的认识，这类模型还可以用来解释降级或者其他更为复杂的职业发展路径。

另一种通过晋升实现工作配置的方式是通过雇员人力资本的获得

(Jovanovic and Nyarko, 1997)。假设雇员 i 的先天能力为 θ_i, 在时期 t 雇员 i 的"有效"能力是雇员先天能力和雇员劳动力市场经验的函数, 表示为 $\eta_{it} = \theta_i f(x_{it})$。其中, x_{it} 表示雇员 i 在时期 t 之前的劳动力市场经验, $f(x_{it})$ 是人力资本函数 ($f' > 0$)。假设雇佣双方都比较清楚雇员的先天能力, 且雇员新进入企业时的当期"有效"能力低于 η', 因此他们被配置在工作1。随着雇员人力资本的积累, 一旦雇员的"有效"能力高于 η', 晋升就发生了。由于人力资本的积累只可能是单向的①, 这类模型只能解释晋升, 而不能解释降级或者其他职业发展路径。

上述通过晋升实现配置雇员的方式应该说各有偏重。"能力学习"型晋升侧重于企业对雇员能力的认知过程, 没有涉及企业资历对晋升的影响;"人力资本获取"型晋升侧重于将晋升解释为市场经验或企业资历的增长, 假定企业对雇员能力始终是信息完全的, 不存在认知的过程。吉本斯和瓦尔德曼 (Gibbons and Waldman, 1999) 将这两种方式结合起来分析晋升对雇员的工作配置。假设雇员 i 的先天能力为 θ_i, 分为高能力 θ_H 和低能力 θ_L 两种, $\theta_H > \theta_L$。在时期 t 雇员 i 的"有效"能力为 $\eta_{it} = \theta_i f(x_{it})$。每一个企业包括 3 个工作, 用 1、2 和 3 来表示(层级递增)。在时期 t 雇员 i 在工作 j 上的产出为 $y_{ijt} = b_j + c_j(\eta_{it} + \varepsilon_{ijt})$ ($j = 1, 2, 3$), 其中, ε_{ijt} 为扰动项(均值为0, 方差为 σ^2)。令 η' 表示在工作1和工作2中具有相同产出的雇员"有效"能力, 满足 $b_1 + c_1 \eta' = b_2 + c_2 \eta'$; η'' 表示在工作2和工作3中具有相同产出的雇员"有效"能力, 满足 $b_2 + c_2 \eta'' = b_3 + c_3 \eta''$, 其中, $b_1 > b_2 > b_3 > 0$, $0 < c_1 < c_2 < c_3$, 从而有 $\eta'' > \eta'$。因此, 时期 t 的有效的配置标准应该是: 如果 $\eta_{it} < \eta'$, 将雇员 i 配置到工作1; 如果 $\eta' \leq \eta_{it} < \eta''$, 将雇员 i 配置到工作2; 如果 $\eta_{it} \geq \eta''$, 将雇员 i 配置到工作3。假定雇员在进入企业时, 企业不能确定雇员的能力, 而是随着雇员的职业生涯发展逐步去"学习"。在雇员的职业生涯开始时, 先天能力为 θ_H 的概率为 p_0, 先天能力为 θ_L 的概率为 $(1 - p_0)$。在每一时期结束, 雇员在该时期的产出变为共同信息时, "学习"发生。令 $z_{it} = (y_{ijt} - b_j)/c_j = \eta_{it} + \varepsilon_{ijt}$, z_{it} 为企业从观察雇员在时期 t 的产出中所获取的关于雇员"有效"能力的信号, 生产函

---

① 在不考虑解雇成本前提下, 即使在该模型中引入人力资本折旧也不会改变人力资本积累的单向性, 这是因为如果人力资本的折旧速度比积累速度更高, 企业的理想选择是解雇员, 并且招聘新雇员。

数中扰动项 ε_{ijt} 意味着"学习"逐步发生。$(z_{it-x}, \cdots, z_{it-1})$ 为在时期 t 雇员"有效"能力信号的历史,因为信号 z_{it} 独立于工作配置,因此,在不同工作不存在对雇员能力"学习"速率的差异。令 θ_{it}^e 表示雇员 i 在时期 t 的期望先天能力:$\theta_{it}^e = E(\theta_i \mid z_{it-x}, \cdots, z_{it-1})$,从 θ_{it}^e 可以得出雇员 i 在时期 t 的期望"有效"能力 η_{it}^e:$\eta_{it}^e = \theta_{it}^e f(x_{it})$。在每一时期,雇员被配置在最大化雇员期望产出的工作上,时期 t 的工作配置为:如果 $\eta_{it}^e < \eta'$,雇员 i 被配置到工作1;如果 $\eta' \leq \eta_{it}^e < \eta''$,雇员 i 被配置到工作2;如果 $\eta_{it}^e \geq \eta''$,雇员 i 被配置到工作3。

二 晋升用于努力激励的研究

除了用于工作配置外,晋升更重要的用途在于努力激励,原因是晋升通常伴随着大幅度的工资增长(McCue,1996)。本书第二章第三节已经对马尔科森(1984)在锦标赛理论基础上所做的晋升用于努力激励的研究进行了论述。在进一步分析与晋升的努力激励有关文献之前,有必要先界定清楚两个容易混淆的概念——锦标赛和晋升,并指出它们之间的联系和区别。锦标赛理论将雇员之间的竞争描述为一场体育比赛,它以其他参赛者的表现为参照系,并奖励其中相对较优者。强调相对绩效是锦标赛的特点之一,它的另一个重要特点是奖金是预设的。晋升则是指雇员职位的向上变动。由于在现实中企业往往向锦标赛的获胜者提供晋升以资奖励,因此大多数文献研究的都是晋升与锦标赛相结合的情况,即基于晋升的锦标赛。晋升激励是锦标赛得以实施的重要手段,锦标赛模型中的工资差异主要是由职位的晋升引起的。

贝克、詹森和墨菲(Baker,Jensen and Murphy,1988)的分析提出了这样一个问题:在许多企业中,作为激励手段,为什么晋升比奖金似乎更重要?也就是说,既然晋升不可避免地起到工作配置作用(如本节第一部分中模型所述),为什么企业不是用奖金提供激励,而是赋予晋升双重作用?这就是著名的"贝克—詹森—墨菲"之谜("Baker - Jensen - Murphy之谜",简称"BJM之谜")。贝克等之所以提出这一问题,是因为他们认为工作配置应该与绩效激励相分离,晋升不能同时达到两个目的。费尔伯恩和马尔科森(Fairburn and Malcomson,2001)的分析对"BJM之谜"给出了回答。他们首先考虑一个雇员在劳动力市场中持续两个时期且企业只有一种类型工作的模型。在这一模型中,雇员的能力有高低两种类型,但是雇员的类型在其刚进入劳动力市场时是不被获知的。雇员的产出只有管理者能够观察到,因此,雇员的报酬依赖于管理者对雇员绩效的评价,这样,雇员就有一种贿赂管理者以提高自己评价值的动机。分析表明,如果这种贿赂是可能的,那么在均衡情况下雇员付出最小的努力水平,无论是标准的绩效合约还是锦标赛方法都失去了激励效果。进一步地,费尔伯恩和马尔科森加入了第二份工作:高能力雇员在其中一份工作上更有生产力,低能力雇员在另一份工作上更有生产力(如本节第一部分中的"能力学习"型模型所述)。分析表明,除了工作配置,使用晋升作为努力激励可以避免上述的最小努力付出的结果。这个结论背后关键的假设是管理者的报酬依赖于企业的利润,这样即使存在贿赂,管理者还是有动机晋升高产出而不是低产出的雇员。换句话说,晋升之所以被用来提供激励是因为晋升的工作配置作用使得企业能够更好地控制企业与管理者之间的代理问题。另一个与"BJM 之谜"相关的论述来自瓦尔德曼(1984b),他认为晋升可以作为一个能力的积极的信号,因此晋升通常伴随着较大的工资增长。如果在瓦尔德曼的模型中加入一个努力选择变量,晋升所带来的工资增长将起到激励雇员努力工作的作用。吉布斯(1995)和扎巴尼克(Zabojnik,1997)基于此观点进行了分析,认为晋升的工作配置和激励两种作用在本质上是相互交织的。

三 晋升用于技能获得激励的研究

晋升作为激励手段,不仅可以激发更多的努力,还可以激励雇员获得更多的企业专用性技能。卡迈克尔(Carmichael,1983)在桥本昌宜(1981)研究基础上,分析这样一种"晋升阶梯"安排,根据雇员资历和他们的服务年限对经过培训的雇员提供一定数量的高工资工作。在存在专用性人力资本投资情况下,这种雇员的工资依赖资历和他们服务年限的晋升合约能够有效控制雇员流动,从而保护雇佣双方的专用性人力资本投资。

关于雇员专用性人力资本积累的文献研究认为存在以下激励问题:除非技能获得通过合约是可实施的,否则将存在双重道德风险问题。雇员对技能的获得会要求企业支付一个溢价。与此同时,一旦技能已经获得,企业没有激励支付这个溢价。因此,在一个子博弈完备均衡中雇员技能投资不足(Kahn and Huberman,1988)。普兰德加斯特(1993)的研究表明,当雇员的这种专用性投资是不可证实的(因此不能够如贝克尔的分析框架那样通过合约执行的),"非升即留"的晋升规则可以既为雇员(获得技能)也为企业(酬劳技能的获得)创造激励。该研究将工资与不同的工作任务相关联，假设企业能够承诺这样一个劳动合约，该合约使得工资与不同的工作任务联系。该研究的主要目的表明，企业能够通过承诺不同任务的工资水平来诱使雇员在存在这种双重道德风险情况下获取企业专用性人力资本，雇员技能的获得通过晋升至其他工作来补偿。假设一个雇员可以被分配在两个工作中的任意一个，容易的工作 E 和困难的工作 D。令晋升至工作 D 会带来 1 美元的工资溢价。这样，雇员是否会获取技能取决于两个问题：（1）在雇员如果获取技能就会有较高的晋升至工作 D 的机会的条件下，是否 1 美元足够大来诱使其进行投资；（2）如果获取技能，雇员是否有较高的晋升机会。如果雇员只能从事一个工作，企业在缺乏声誉的关注下是不会对获得技能的雇员支付一个工资溢价的，因此雇员不会进行技能投资。在这两个工作中，雇员在获得技能后的生产力可能在工作 D 较高。这样，如果将雇员晋升至工作 D 使得雇员的生产力提高多于 1 美元，企业就会在其培训后晋升该雇员，因此对其获得技能进行补偿。此处一个关键的考虑是雇员晋升后的生产力必须要高于晋升前。因此，企业无法仅仅通过建立适当的职位名称来实现激励，需要不同的工作任务，使得这种晋升合约无须借助第三方执行的力量，是完全自我实施的。

但是，这种晋升合约存在两个问题：第一，当雇员在 E 和 D 这两种工作上的生产力是异质的，那么这种机制会产生雇员的配置不当；第二，这种合约需要两种工作上的人力资本回报要充分不同，因此，两种工作需要不同的技术而不仅仅是两个职位名称。[①] 但是，通常晋升实际上仅仅意味着职位名称的改变。例如，在微软公司，对软件开发人员实行"阶梯层级"。一个新招募的雇员加入 30 级，在证明具有充分的编程技能后晋升至 31 级，然后至 32 级，等等。相比它的前一级别，每个级别更加难以逾越。这些级别仅仅是伴随工资提高的晋升提供。但是所有级别基本上是不同的职位名称，工作保持不变。如果考虑到所有职位具有相似的专用性人力资本这种"阶梯层级"作为雇员获得企业特定技能的一个激励，普兰德加斯特（1993）的模型没有提供任何合理理由。

那么，在企业不存在多种工作，或者专用性人力资本对于所有工作有着相似价值情况下，企业如何对雇员提供专用性人力资本投资激励？卡恩

---

① 关于普兰德加斯特（1993）的这种晋升合约在下文第三节会做进一步的分析。

和胡伯曼（1988）的研究解决了这一问题。他们的研究背景与普兰德加斯特的相似：雇员决定是否投资于企业专用性人力资本，且投资水平是不可证实的。然而，与普兰德加斯特的分析不同的是，假设只有一种工作岗位或各种岗位对专用性人力资本要求相似。在这种情况下，一个"非升即走"的晋升规则可以对雇员的专用性人力资本投资提供激励。在这样一个规则下，在一个固定时期内，如果雇员获得晋升就可以得到高工资以弥补专用性人力资本投资的损失，否则就被解雇。与前述分析的逻辑相似：高生产力的雇员被晋升，并获得高工资，因此雇员有投资激励。正如普兰德加斯特的模型提到的，另一个问题是企业晋升高技能雇员的承诺是否可信？因为如果雇员没有被晋升就必须被解雇，所以，企业有激励晋升高生产力的雇员。雇员是异质性的，一些雇员可能最适合于当前的工作，应该将他们长期或永远地留在该工作中。因此，"非升即走"的晋升制度更适用于专用性人力资本对于其内部不同水平的工作阶梯有着相似的价值的企业或组织。[①] 例如，在美国律师事务所和美国大学，"企业"承诺在一个固定的时期后，要么晋升雇员（例如，成为完全合作伙伴或终身教授），要么终止雇佣关系。但是，这种"非升即走"的晋升制度是存在成本的。例如，如果一些雇员尽管做出了专用性投资，但仍然被证明能力太低而不足以使其在一个晋升的工资水平上受雇有利可图，企业会选择终止雇佣关系。这样做浪费了雇员的专用性技能，是无效率的。同样，如果雇员已经通过了一次"非升即走"的考验，但是，在下一次却没有通过而被解雇，出现了类似的成本。正如贝克、詹森和墨菲所说："非升即走制度似乎是一个对雇员特别严厉的处理方式，特别是对那些已经积累了专用性技能却被解雇的雇员。"他们进一步指出，"非升即走制度在大的多层级科层组织中几乎从未观察到，这些企业是以强大的基于晋升的报酬计划为特征"（Baker，Jensen and Murphy，1988）。

上述研究从不同角度对企业内部晋升制度的合理性给予解释。由于本书的研究目的，以下分析侧重于晋升制度对于雇员专用性技能获得的激励作用。但是，并不否认上述解释的有效性及重要性，事实上，他们的许多

[①] 瓦尔德曼（1990）通过考虑当人力资本是通用性且关于雇员能力存在非对称信息的情况扩展了卡恩和胡伯曼的分析。他指出，当当前雇主能够获知雇员的能力而未来潜在雇主不能获知时，雇员在通用性人力资本上投资不足，但是"非升即走"的晋升制度能够被用来解决这种投资不足问题。

见解也包含在下文的分析中。①

第三节 双重层级结构与雇员技能获得：基于声誉的关系合约的引入

在雇员技能的获得不可证实的情况下，使用晋升方式提供激励是可行的。然而，无论普兰德加斯特（1993）的"非升即留"的晋升模型，还是卡恩和胡伯曼（1988）的"非升即走"的晋升模型都会产生一定的无效率，奥斯特贝克等（Oosterbeek et al., 2007）通过实验研究进一步验证了这一点。并且两种模型都是基于企业与雇员一次性博弈的环境研究不完全工资合约的自我实施，并没有考虑企业对声誉的关注。前者可以视为只考虑了企业内的垂直晋升层级，后者可以视为只考虑了企业内的水平晋升层级。有贺等（Ariga et al., 2000）在分析日本企业晋升制度安排中，以日本某企业的层级结构为例，描述并界定了企业内的垂直层级与水平层级，以及工资级别制的程式化结构，这也为下文构建的双重晋升层级结构提供了现实的支持。具体地，垂直层级与特定工作职位相关，在各个层级中具有不同水平的权利与责任。例如，企业的部门负责人与企业的负责人就属于不同的垂直层级。在垂直层级间的晋升视为垂直晋升。水平层级是根据地位和薪酬将同一垂直层级内的雇员区分为不同的等级，而晋升到较高的水平层级本身并不意味着在权利、责任甚至工作类型的变化。在水平层级间的晋升视为水平晋升。在这种层级结构中，雇员的工资往往与其所在的层级相挂钩。这里考虑一种既存在垂直晋升层级又存在水平晋升层级的企业双重层级（科层）结构。事实上，这种双重晋升层级存在于许多企业或组织的实践中。本节在一个重复博弈的框架中引入基于声誉的关系合约，考虑双重层级结构对雇员技能获得的激励以及效率问题。②

---

① 关于晋升的三种观点的分离是人为的，大多数研究者认识到在企业实践中它们是相互影响的，例如，贝克、吉布斯和霍姆斯特姆（1994）以及普兰德加斯特（1998）的研究。

② 许多学者意识到企业对声誉的顾及可能使它不会盘剥雇员的人力资本投资，好的声誉使其今后能够以有利的条款与其他雇员缔约。威廉姆森曾指出："如果雇主对现有雇员的剥削已经名声在外，他就无法用同样的工资吸引新来的雇员。那样就必须支付一定的工资溢价；或者重新调整工作任务，使之不再带有专用交易的特征；或者给予合约保证，以避免将来不守信用。考虑到这些可能性盘剥在职雇员专用性投资的策略，就只限于以下情况：（1）企业本身不讲信用；（2）企业是在'孤注一掷'；（3）新老员工之间无经验、教训可传。"（Williamson，1985）

关系合约的早期论述之一是布尔（Bull，1987）的文献，布尔提供了如果参与人采取触发策略①，一个关系合约能够维持的条件。许多学者对关系合约在企业中的使用进行了研究。麦克劳德和马尔科森（MacLeod and Malcomson，1989）刻画了当雇员的绩效是可观察但不可证实时的最优关系合约。他们指出，可能存在多种自我实施的关系合约作为一个重复博弈的完美均衡。贝克、吉本斯和墨菲（1994）提供了一个当企业可以根据可证实的和不可证实的方法酬劳雇员时的最优合约分析，研究了正式合约如何影响非正式合约（关系合约）的自我实施。莱文（Levin，2003）在一个较宽泛的环境背景下提供了一个关于企业中最优关系合约的分析，包括了存在道德风险或隐藏信息问题的环境，以及绩效评价是纯主观性的环境。尽管在重复博弈的框架下，研究关系合约在企业中的应用，学术界已经取得了相当的研究成果，但这些研究多集中于对雇员努力的激励，关于关系合约对雇员专用性技能获得的激励的研究却凤毛麟角。慕克吉（Mukherjee，2003）虽然研究了关系合约下雇员专用性技能的获得问题，但是却仍然假定企业只存在垂直晋升层级。本书基于关系合约研究企业内部双重晋升层级结构对雇员专用性技能获得的激励以及效率问题，不仅是对现有晋升模型的一个改进，也是对关系合约研究领域的一个拓展，为理解专用性人力资本投资与声誉的关系提供了一个新的视角，也在一定程度上为许多企业或组织在管理实践中存在的双重晋升层级结构提供了合理解释。

一 对双重层级结构的说明

首先有必要对双重层级结构作一简单说明。本小节以日本某企业的层级结构为例（见图5-1），描述日本企业的双重晋升层级制以及工资级别制的程式化结构，以对本书所构建的晋升模型的双重层级结构提供现实的支持。

排除企业的董事会（Riji），该企业共有8个主要垂直层级，被进一步细分为17个等级，等级0—16。② 需要说明的是，日本企业中垂直层级中的水平层级1级是最高级别。Sanji与Riji一起构成企业的最高管理层，Huku-Sanji是中高级管理层（较小部门和重要系的负责人），Syuji和

---

① "触发策略"是博弈论中的一个术语，是指参与人在开始时选择合作，在接下来的博弈中，如果对方合作则继续合作；而如果对方一旦背叛，则选择背叛，永不合作。

② 遵照该公司的指导标准，将科层最底端的两个等级等同为一个单一的等级（等级0）。

职位						职责/责任	垂直层级		等级
					董事会	管理	Riji		—
							Sanji	1	16
								2	15
				主要部门、企业负责人				3	14
						管理/专业人员	Huku-Sanji	1	13
			部门（department）负责人					2	12
								3	11
						管理/监督/半专业人员	Syuji	1	10
		系（section）负责人						2	9
							Syuji-ho	1	8
	班（squad）负责人							2	7
						一般的/高级的任务	Syumu	1	6
团队领导人								2	5
							Syumu-ho	1	4
								2	3
						一般的任务	Shain I	1	2
								2	1
							Shain II	1	0
								2	

表 5-1　日本某企业的层级结构

资料来源：Ariga, K., G. Brunello and Y. Ohkusa, *Internal Labor Markets in Japan*. Cambridge: Cambridge Universigy Press, 2000, p.129.

Syuji-ho 是中低级管理层［即较小的系和班的负责人］。[①] 雇员的等级处于 Syuji-ho 以下的通常为非管理人员，位于 Syumu 顶层的人员除外，他们通常为团队领导人。概略地讲，Shain Ⅰ、Ⅱ，Syumu-ho 和 Syumu 是非管理层级，诸如文员和高级职员。

同样地，日立公司内部晋升制度也采用的是双重晋升层级。日立公司是日本最大的电器制造厂家之一。多尔（Dore）曾在 20 世纪 70 年代早期对日立公司和一家英国公司进行了比较研究，这项研究现已成为此类研究的典范。[②] 除了经理人员、工程师和其他专业人员（研究人员、设计人员和教学人员）外，日立公司的所有雇员从事的工作都可以划归为以下工

[①] 企业是按照部门—系—班来划分的，department 一般是企业里的部门，而 section 是部门里面的分支（系），squad 是系里面的分支（班）。

[②] Dore, R., *Britishi Factory - Japanese Factory*. London: George Allen & Unwin, 1973.

作类别中的一种：(A1-3) 计划工作，包括制订工作计划以及监督这种计划的执行；(B1-4) 基层管理工作，如工长从事的工作；(C1-8) 办公室工作，主要指科室工作；(D1-8) 技术工作，指直接生产工作，如机器加工、组装、磨光、焊接、铸造；(E1-8) 非直接生产工作，如运输、包装、驾驶。计划工作分三个基本工资级别，基层管理工作分四个基本工资级别，办公室工作、技术工作和非直接生产工作各分八个基本工资级别。这些级别仅仅表示地位差别以及附带的工资等级，而不表示职能的划分。因此，在每一个工作类别内部级别的晋升可以视为水平晋升。来自学校的新雇员有的被安排从事办公室工作，有的被安排从事技术工作，这取决于他们获得的是蓝领身份还是白领身份。若是办公室工作，初中毕业生的起始级别为第八级，高中毕业生的起始级别为第七级，技校毕业生的起始级别为第六级，大学毕业生的起始级别为第五级，硕士生的起始级别为第四级。技术工作实行与此相似的级别安排，不过，很少有大学毕业生从事这种工作。就办公室工作和技术工作而言，雇员在达到一定水平层级后，可分别垂直晋升从事计划工作和基层管理工作（工长）。经理人员，例如小部门经理、大部门经理以及公司经理，通常是从从事计划工作和基层管理工作的雇员中选出来的。所以，从理论上说，蓝领雇员是有可能通过基层管理工作晋升为经理人员的，尽管可能性很小，这也被称为"蓝天最高限额"制（意思是晋升不封顶）。

二　模型的基本假设

基于以上考虑，并参考普兰德加斯特（1993）、莱文（2003）以及慕克吉（2003）的工作，本节构建如下模型。分析一个企业与多个雇员之间的重复博弈：一个长久的企业面临一个短期雇员的序列。在每一个偶数时期，一个新雇员被雇佣，且与企业间的雇佣关系持续两个时期。令 k 代表时间（$k=0, 1, 2, \cdots$），第 t 代雇员在时期 $k=2t$ 被雇佣，（$t=0, 1, 2, \cdots$）。为简化分析，假定每一代雇员对收入的贴现因子为 1，企业从每一代雇员所获得的收益的贴现因子为 δ，$\delta \in [0, 1]$。① 如第四章第一节中的注释所述，为避免引入风险分担问题，将重心放在专用性投资效率

---

① 也就是说，企业在 $k=2$ 和 $k=3$ 时期（第 1 代雇员）所获得的收入被 δ 贴现，企业在 $k=4$ 和 $k=5$（第 2 代雇员）时期所获得的收入被 δ^2 贴现，依此类推。这里对"每一代"而不是"每一个时期"贴现，是为了简化下文的分析。

上，假设所有参与者为风险中性的，雇员在其职业生涯的第一个时期可以为获取专用性技能进行企业专用性人力资本投资。[①]令 s 表示技能，$s \in \{0,1\}$，$s=1$ 意味着技能已经获得，$s=0$ 意味着技能没有获得，获得技能的成本为 c。在这里假定随机影响因素 θ 服从均值为 0 方差为 1 的正态分布，$\theta \sim N(0,1)$，从而不会影响企业的工资决策。因此，为简化符号在分析中将其略去，但并不影响分析的结论。雇员的外部选择权为 w^0，企业的外部选择权为 π^0。企业不能随意解雇雇员。为了集中研究技能获得问题，排除生产过程中的偷懒这一道德风险问题。

假定企业内存在两类工作：困难的工作（D）和容易的工作（E）。企业将新雇员配置在容易的工作 E，在第二个时期期初企业如果发现晋升该雇员至困难的工作 D 有利可图，就会将其晋升至工作 D。雇员在两类工作（D 和 E）中的生产力取决于雇员所获得的技能 s 与雇员的能力特征（特质），用 η 表示，假定 η 均匀分布于区间 $[0,1]$。[②] 在雇员职业生涯的第一个时期，企业与雇员均不知道其具体类型 η，η 只有在第二时期期初才能被显示并被双方所观察到。假定在第二时期期初技能 s 和类型 η 对双方来说是可观察的，但（对局外者来说）却是不可证实的，进一步假定未来的雇员可以观察到过去雇员的技能 s 序列，但是不能观察到其类型 η。

给定雇员类型 η 和技能 s，令 $y_E(\eta,0)$ 表示雇员在第一时期的产量，$y_E(\eta,s)$ 和 $y_D(\eta,s)$ 分别表示雇员在第二时期从事工作 E 和 D 的产量。对生产技术（该技术是众所周知的）做出如下假设：（1）技能的获得是有效的，即使获得技能的雇员没有被晋升；（2）技能的获得在从事困难工作 D 上比在从事容易工作 E 上更能提高生产力；（3）困难工作 D 更适合那些高能力者，而低能力者在容易的工作 E 上有比较优势。形式化为假设 5.1：

假设 5.1：(1) $y_j(\eta,1) - \max\{y_E(\eta,0), y_D(\eta,0)\} \geq c, (j=E,D)$，$\forall \eta \in [0,1]$

(2) $y_D(\eta,1) - y_D(\eta,0) \geq y_E(\eta,1) - y_E(\eta,0), \forall \eta \in [0,1]$

(3) $y_{D1}(\eta,s) \geq y_{E1}(\eta,s) > 0, \forall s \in \{0,1\}$

[①] 与前面章节中的分析相同，为了简化分析，假设所进行的是完全专用性投资。

[②] 均匀分布假定对于得到本章分析的结果并不是至关重要的，但是这能够简化数学分析。

其中，$y_{j1}(\eta, s)$ 表示 $y_j(\eta, s)$ 对能力 η 的导数 ($j = E, D$)。通过假设 (3)，曲线 $y_D(\eta, s)$ 与 $y_E(\eta, s)$，$\forall s \in \{0, 1\}$，具有单交叉的特征：在没有获得技能的情况下 ($s=0$)，存在一个临界的能力水平 η_0^*，能力大于该水平的雇员在工作 D 的生产力大于在工作 E 的，能力小于该水平的雇员在工作 E 的生产力大于在工作 D 的；在获得技能的情况下 ($s=1$)，存在一个临界的能力水平 η_1^*，能力大于该水平的雇员在工作 D 的生产力大于在工作 E 的，能力小于该水平的雇员在工作 E 的生产力大于在工作 D 的。η_0^* 和 η_1^* 可以通过如下等式来定义：$y_D(\eta_0^*, 0) - y_E(\eta_0^*, 0) = y_D(\eta_1^*, 1) - y_E(\eta_1^*, 1) = 0$，$\eta_0^* \& \eta_1^* \in (0, 1)$。通过假设 (2) 和 (假设3) 可以得出，$\eta_0^* > \eta_1^*$。

符合上述条件的工作 E 和工作 D 我们可以视为企业内的垂直层级。假定在工作 E 和工作 D 的内部还分别存在两个不同的水平层级 1 和层级 2（这里，水平层级 2 级高于 1 级），用 E_1、E_2 和 D_1、D_2 来表示。雇员从层级 E_1 晋升至 E_2（从层级 D_1 晋升至 D_2）本身并不意味着在权利、责任甚至工作类型的变化，即对于同一雇员，$y_{E_1} = y_{E_2} = y_E$，$y_{D_1} = y_{D_2} = y_D$。对每一代雇员，在其职业生涯初期，企业将其配置在 E_1 层级，并向其提供一个不同层级的工资合约。令第 t 代雇员层级工资合约表示为 $\{w_{E_{1t}}, w_{E_{2t}}, w_{D_{1t}}, w_{D_{2t}}\}$，并假定：

$$w_{E_{1t}} < w_{E_{2t}}, w_{D_{1t}} < w_{D_{2t}}, w_{E_{1t}} \leq w_{D_{1t}}, w_{E_{2t}} \leq w_{D_{2t}} \tag{5.3}$$

将满足 (5.3) 式的 $\{w_{E_{1t}}, w_{E_{2t}}, w_{D_{1t}}, w_{D_{2t}}\}$ 称为双重层级制企业的"薪酬计划"。在第二时期期初，企业根据雇员能力 η 以及技能 s 决定雇员在企业中的层级，从而决定其工资水平。阶段博弈的时序如图 5-2 所示。

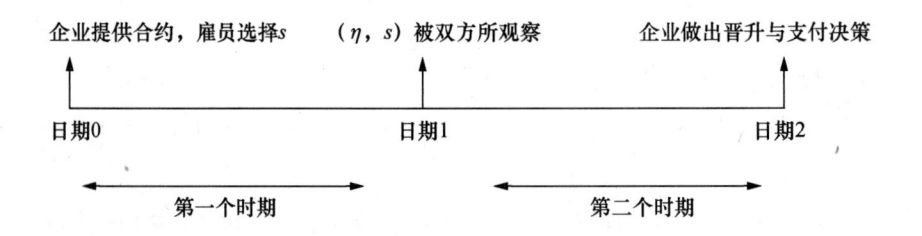

图 5-2 雇佣双方阶段博弈的时序

将取决于雇员的能力 η_t 以及技能 s_t 的第 t 代雇员第二时期的薪酬计划形式化为 $w_t(\eta_t, s_t)$：

$$w_t(\eta_t, s_t) = \begin{cases} w_{E_{1t}} & \text{如果 } s_t = 0 \text{ 且 } \eta_t < \eta_{0t} \\ w_{D_{1t}} & \text{如果 } s_t = 0 \text{ 且 } \eta_t \geq \eta_{0t} \\ w_{E_{2t}} & \text{如果 } s_t = 1 \text{ 且 } \eta_t < \eta_{1t} \\ w_{D_{2t}} & \text{如果 } s_t = 1 \text{ 且 } \eta_t \geq \eta_{1t} \end{cases} \quad (5.4)$$

其中，η_{0t} 和 η_{1t} 将被内生确定。对第 t 代雇员，在第二个时期期初，如果雇员没有获得技能，在其类型 $\eta_t \geq \eta_{0t}$ 时，雇员会被晋升至 D_1 层级，$\eta_t < \eta_{0t}$ 时，将会继续留在 E_1 层级；如果雇员获得了技能，在其类型 $\eta_t \geq \eta_{1t}$ 时，雇员会被晋升至 D_2 层级，$\eta_t < \eta_{1t}$ 时，雇员会被晋升至 E_2 层级。第 t 代雇员在两个时期所获得的期望总效用（净收益）为 $u_t = w_{E_{1t}} + E_{\eta_t}[w_t(\eta_t, s_t)] - cs_t$，企业从第 t 代雇员所获得的期望利润为 $\pi_t = E_{\eta_t}y_t - w_{E_{1t}} - E_{\eta_t}[w_t(\eta_t, s_t)]$，其中，$y_t$ 表示第 t 代雇员的产量。从第 t 代雇员所获得的期望社会总剩余为 $S_t(\eta_t, s_t) = u_t + \pi_t = E_{\eta_t}y_t - cs_t$。

从（5.4）式的薪酬计划可以看出，企业通过垂直晋升及水平晋升双重层级结构来激励雇员专用性技能的获得。无论雇员能力如何，只要获得了技能，均能获得晋升（晋升至 E_2 或 D_2），且位于垂直层级（E 或 D）中的较高水平层级。由于雇员在同一垂直层级的不同水平层级中的生产力是不变的，且关于技能 s 和类型 η 对双方"可观察但不可证实"的信息结构假设，因此，这种较高水平层级的晋升承诺只有在企业与雇员的重复博弈中积累充分的"声誉资本"的情况下才是可信的。

三 只存在垂直晋升层级的情况

在分析上述双重晋升层级如何激励雇员专用性技能的获得之前，首先考虑只存在垂直晋升层级情况，以作为基准。在这种情况下，只需要显性激励，而不需要考虑声誉资本。在一个不考虑声誉资本的重复博弈中，最优的子博弈精炼纳什均衡（SPNE）是在每个时期重复发生的静态解。该博弈均衡的特点对于研究存在双重晋升层级的动态博弈是有用的。这种不考虑声誉资本的均衡类似于普兰德加斯特（1993）所分析的均衡。在雇员职业生涯初期，企业将其配置在 E 层级，并向其提供一个不同垂直层级的工资合约 $\{w_E, w_D\}$。将取决于雇员的能力 η 以及技能 s 的雇员第二时期的薪酬计划形式化为 $w(\eta, s)$：

$$w(\eta,s) = \begin{cases} w_E & \text{如果 } s=0 \text{ 且 } \eta < \eta_0 \\ w_D & \text{如果 } s=0 \text{ 且 } \eta \geq \eta_0 \\ w_E & \text{如果 } s=1 \text{ 且 } \eta < \eta_1 \\ w_D & \text{如果 } s=1 \text{ 且 } \eta \geq \eta_1 \end{cases} \quad (5.5)$$

其中，η_0 表示这样一个临界能力水平，在没有获得技能的情况下 ($s=0$)，能力水平 $\eta \geq \eta_0$ 的雇员会被晋升至工作 D，$\eta < \eta_0$ 的雇员会继续留在工作 E；η_1 表示这样一个临界能力水平，在获得技能的情况下 ($s=1$)，能力水平 $\eta \geq \eta_1$ 的雇员会被晋升至工作 D，$\eta < \eta_1$ 的雇员会继续留在工作 E。η_0 和 η_1 可以通过如下等式来定义：$y_D(\eta_0, 0) - y_E(\eta_0, 0) = y_D(\eta_1, 1) - y_E(\eta_1, 1) = w_D - w_E$，$\eta_0 \& \eta_1 \in (0, 1)$ 且 $\eta_0 > \eta_1$。图 5-3 描述了在不同的技能水平 s 的情况下，产量作为雇员类型 η 的函数。

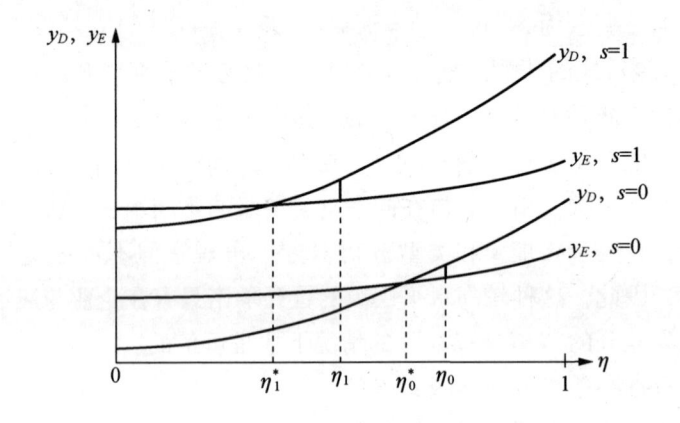

图 5-3 雇员类型 η 的产量函数

子博弈精练均衡必须满足雇佣双方的参与约束与激励相容约束。在雇员获得技能的均衡中，雇员的参与约束为：

$$w_E + \eta_1 w_E + (1 - \eta_1) w_D \geq 2w^0 + c \quad (5.6)$$

雇员的激励相容约束要求满足雇员从获得技能中所得到的期望收益至少大于投资成本，表示为：

$$[prob(\eta > \eta_1) - prob(\eta > \eta_0)](w_D - w_E) \geq c \quad (5.7)$$

即：$(\eta_0 - \eta_1)(w_D - w_E) \geq c \quad (5.7')$

另一方面，企业只有在它认为晋升雇员有利可图时才会晋升雇员，从而企业的激励相容约束可以表示为：

$$y_D(\eta_1,1) - y_E(\eta_1,1) = w_D - w_E \qquad (5.8)$$

$$y_D(\eta_0,0) - y_E(\eta_0,0) = w_D - w_E \qquad (5.9)$$

企业在 (5.6) 式、(5.7) 式、(5.8) 式、(5.9) 式约束条件下实现期望利润最大化。只有在这四个约束条件成立情况下，诱使雇员获得技能的合约才会存在。在满足这些约束条件的合约集中，企业选择最大化期望利润的合约。这种最大化期望利润的合约发生在能够满足这些约束条件的最低的 $\eta_1 \in (0, 1)$。① 由于企业期望选择最低的 η_1，这意味着在由 (5.8) 式所得的均衡 $\partial \eta_1 / \partial (w_D - w_E) > 0$ 条件下，(5.7) 式是紧的约束。下面分析雇员获得技能这一均衡的存在性。

命题 5.1：如果获得技能对雇员在两种工作中的生产力提高相似的数量，则不存在能够诱使雇员获得技能的均衡合约。

证明：在最优情况下 (5.7) 式是紧的约束，这意味着 $w_D - w_E = c/(\eta_0 - \eta_1)$。因此，如果 $\eta_0 - \eta_1$ 很小，就要求 $w_D - w_E$ 很大。如果技能的获得在两个工作（D 和 E）上的收益相似。也就是说，如果两个工作在本质上是相似的，将会是这种情况。但是这样有可能不存在任何 η_1（或 η_0）使得 (5.7) 式 [或 (5.8) 式] 成立。在这种情况下，唯一的子博弈精练均衡是雇员不会获得技能，企业提供的合约为 (η_0^*, η_1^*, w^0, w^0)。因此，企业不能通过单纯地改变职位名称，而不是从事不同的工作任务来诱使雇员技能的获得。

下面的分析忽略均衡的存在性问题，考虑在雇员获得技能的情况下的效率问题。如果 $s = 1$ 的均衡存在，令最优合约为 (η_0^S, η_1^S, w_E^S, w_D^S)。在这个博弈中最优合约给企业所带来的期望利润表示为 $\underline{\pi}$，雇员获得的期望效用表示为 $\underline{u}$，总剩余表示为 $\underline{S} = \underline{\pi} + \underline{u}$。

命题 5.2：如果雇员获得技能这一均衡存在，则一些雇员的工作分配是无效率的。

证明：雇员获得技能后的最优晋升配置应该发生在 η_1^* 这一临界点。在这一点上雇员在工作 D 的生产力与其在工作 E 的生产力相同，表示为 $y_D(\eta_1^*, 1) = y_E(\eta_1^*, 1)$。因此，能力大于该水平的雇员应该被晋升至工

---

① 效率表明，当 α 满足 $y_E(\alpha, 1) = y_D(\alpha, 1)$ 时，所有能力高于 α 的雇员都应该得到晋升。因为 $w_D > w_E$，所有满足 (5.8) 式的 $\eta_1 > 0$ 均大于 α，从而存在雇员工作分配的无效率结果。因此，企业应该选择满足约束的最低的 η_1 来最小化雇员工作的无效率分配。

作 D，能力小于该水平的雇员继续留在工作 E，从而最优晋升比例为 $1 - \eta_1^*$。但是由于 $w_D - w_E > 0$，根据 (5.8) 式，$y_D(\eta_1^S, 1) > y_E(\eta_1^S, 1)$，因此晋升实际发生的临界点 $\eta_1^S > \eta_1^*$。从而得出，企业实际晋升比例 $1 - \eta_1^S$ 小于最优晋升比例 $1 - \eta_1^*$。因此，所有能力 $\eta \in (\eta_1^*, \eta_1^S)$ 的雇员都没有被有效地配置，他们在工作 D 上更具有生产力，但却被分配在工作 E。

四 水平晋升层级的引入：基于声誉的关系合约

不考虑声誉资本的垂直晋升层级只有在晋升后雇员被分配到不同的工作任务，而不仅仅是职位名称改变的情况下才能够激励雇员获得技能。例如，一名行政职员可能通过获得专用性技能变得在管理职位上更有生产力，管理职位由于承担更多的职责对于获得的技能更敏感。然而，对于其他职业，诸如律师、学者、医生，工作性质并不随着其工作等级发生大变化。作为结果，晋升可能不会提供充分的激励，因为企业在雇员获得技能后缺乏激励对其晋升。在这部分的分析中，本书将普兰德加斯特（1993）的晋升模型进行扩展，将其置于一个重复博弈的框架，引入企业对声誉的关注，分析包括水平晋升层级在内的双重层级结构。

（一）基于声誉的关系合约

由于关于雇员技能的"可观察但不可证实"的信息结构假设，雇员技能的获得可以被雇佣双方及未来的雇员观察到，这使得企业可以通过关系合约（或隐性合约）提供激励。如果企业积累了充分的"声誉资本"，企业可以对与技能的获得相对应的雇员的水平晋升做出可信的承诺。

根据莱文（2003）研究，本书将关系合约定义为企业与每一代雇员之间关系的一个完整的计划。在第 t 代，令 $h^t = [(w_{E_{10}}, W_0, s_0, j_0), \cdots, (w_{E_{1t-1}}, W_{t-1}, s_{t-1}, j_{t-1})]$ 表示在第 t 代期初（日期0）可被第 t 代雇员和企业观察到的博弈历史。其中，W_τ 和 j_τ 分别表示第 τ 代雇员在其职业生涯的第二个时期的工资及工作分配。雇员在做出行动时还会考虑企业在当期阶段的策略。在第 t 代（$\forall t$），企业的策略为：在雇员职业生涯的第一时期期初（日期0），依赖已经实现的历史 h^t 提供一个显性合约，规定层级工资水平，即 E_1、E_2 和 D_1、D_2 的工资水平 $\{w_{E_{1t}}, w_{E_{2t}}, w_{D_{1t}}, w_{D_{2t}}\}$①，并提供一个关于雇员第二时期工资计划的关系合约 $w_t(\eta_t,$

---

① 即使合约中没有将各个层级的工资明确以书面形式写入，但是，在工资与工作层级挂钩的企业中，可以将各个层级的工资水平视为一种显性合约。

s_t);在雇员职业生涯的第二时期期初(日期1)(η_t, s_t)实现后,依赖已经实现的历史 h^t 和初始合约选择一个工作分配。将企业在第 t 代的策略表示为(η_{0t}, η_{1t}, $w_{E_{1t}}$, $w_{E_{2t}}$, $w_{D_{1t}}$, $w_{D_{2t}}$)。雇员采取触发策略,只要雇主有任何背离,则双方将回到本章第三节第三部分所分析的静态纳什均衡。

如果一个关系合约是自我实施的,则应该满足以下条件:

(1) 个体理性,表示为:

$$u_t \geq \underline{u}, \pi_t \geq \underline{\pi} \quad \forall t \tag{5.10}$$

(2) 雇员的激励相容,表示为:

$$s_t^* \in \arg\max_{s_t \in [0,1]} E_{\eta_t}[w_t(\eta_t, s_t)] - cs_t \quad \forall t \tag{5.11}$$

(3) 企业的激励相容,表示为:

$$y_t - w_{E_{1t}} - w_t(\eta_t, s_t^*) + \sum_{\tau=t+1}^{\infty} \delta^{\tau-t} \pi_{t+1} \geq \pi^c + \frac{\delta}{1-\delta}\underline{\pi} \quad \forall t \tag{5.12}$$

(5.12) 式中,$\sum_{\tau}^{\infty} = t+1 \delta^{\tau-t} \pi_{t+1}$ 表示企业从 $t+1$ 代起未来期望利润流的贴现值(贴现至 t 代),π^c 表示在一次背离的当前代,企业所获得的利润,$\frac{\delta}{1-\delta}\underline{\pi}$ 表示发生背离后,企业未来期望利润流的贴现值(贴现至 t 代)。

(4) 每一个延续合约是自我实施的。

(二) 合约的稳态均衡性质

本小节的分析要说明,描述最优合约的问题可以通过聚焦于采取稳态形式的合约而被大大简化。在接下来的分析中,通用术语"合约"将表示合约条款明确规定的显性合约和关系合约的组合。

定义 5.1:如果对每一代雇员 t($t = 0, 1, 2, \cdots$),取决于雇员的能力 η_t 以及技能 s_t 的薪酬计划均衡路径为 $w_t(\eta_t, s_t) = w(\eta_t, s_t)$,也即 $\{w_{E_{1t}}, w_{E_{2t}}, w_{D_{1t}}, w_{D_{2t}}\} = \{w_{E_1}, w_{E_2}, w_{D_1}, w_{D_2}\}$,则该合约是稳态的(stationary)。在稳态的合约下企业总是提供相同的薪酬计划,雇员的行动总是根据相同的规则。

引理 5.1:如果存在一个最优的自我实施合约,那么在每一代一定会产生相同的期望剩余。

证明:假定 $\{S_t^*\}_{t=0}^{\infty}$ 表示最优合约下每一代实现的期望剩余序列,并且存在某时间 t 和 t',使得 $S_t^* \neq S_{t'}^*$。令 $S_{\tau}^* = \max\{S_t^*\}_{t=0}^{\infty}$,$\{w_{E_{1\tau}}^*, w_{\tau}^*(\eta_{\tau}, s_{\tau}^*)\}$ 表示企业提供给 τ 代雇员的工资,s_{τ}^* 为第 τ 代雇员

的技能水平。考虑将这个剩余最大化的合约 $\{w_{E_1\tau}^*, w_\tau^*(\eta_\tau, s_\tau^*)\}$ 在每一代重复使用。根据定义,最初的合约是自我实施的,因此,合约 $\{w_{E_1\tau}, w_\tau^*(\eta_\tau, s_\tau^*)\}$ 满足自我实施合约的条件(1)至条件(3),此外,由于是相同的合约在每一代重复使用,条件(4)也得到满足。因此,$\{S_t^*\}_{t=0}^\infty$ 不可能代表最优的合约的期望剩余序列。

命题 5.3:如果存在一个最优自我实施合约,则存在稳态的最优自我实施合约。

证明:令 $\{S_t^*\}_{t=0}^\infty$ 表示最优自我实施合约下每一代实现的期望剩余序列。根据引理 5.1,$S_t^* = S_{t-1}^* = S^*$。由于该最优合约是自我实施的,因此,每一代的雇佣双方的支付对序列 $\{u_t, \pi_t\}_{t=0}^\infty$ 满足 $u_t \geq \underline{u}$,$\pi_t \geq \underline{\pi}$,$\forall t$,且 $u_t + \pi_t = S^*$。$\{w_{E_{1t}}, w_t(\eta_t, s_t)\}$ 表示企业提供给第 t 代雇员的工资,则其满足雇员的激励相容约束。企业可以通过改变合约初始时期的固定工资 $w_{E_{1t}}$,且令各层级之间工资差距不变(仍需要保证 $u_t \geq \underline{u}$,$\pi_t \geq \underline{\pi}$),从而保证了雇员的激励相容约束,在企业和雇员之间重新分配剩余 S^*,且并不会创造和减少剩余。如果企业尽量降低初始时期的固定工资,且令各层级之间工资差距不变,在满足雇员个体理性的情况下提高自身的利润水平,令新的工资合约为 $\{w_{E_1}^*, w^*(\eta, s^*)\}$。那么,可以考虑一个稳态的合约,在每一代重复使用该合约。根据定义,最初的合约是自我实施的,因此,存在合约 $\{w_{E_1}^*, w^*(\eta, s^*)\}$ 满足自我实施合约的条件(1)至条件(3)。此外,由于是相同的合约在每一代重复使用,条件(4)也得到满足。因此,这样的稳态合约是最优的自我实施合约。

命题 5.3 使得关于最优合约的分析简化为稳态最优合约问题,从而将合约的动态最优化问题转变为静态问题。

(三)最优合约

最优合约是在自我实施约束下最大化每一代实现的期望剩余的合约。由于技能获得是有效的,因此分析雇员获得技能的最优合约。命题 5.3 进一步简化了问题的分析,只需要求出在个体理性和相关激励约束下,最大化任意一代实现的期望剩余的"阶段博弈"合约。最优合约是这一"阶段博弈"合约在每一代的重复使用。因此,下文除了必要情况,将省略下脚标 t。

元组 $(\eta_0, \eta_1, w_{E_1}, w_{E_2}, w_{D_1}, w_{D_2})$ 刻画了企业在"阶段博弈"合约中的支付计划。考虑如下雇佣双方的策略:

企业的策略:

(1) 在第 0 代，企业提供一个合约 $\sigma^* = (\eta_0, \eta_1, w_{E_1}, w_{E_2}, w_{D_1}, w_{D_2})$。

(2) 在第 t 代，对于 h^t，$\forall t$，如果 $s_\tau = 1$，$\forall \tau \leq t-1$，企业会提供合约 σ^*。如果在过去存在背离，企业将提供无须考虑声誉及重复博弈的合约。如果获得技能的均衡存在则为 $\sigma_S = (\eta_0^S, \eta_1^S, w_E^S, w_D^S)$；否则为 $\sigma_0 = (\eta_0^*, \eta_1^*, w^0, w^0)$。

雇员的策略：

(1) 在第 0 代，如果 σ^* 满足激励相容以及个体理性的约束，则 $s=1$；否则 $s=0$。

(2) 在第 t 代，对于 h^t，$\forall t$，如果 σ^* 满足激励相容以及个体理性的约束，并且在过去不存在任何背离，则 $s_t=1$；否则 $s_t=0$。如果企业在过去存在背离，那么只有在不存在水平晋升的情况下（也就是说，使雇员获得了技能，企业也不会将其分配在较高的水平层级 E_2, D_2），合约仍然是激励相容的，则 $s_t=1$；否则 $s_t=0$。

如果存在任何背离，则阶段博弈会有两种可能结果。一种可能是不存在雇员获得技能的任何解。在这种情况下，在任何背离后的继续的博弈有以下特点：对每一代雇员，企业提供合约 $\sigma_0 = (\eta_0^*, \eta_1^*, w^0, w^0)$，雇员选择 $s=0$。另一种可能是在没有关系合约的情况下，仍然存在企业可以诱使雇员获得技能的均衡。在这种情况下，在任何背离后的继续的博弈有以下特点：对每一代雇员，企业提供合约 $\sigma_S = (\eta_0^S, \eta_1^S, w_E^S, w_D^S)$，雇员选择 $s=1$。令 $\sigma_E = (\eta_0^E, \eta_1^E, w_E^E, w_D^E)$ 和 s_E 表示任何背离后的实际阶段博弈的均衡结果，则有 $\sigma_E \in \{\sigma_0, \sigma_S\}$，$s_E \in \{0, 1\}$。

雇员在关系合约下实现获得技能的均衡的个体理性约束表示为：

$$w_{E_1} + \eta_1 w_{E_2} + (1-\eta_1) w_{D_2} \geq 2w^0 + c \tag{5.13}$$

激励相容约束表示为：

$$\eta_1 w_{E_2} + (1-\eta_1) w_{D_2} - \eta_0 w_{E_1} - (1-\eta_0) w_{D_1} \geq c \tag{5.14}$$

在分析企业面临的约束之前，首先定义企业在当前一代不存在背离的情况下所能得到的当期期望利润 $\bar{\pi}$，以及在企业存在背离的情况下受惩罚阶段的当前期望利润 $\underline{\pi}$。

$$\bar{\pi} = \int_0^1 y_E(\eta,0) d\eta + \int_0^{\eta_1} y_E(\eta,1) d\eta + \int_{\eta_1}^1 y_D(\eta,1) d\eta - [w_{E_1} + \eta_1 w_{E_2} + (1-\eta_1) w_{D_2}] \tag{5.15}$$

$$\overline{\pi} = \int_0^1 y_E(\eta,0)d\eta + \int_0^{\eta^E} y_E(\eta,s_E)d\eta + \int_{\eta^E}^1 y_D(\eta,s_E)d\eta - [w_E^E + \eta_1^E w_E^E + (1-\eta_1^E)w_D^E] \tag{5.16}$$

如果 $s_E=0$，则有 $\eta^E=\eta_0^*$；如果 $s_E=1$，则有 $\eta^E=\eta_1^S$。

企业的个体理性约束要求在雇员获得技能的情况下，其期望利润不少于其外部选择权，表示为：

$$\overline{\pi} \geq \pi^0 \tag{5.17}$$

企业的激励相容约束要稍微复杂一些。需要考虑两种情况：$s=0$ 和 $s=1$。每种情况还包括两种子情况：当 $s=0$ 时，$\eta<\eta_0$ 和 $\eta\geq\eta_0$；当 $s=1$ 时，$\eta<\eta_1$ 和 $\eta\geq\eta_1$。

当 $s=0$ 时，相关的激励约束为：

$$y_E(\eta,0) \geq y_D(\eta,0) - (w_{D_1} - w_{E_1}) \qquad \forall \eta < \eta_0 \tag{5.18}$$

$$y_D(\eta,0) - (w_{D_1} - w_{E_1}) \geq y_E(\eta,0) \qquad \forall \eta \geq \eta_0 \tag{5.19}$$

当 $s=1$ 时，相关的激励约束为：

$$y_E(\eta,1) - w_{E_2} + \frac{\delta}{1+\delta}\overline{\pi} \geq \max\begin{cases} y_E(\eta,1) - w_{E_1} + \frac{\delta}{1+\delta}\pi, \\ y_D(\eta,1) - w_{D_1} + \frac{\delta}{1+\delta}\pi, \\ y_D(\eta,1) - w_{D_2} + \frac{\delta}{1+\delta}\overline{\pi} \end{cases} \forall \eta < \eta_1 \tag{5.20}$$

$$y_D(\eta,1) - w_{D_2} + \frac{\delta}{1+\delta}\overline{\pi} \geq \max\begin{cases} y_E(\eta,1) - w_{E_1} + \frac{\delta}{1+\delta}\pi, \\ y_D(\eta,1) - w_{D_1} + \frac{\delta}{1+\delta}\pi, \\ y_E(\eta,1) - w_{E_2} + \frac{\delta}{1+\delta}\overline{\pi} \end{cases} \forall \eta \geq \eta_1 \tag{5.21}$$

当 $s=1$，$\eta<\eta_1$ 时，如 (5.20) 式所示，企业有三种可能的背离：可能将雇员配置在层级 E_1、层级 D_1 或层级 D_2。前两种情况的背离是能够被未来雇员所观察的，将会引起未来雇员的触发策略，从而在未来每一代所能获得的期望利润为 π，大括号内的前两项表示了在这两种情况企业所能获得的当期及未来期望利润之和。最后一种情况的背离是不能够被未来雇员所观察的（未来雇员无法观察雇员类型的假设），从而在未来每一代所

能获得的期望利润为 $\overline{\pi}$，大括号内的最后一项表示了在这种情况企业所能获得的当期及未来期望利润之和。

当 $s=1$，$\eta \geq \eta_1$ 时，如（5.21）式所示，企业也有三种可能的背离：可能将雇员配置在层级 E_1、层级 D_1 或层级 E_2。同样地，前两种情况的背离将会引起未来雇员的触发策略，从而在未来每一代所能获得的期望利润为 $\underline{\pi}$。最后一种情况的背离是不能够被未来雇员所观察的，从而在未来每一代所能获得的期望利润为 $\overline{\pi}$。大括号内的三项分别表示了这三种情况企业所能获得的当期及未来期望利润之和。

由于企业可以在保证雇员的个体理性及激励相容约束的前提下，通过尽可能地降低合约初始时期的固定工资 w_{E_1}，且令各层级之间工资差距不变，分配联合剩余。因此，最大化联合剩余的合约等同于最大化企业利润的合约。最优合约问题可以视为在上述雇员与企业所面临的约束下，最大化企业期望利润的问题：

$$\max_{(\eta_0, \eta_1, w_{E_1}, w_{E_2}, w_{D_1}, w_{D_2})} \overline{\pi}$$

s.t. （5.13）式、（5.14）式、（5.17）式至（5.21） (5.22)

关于上述约束条件的进一步分析能够简化最优化问题：

（1）当合约的设计是用来最大化企业期望利润时，在均衡条件下，(5.13) 式应该总是紧的约束：

$$w_{E_1} + \eta_1 w_{E_2} + (1-\eta_1) w_{D_2} = 2w^0 + c \qquad (5.23)$$

（2）根据假设 1（3），对于 $\forall s \in \{0, 1\}$，雇员在困难的工作与容易的工作的生产力差距 $y_D - y_E$ 随着 η 递增，可以得出，如果（5.18）式和（5.19）式在 $\eta = \eta_0$ 时成立，则对于 $\forall \eta < \eta_0$ 和 $\forall \eta \geq \eta_0$ 它们分别成立。因此，（5.18）式和（5.19）式可以转化为如下约束：

$$y_E(\eta_0, 0) \geq y_D(\eta_0, 0) - (w_{D_1} - w_{E_1}) \qquad (5.24)$$

$$y_D(\eta_0, 0) - (w_{D_1} - w_{E_1}) \geq y_E(\eta_0, 0) \qquad (5.25)$$

（5.24）式和（5.25）式可以进一步转化为如下约束：

$$y_E(\eta_0, 0) = y_D(\eta_0, 0) - (w_{D_1} - w_{E_1}) \qquad (5.26)$$

（3）同样地，根据假设 1（3），对于 $\forall s \in \{0, 1\}$，雇员在困难的工作与容易的工作的生产力差距 $y_D - y_E$ 随着 η 递增，可以得出，如果（5.20）式和（5.21）式在 $\eta = \eta_1$ 时成立，则对于 $\forall \eta < \eta_1$ 和 $\forall \eta \geq \eta_1$ 它们分别成立。因此，（5.20）式和（5.21）式可以转化为如下约束：

$$y_E(\eta_1,1) - w_{E_2} + \frac{\delta}{1+\delta}\overline{\pi} \geq \max \begin{cases} y_E(\eta_1,1) - w_{E_1} + \frac{\delta}{1+\delta}\pi, \\ y_D(\eta_1,1) - w_{D_1} + \frac{\delta}{1+\delta}\pi, \\ y_D(\eta_1,1) - w_{D_2} + \frac{\delta}{1+\delta}\overline{\pi} \end{cases} \quad (5.27)$$

$$y_D(\eta_1,1) - w_{D_2} + \frac{\delta}{1+\delta}\overline{\pi} \geq \max \begin{cases} y_E(\eta_1,1) - w_{E_1} + \frac{\delta}{1+\delta}\pi, \\ y_D(\eta_1,1) - w_{D_1} + \frac{\delta}{1+\delta}\pi, \\ y_E(\eta_1,1) - w_{E_2} + \frac{\delta}{1+\delta}\overline{\pi} \end{cases} \quad (5.28)$$

(5.27) 式和 (5.28) 式可以进一步转化为如下约束：

$$y_E(\eta_1,1) = y_D(\eta_1,1) - (w_{D_2} - w_{E_2}) \quad (5.29)$$

$$\frac{\delta}{1+\delta}(\overline{\pi} - \underline{\pi}) \geq w_{E_2} - w_{E_1} \quad (5.30)$$

$$\frac{\delta}{1+\delta}(\overline{\pi} - \underline{\pi}) \geq w_{D_2} - w_{D_1} \quad (5.31)$$

(4) 根据 (5.20) 式以及 $\pi \geq \pi^0$，(5.17) 式的约束条件可以忽略。这样，在简化约束条件后，(5.22) 式的最优合约问题可以转化为：

$$\max_{(\eta_0,\eta_1,w_{E_1},w_{E_2},w_{D_1},w_{D_2})} \overline{\pi}$$

$$w_{E_1} + \eta_1 w_{E_2} + (1-\eta_1)w_{D_2} = 2w^0 + c \quad (5.23')$$

s. t. $\eta_1 w_{E_2} + (1-\eta_1)w_{D_2} - \eta_0 w_{E_1} - (1-\eta_0)w_{D_1} \geq c \quad (5.14')$

$y_E(\eta_0,0) = y_D(\eta_0,0) - (w_{D_1} - w_{E_1}) \quad (5.26') \quad (5.22')$

$y_E(\eta_1,1) = y_D(\eta_1,1) - (w_{D_2} - w_{E_2}) \quad (5.29')$

$$\frac{\delta}{1+\delta}(\overline{\pi} - \underline{\pi}) \geq w_{E_2} - w_{E_1} \quad (5.30')$$

$$\frac{\delta}{1+\delta}(\overline{\pi} - \underline{\pi}) \geq w_{D_2} - w_{D_1} \quad (5.31')$$

任何 (5.22') 式的解 (η_0, η_1, w_{E_1}, w_{E_2}, w_{D_1}, w_{D_2}) 都是一个最优合约。下面分析最优合约具有的一些特性。

引理5.2：对于任何 δ，如果存在最优合约，则一定有 $\eta_1 \geq \eta_1^*$。

证明：假设 $\eta_1 < \eta_1^*$，则有 $y_D(\eta_1,1) < y_E(\eta_1,1)$，由 (5.29') 式可以得出 $w_{D_2} < w_{E_2}$。实际上从 (5.4) 式所示的企业的薪酬计划来看，这显然

是不合理的。下面从(5.22′)式最优合约的角度进行推导。因为 $w_{D_2} < w_{E_2}$，且 $w_{D_1} \geq w_{E_1}$，因此有 $w_{D_2} - w_{D_1} < w_{E_2} - w_{E_1}$，从而(5.31′)式不可能是紧的约束。现在将 η_1 提高 $\varepsilon(>0)$。因为(5.14′)式可以写成 $w_{D_2} - w_{D_1} + \eta_0(w_{D_1} - w_{E_1}) - \eta_1(w_{D_2} - w_{E_2}) \geq c$，又 $w_{D_2} < w_{E_2}$，因此 η_1 的提高放松了(5.14′)式。由于 η_1 的提高，可以通过增加 w_{D_2} 来满足(5.29′)式，这将进一步放松(5.14′)式。此外，对于一个足够小的 $\varepsilon(>0)$，由于(5.31′)式是松的，w_{D_2} 的调整可行。根据(5.23′)式，$\bar{\pi}$ 可以表示为：$\bar{\pi} = \int_0^1 y_E(\eta, 0) d\eta + \int_0^{\eta_1} y_E(\eta, 1) d\eta + \int_{\eta_1}^1 y_D(\eta, 1) d\eta - (2w^0 + c)$，则 $\eta_1 < \eta_1^*$ 时，$\bar{\pi}$ 是 η_1 的递增函数，因此，最初的合约 $\eta_1 < \eta_1^*$ 不可能是最优的。

推论 5.1：对于任何 δ，如果存在最优合约，则一定有 $w_{D_2} \geq w_{E_2}$。

该推论直接由引理 5.2 及 (5.29′) 式得出。

推论 5.2：对于任何 δ，如果存在最优合约，则 η_1 的解是满足自我实施均衡的最低的 $\eta_1 \geq \eta_1^*$。

证明：根据约束条件 (5.23′) 式，$\bar{\pi}$ 可以表示为：$\bar{\pi} = \int_0^1 y_E(\eta, 0) d\eta + \int_0^{\eta_1} y_E(\eta, 1) d\eta + \int_{\eta_1}^1 y_D(\eta, 1) d\eta - (2w^0 + c)$。又由引理 5.2，$\eta_1 \geq \eta_1^*$，此时 $\bar{\pi}$ 是 η_1 递减函数，在 $\eta_1 = \eta_1^*$ 时，$\bar{\pi}$ 达到最大。

以下分析贴现因子 δ 的变化对最优合约的影响。δ 是企业对未来耐心的一种度量，δ 越大，企业越有耐心，对声誉越关心，声誉资本越高。很显然，一个不关心未来的人是没有声誉的。若 δ 接近于 0，则表明企业没有耐心或主要关心当前的和不久的将来的支付；若 δ 接近于 1，则表明企业对它在任一特定将来所得到支付的关心并不明显少于其对当前所得到支付的关心。

命题 5.4：存在一个最小的 δ，用 $\bar{\delta}(<1)$ 来表示，使得对于 $\forall \delta \in [\bar{\delta}, 1]$，$\bar{\pi}$ 能够实现最大，即 $\eta_1 = \eta_1^*$。

证明：实际上是求既满足 $\frac{\delta}{1+\delta}(\bar{\pi}|_{\eta_1 = \eta_1^*} - \underline{\pi}) \geq w_{E_2} - w_{E_1}$ 也满足 $\frac{\delta}{1+\delta}(\bar{\pi}|_{\eta_1 = \eta_1^*} - \underline{\pi}) \geq w_{D_2} - w_{D_1}$ 的最小的 δ，用 $\bar{\delta}(<1)$ 来表示。当 $\delta = \bar{\delta}$ 时，(5.14′)式一定是紧的。否则，可以等量减少 w_{D_2} 和 w_{E_2}，这样既不会违背

(5.29′)式的约束，又只需要一个较小的 δ。因此，当 $\delta = \bar{\delta}$ 时，一定有 $w_{D_2} - w_{D_1} + \eta_0(w_{D_1} - w_{E_1}) - \eta_1(w_{D_2} - w_{E_2}) = c$。由(5.29′)式，在 π 能够实现最大，即 $\eta_1 = \eta_1^*$ 时，$w_{D_2} = w_{E_2}$，因此有 $w_{D_2} - w_{D_1} + \eta_0(w_{D_1} - w_{E_1}) = c$。因为 $w_{E_2} - w_{E_1} = w_{D_2} - w_{E_1}$，最小的 δ 需要 $(w_{D_2} - w_{D_1}) + (w_{D_1} - w_{E_1}) = w_{D_2} - w_{E_1}$ 最小。又 $w_{D_2} - w_{D_1} + \eta_0(w_{D_1} - w_{E_1}) = c$，因此，如果 $\eta_0 < 1$，则有 $w_{D_2} - w_{D_1} = c$，$w_{D_1} - w_{E_1} = 0$，如果 $\eta_0 = 1$，则只要 $(w_{D_2} - w_{D_1}) + (w_{D_1} - w_{E_1}) = c$，$w_{D_2} - w_{D_1}$ 与 $w_{D_1} - w_{E_1}$ 的任何组合都是最优的。因此，可以称 $\frac{\delta}{1+\delta}(\pi \mid_{\eta_1 = \eta_1^*} - \underline{\pi}) = c$ 时，δ 的解 $\bar{\delta}$ 是使得对于 $\forall \delta \in [\bar{\delta}, 1]$，社会最优 $\eta_1 = \eta_1^*$ 能够实现的最小的 δ。在 $\eta_1 = \eta_1^*$ 时，不存在工作分配的无效率，雇员实现了最优的配置。

命题 5.5：存在一个 $\underline{\delta} > 0$，使得 $\forall \delta \in [\underline{\delta}, \bar{\delta}]$，$\pi$ 是严格递增的。

证明：令 $\psi = \{\delta \in [0, 1) \mid$ (5.22′)式存在均衡解$\}$，其中，$\psi \neq \phi$，$\bar{\delta} \in \psi$，$\underline{\delta} = \inf \psi$。令 $\delta_0 \in [\underline{\delta}, \bar{\delta}]$，如果 δ 从 δ_0 增加至 $\delta_1 (\delta_1 \in (\delta_0, \bar{\delta}])$，由于(5.30′)式和(5.31′)式被放松了，可以同时增加 $w_{E_2} - w_{E_1}$ 和 $w_{D_2} - w_{D_1}$。由(5.29′)式，均衡最优合约实现的最小的 η_1 是和最小的可行的 $w_{D_2} - w_{E_2}$ 的值相联系的。由于 $w_{D_2} - w_{E_2} = (w_{D_2} - w_{D_1}) + (w_{D_1} - w_{E_1}) - (w_{E_2} - w_{E_1})$，要想得到最小的可行的 $w_{D_2} - w_{E_2}$ 的值，$w_{E_2} - w_{E_1}$ 要增加至最大的可行的值，$w_{D_2} - w_{D_1}$ 也应该增加，因为(5.14′)式可以转化为 $w_{D_2} - w_{D_1} + \eta_0(w_{D_1} - w_{E_1}) - \eta_1(w_{D_2} - w_{E_2}) \geq c$。将 $w_{D_2} - w_{D_1}$ 增加 $\varepsilon(>0)$，$w_{D_1} - w_{E_1}$ 可以减少 $\varepsilon/\eta_0 \geq \varepsilon (> \varepsilon$ 当 $\eta_0 < 1$)而使(5.14′)式保持不变。因此，如果 δ 增加，可以通过增加 $w_{D_2} - w_{D_1}$ 和 $w_{E_2} - w_{E_1}$ 以及减少 $w_{D_1} - w_{E_1}$ 使得最小的可行的 $w_{D_2} - w_{E_2}$ 的值减小，也即增加水平层级间的工资差距，减少垂直层级间的工资差距。为了维持(5.29′)式，η_1 也相应地减小。此外，由于 $w_{D_2} - w_{D_1} + \eta_0(w_{D_1} - w_{E_1}) - \eta_1(w_{D_2} - w_{E_2})$ 是 η_1 的递减函数，因此 η_1 的减小不会违背(5.14′)式的约束。通过以上分析可以得出，如果 $\overline{\eta_1}$ 是当 $\delta = \underline{\delta}$ 时最优合约中 η_1 的值，则对于 $\delta \in [\underline{\delta}, \bar{\delta}]$，最优合约中 η_1 的值是 δ 的递减函数，$\eta_1 \in [\eta_1^*, \overline{\eta_1}]$，从而 π 是严格递增的。并且随着 η_1 的降低，雇员的工作配置也越有效率。

五 结论分析

现有的关于晋升对于雇员技能获得激励的研究单纯从垂直晋升层级或

水平晋升层级展开。但是这些晋升方式都会产生一定的无效率，并且都是基于企业与雇员一次性博弈的环境，并没有考虑企业对声誉的关注。本节在一个重复博弈框架中引入基于声誉的关系合约，考虑既存在垂直晋升层级，又存在水平晋升层级的双重层级结构对雇员技能获得的激励。得出的主要结论如下：

结论一，对于一个有足够耐心或远见的企业，也即声誉较高的企业，普兰德加斯特（1993）的垂直晋升层级模型中的无效率问题是不存在的，双重晋升层级结构可以同时实现对雇员技能获得的激励以及有效的工作配置，并且不同工作之间在技术方面没有必要是显著不同的。在实现社会最优的情况下，企业根本不需要使用垂直晋升的工资差距来对雇员获得技能提供激励。在这种情况下，垂直晋升更多的是起到工作配置的作用。这说明，对于声誉较高的企业，即使垂直晋升本身不足以诱使雇员获得技能，水平晋升也可以诱使雇员获得技能。

结论二，在企业声誉资本还不足以实现社会最优的范围内，随着企业声誉资本的提高，企业会更多依赖水平晋升层级、较少依赖垂直晋升层级来诱使雇员获得技能。并且总剩余增加，企业利润增加，雇员的工作配置也更有效率。即：企业越关心未来的支付，越关注声誉，两个工作间的工资差距就越小。这一结论对企业不同工作间的工资压缩（wage compression）这一工资制度提供了经济含义。

上述结论意味着应该鼓励和保护企业形成声誉的机制，特别是在中国这样一个正式制度不完善、非正式制度发挥重要作用的国家。声誉能够在一定程度上弥补法制和行政管理的不足以及由此造成的损失。事实上，信任或诚信问题一度成为当前社会的热点问题和难点问题。当然，如何形成一种合理的社会信念结构对于声誉效应是非常重要的。此外，企业向雇员提供明确的职业生涯发展路径与薪酬支付体系对于这种双重晋升层级结构的运行是至关重要的。这对于中国在转型阶段企业工资制度的改革及建构有效的企业微观人力资本开发机制有着一定的启示。

本节在一个重复博弈的框架下研究在雇佣合约不完全的情况下，企业如何通过水平晋升层级和垂直晋升层级双重层级结构来诱使雇员专用性技能的获得，并得出了一些结论。但是，笔者认为，有必要澄清下列几个问题，以便于更好地理解本节所得出的结论：

第一，为了简化分析，文中假设所有雇员获得技能的成本是相同的。事实上，不同能力的雇员获得技能的成本不同。由于雇员在事前不确定自身的具体类型，从而根据期望成本来做出投资决策。因此，企业的最优合约问题是诱使雇员根据期望成本来获得技能。这并不影响本书的分析结论。但是，雇员投资的实际成本是不同的，因此，即使雇员做出了投资决策，但在一定时期内并非所有雇员都能够获得技能。这也解释了现实中为什么并非所有的雇员都获得晋升以及即使是获得晋升，晋升速度也是不同的这一现象。

第二，为了简化分析，避免雇员职业生涯发展中晋升的序列和动态性问题，分析采用的是标准的两阶段模型。假定雇员仅投资一次，而非连续的、动态的，晋升决策只能在所有投资完成后进行。然而实际上，在雇员职业生涯中，投资是持续的，且晋升也不限于一次，投资与晋升通常是交错的。本书虽然考虑了雇主与多个雇员的重复博弈中关系合约的有效性，却没有考虑雇主与单个雇员多阶段的重复博弈。因此，有待将模型进一步扩展到动态投资的情况，考虑到专用性人力资本投资的持续性，代理人能够进行跨时动态投资，这种基于声誉的关系合约的有效性。

第三，为了集中研究人力资本投资问题，本节在分析中不考虑任何代理问题，排除了偷懒这一道德风险。因此，分析中所得出的最优的水平晋升层级与垂直晋升层级的配合是完全从诱使雇员专用性技能的获得方面考虑的。然而，如何激励雇员努力工作也是企业进行工资合约设定时所着重考虑的问题。因此，如果综合考虑人力资本投资问题与道德风险问题来探讨企业工资合约的设定，可以得到更为丰富的含义。

第四，关于管理者的角色，许多经济学家喜欢把股东和管理者之间的关系看作委托—代理关系。然而从法律上讲，委托—代理关系有两个要求：委托人通常可以随时中止代理人的权力；代理人通常要遵从委托人的吩咐（Eisenberg，1976）。一般来说，公司的法律制度并不能保证股东和管理者的关系满足这两个条件，甚至任何一个都不能满足。[①] 本书分析中不讨论股东对管理者控制能力的问题，而只是关心如果股东真的可以控制管理者的情况下，企业的晋升层级以及工资级别的制度安排。

[①] 只有在提出充分理由情况下，管理者（董事）才能被股东撤换。同样，股东并不具有法定的权力可以对管理者（董事）权限内的失误给予限制性指令。

第六章　固定工资合约Ⅱ：集体谈判

本书前面章节关注的是个人工资合约以及个人谈判力量的探讨，没有涉及集体力量，这里主要指的是工会组织。在大多数成熟市场经济国家中，工会普遍存在，且通过集体谈判方式影响企业的工资设定以及其他雇佣条件。例如，2000年一些欧洲国家——比利时、爱尔兰、意大利和西班牙的集体谈判覆盖率分别为96%、66%、82%（1995）和83%（参见CESifo DICE，2006）。尽管中国工会具有不同于成熟市场经济国家工会的特殊性，集体谈判的职能还没能有效地发挥，但是国家对集体谈判、集体合同等经济手段的重视程度却逐渐升温。从《工资集体协商试行办法》、新版《集体合同规定》法律条例的出台，全国总工会关于到2012年工资集体协商机制要对已建工会企业全覆盖的计划，2010年全国总工会联合人力资源和社会保障部、中国企业联合会/中国企业家协会下发的《全国实施集体合同制度"彩虹计划"》，以及2010年全国总工会投入1000万元在10省市试点聘用专职工会人员开展工资集体协商等政策中可见一斑。

鉴于此，本章进一步研究有工会组织的情况下，集体谈判模式的制度性效率。

第一节　集体谈判的趋势

当雇主同意与工会就雇佣条件进行谈判时，可以说雇主"承认"了这个工会。一旦工会在工作场所得到承认，它们与雇主所进行的关于雇佣条件的谈判就称为集体谈判。集体谈判是劳资双方确定雇员劳动条件的博弈机制，是成熟市场经济国家工会运动的一项基本形式，是处理劳资关系的主要手段和方式。在讨论集体谈判的效率性问题之前,需要考察谈判在哪些层次上进行——在产业层次上、企业层次上或是在工厂层次上[①],以及谈判的范围。[②]

一 谈判的层次:企业或工厂层次的趋势

世界上最早的集体谈判出现在18世纪末19世纪初的英国。不过,因为国家法律总是削弱工会参与集体谈判的力量,当时的集体谈判并没有很好发挥作用。到了19世纪末20世纪初,随着工人运动的高涨,欧洲各国在立法上逐渐放宽了对集体谈判的限制,集体谈判有了一定的发展。当时的谈判主要是产业层次上的,一个行业是由许多小企业组成的,它们在面对正在形成中的工会时,通过一个雇主联盟来维护其共同利益。许多小企业主联合起来,在企业"大门外"与工会谈判。第一次世界大战有力推动了英国产业谈判机制的发展,原因是为了应付战时需要,出现了国家集中控制的产业。第一次世界大战之后,产业谈判和产业工会已经有了牢固的基础。当英国的工业还是充满竞争的时候,一个地区集中了许多小企业,工人很容易在其间流动,多雇主的(地区层次或产业层次的)协议最主要的内容是确定一个雇佣合同。

但随着企业不断变大,雇佣结构和各种工作的内部化程度更高,企业可以退出多雇主谈判,并形成自身的雇佣关系,这样对企业更有好处。到20世纪60年代,多雇主协议仅限于决定最低工资,雇员还可以通过"内部谈判"争取更高的工资。一些大企业的管理者也不愿意让雇主联盟来决定诸如工作纪律和要求、工作实践、工作评价等公司内部事务。另一方面,工会和工人组织的谈判能力有所上升,基层谈判机制也于第二次世界大战之后自发形成。在基层,工人选出代表与管理者(工头)进行谈判,以改变工作条件。这种基层谈判用于补充——甚至通常是代替——多雇主协议所决定的标准工资。由埃索(Esso)炼油厂于20世纪60年代始创的所谓的"生产协议"就是在企业、工厂层次上的协议,其目的在于改进工作流程,并通过提高工资来提高人力和工厂的使用效率。在10年之中,有一些企业为了和工会订立生产协议而脱离了雇主联盟。某些产业中的主

---

① 原则上,集体谈判还可以在国家层次上进行,由全国性总工会同全国雇主协会谈判,但是这种层次上的集体谈判并不多见。

② 关于集体谈判层次和范围的论述参考青木昌彦《企业的合作博弈理论》,郑江淮等译,第9章股东主权——集体谈判模式,中国人民大学出版社2005年版。

要公司，如国家煤矿公司（National Coal Board）和帝国化工公司（Imperial Chemical Industries Ltd.）脱离雇主联盟，并与工会进行谈判。也有一些美国企业在英国的子公司，如福特（Ford），也不赞成雇主联盟。工会企业层次谈判的一个更重要的发展是1975年的《雇佣保护法》（Employment Protection Act）。它替代了1971年的《产业关系法》（Industrial Relations Act），并把对工会的认可定义为单个雇主行为，而不是雇主联盟的行为。这当然反映了一种对企业单独谈判的偏好。

还要指出，当20世纪70年代开始出现白领雇员的谈判时，其基础往往是企业层次上的协议，而不是在工厂或产业层次上进行谈判，原因是白领雇员可以很容易地在一个企业的各个工厂间流动（Davies and Freedland，1979）。由于信息处理在企业运行中占的比例日渐上升，将谈判扩展至白领雇员以及蓝领雇员向白领阶层转化就成为促进企业层次谈判发展的重要因素。尽管关于产业层次谈判的重要性还存在一些争议，但其衰落却是明显的。布朗和特里（Brown and Terry，1978）通过统计分析，论证了产业层次谈判制定的工资对大企业中的雇员的影响越来越小，只有小企业才热衷于多雇主协议。他们还指出，企业和工厂层次上的谈判有一个显著特征，即进行广泛的工作评价。通过对工作内容比较系统的分析，在一个企业或工厂中，对不同工作支付不同工资的方法得到了雇员的认同。因此，在英国，虽然仍然可以看到产业谈判和国家工会等战前传统，但工资和其他工作条件的决定过程已经转向企业或工厂层次的谈判。

美国的集体谈判制度最突出特征是它有"法定谈判代表"的规定。1959年修订的《劳动管理关系法》（Labor Management Relation Act）第九章规定："在一个合适的团体中，由多数雇员指定或选出的参加集体谈判的代表，应该可以全权代表这个团体参加关于工资、工作时间以及其他雇佣条件的集体谈判。"如果一个企业（或者其他合适的团体）中的大多数雇员同意让一个工会作为他们的代表参加集体谈判，并且雇主也同意的话，那么谈判就会在他们之间展开。如果雇主不认可这个工会，并且质疑其是否能代表雇员中的大多数，这时工会就要递交一份正式请求给国家劳动关系委员会（the National Labor Relation Board）在当地的分理处。一般来说，递交请求的人必须证明这个团体中至少30%的雇员同意其为代表。如果满足这个以及其他一些条件，国家劳动关系委员会就会主持一次正式的投票选举，以解决代表权问题。① 如果工会得到多数雇员的支持，它就会得到一份证书，以表明它是官方认可的全体雇员的代表。一旦工会赢得选举并得到官方认可，雇主就必须"以真诚的态度"与它进行谈判，拒绝这样做，将被视为一种不良行为。雇主无须接受工会提出的要求，但他必须认真地进行谈判，以达成协议。如果与被认可的工会达成协议，则谈判所涉及的雇员团体中的所有雇员都必须遵守协议，无论他是不是工会的成员。雇主不可与非工会成员进行背离工会协议的交易。因此，在美国，虽然也存在一些同业团体之类的组织，但一般而言，在许多行业中，投票规则使得工厂和企业这些组织形式更适合于对工会的认可。

根据劳动统计局（Bureau of Labor Statistics）1976年的一个关于涉及千人以上的集体协议的调查，在加工行业，有280万雇员与单个雇主进行谈判，而与多个雇主谈判的只有60万人。在如建筑业、采矿业、运输业和零售业等行业中，与多个雇主谈判的情况相当普遍。但即使在这些行业中，上述的比例是370万人对300万人。可见，与单个雇主达成协议比与多个雇主达成协议更为普遍，这是美国集体谈判制度的主要特征。在一些行业中，企业的技术没有太大差别，工作分类可以做到标准化，企业规模也大致相当。只有在这些行业中，统一行业工资和一些雇佣条件才是有效可行的。否则，行业层次上的谈判只能是最基本的工资和其他工作条件，各地区的企业要根据自身情况对产业协议进行修订和补充。因此，对于持实用主义态度的美国雇员来说②，除非行业层次的集中谈判可以增加工会的谈判能力，否则，他们更关心在企业或工厂层次上工会—管理者关系。因为这里的工会对雇员的生活、实际收入及其他工作条件有更明显的作用，而且它还能反映雇员的不满。

在日本，直至第二次世界大战末期大规模独立的工会运动才出现，谈判分散化趋势在这里更为明显。在20世纪60年代的高速增长时期，主要由学院派倡导的行业工会组织开始衰落，而现在主要的谈判模式是由企业管理者与企业工会进行谈判。这些企业工会并不是行业工会的分支机构。事实上，日本的行业工会只不过是企业工会组成的联盟，其目的在于协调谈判策略和政治行动、交换信息，等等。这种企业工会相对于管理者的独

---

① 关于美国认可工会的详细过程，可参见比尔等（Beal et al.，1976）的研究。
② 美国雇员很少受意识形态的影响，他们以更实用的态度评价工会的作用。

立性是由法律规定的。①

由此可见，单个雇主协议逐渐取代多雇主协议，企业或工厂层次的谈判逐渐取代产业层次的谈判已经是大势所趋（只有少数国家例外，如比利时和瑞典）。达芙蒂（Dufty，1975）为经济合作组织（OECD）所做的研究反映了这种趋势。这种趋势正是许多在大企业中形成的因素作用的结果，这些因素包括：伴随着内部雇佣结构而产生的，并作为管理决策基础的、对普遍而正式的工资结构的要求；与企业利害相关的白领雇员逐渐转变为谈判的一方；蓝领雇员正在向白领阶层过渡；管理者决策对雇员福利的影响不断增大；等等。要适应这些情况，企业层次或工厂层次上的谈判要优于产业层次上的谈判。需要说明的是，在多工厂的企业中，如果企业技术创新非常快，非常分散，并且各工厂不是同步的，那么谈判重点就会转移至工厂层次上。在这种情况下，企业层次的谈判也许就不足以决定普遍适用于各个工厂的工资和其他工作条件。另外，在企业层次上制定规则也许会妨碍新成立的工厂的有效运作。管理者也许就会放弃企业层次上的统一谈判，转而选择在工厂层次上进行谈判。但是，工厂层次谈判与企业层次谈判有很多相似之处，它们都相当正式，而且参与谈判的人往往包括负责协调整个企业运作并做出决策的最高管理者。尽管企业层次或工厂层次的谈判有利于达到内部效率，但也可能将一些问题转移到宏观层面上，例如，引致古典失业，在大小企业间存在工资和其他工作条件的不平等，等等。但是，对这类宏观问题做更细致的分析超出了本书的范围。

二　谈判范围的扩大

由于谈判趋向于在企业或工厂层次上进行，使得工会集体谈判范围的扩大成为可能。工会既能提供有关雇员的需要及偏好的信息（比如，工资、附加津贴和福利），又能帮助雇员评价复杂的工资、收益标准。因此，工会可以视为雇员的代理人与雇主进行谈判。工会作为代理人，纯粹是一种帮助劳资双方讨价还价、以达成满意的协议并付诸实施的工具。

就法律条例而言，美国集体谈判中共同决策范围的界定是比较简要的。管理者和雇员的代表必须就工资、工作时间和其他雇佣条件进行有诚意的谈判，这里的"其他雇佣条件"可以有许多不同解释。根据国家劳

---

① 日本劳动工会法（Labour Union Act）第5节规定，工会必须在中立的劳工委员会（Labour Commission）审查其章程并确认其为独立组织之后，才能得到法律保护。

动关系委员会条例和法庭的判例，在决定将某些工作外包或引入时，可以节约劳动力的机器设备可能导致部分雇员失业，工会有权要求和管理者进行谈判。但是，关于工厂停业或重新调整的决定并不是法定的谈判主题，除非这种决定的真正目的就在于回避谈判。当然，工会可以就这种决定对雇员的影响要求谈判，如关于遣散费的谈判。至于生产何种产品、如何投资、产品如何定价等基本决策并不在法定的集体谈判范围之内。

对于法律规定之外的问题，谈判双方可以自由决定是否将其纳入谈判。很多时候谈判范围由双方共同决定，他们会明确地把一些决策问题定义为"管理者的权利"。关于管理者权利的条款会具体列出属于管理特权的项目；而另外一些条款则只规定一般原则，如"管理者可以单独处理与经营管理有关的所有问题"。喜欢一般原则的管理者认为，具体列出管理者权利是危险的，他们担心这样做会有疏漏，而且也忽视了不可预知的决策问题。根据美国劳动统计局1976年的调查，在1570个涉及1000个雇员以上的协议中，有918个以某种形式规定了管理者权利。这种关于管理者权利的规定以及法定的集体谈判主题会限制美国雇员通过集体谈判所获得的影响力。但是，尽管有这些正式的限制，管理者和雇员之间还是会公开或不公开地就一些对雇员有重要影响的管理决策进行其他交易。将谈判主题仅限定在法律规定的范围内无法成功地面对以下两个主要挑战：20世纪70年代，雇员的工作不满首次得到公众的关注；70年代末期，传统产业生产率的下降得到了更多的关注。许多人认为，要解决这两个问题，就必须加强雇员与管理者之间的合作。从而对将集体谈判范围扩展至企业管理决策提出了需求，这样可以增加雇员对企业事务的了解，提高其道德和成本意识、参与意识以及对企业的认同感。事实上，已经出现了向这个方向发展的迹象。

在英国，1974年《工会和劳动关系法》（*Trade Union and Labor Relation Act*）中的一节将谈判范围规定为："（a）雇佣事项和条件，或者雇员工作的物质条件；（b）雇佣与解雇条件。"因此，关于雇佣的问题似乎就属于管理者及其认可的工会"联合规制"的范围。但是，关于解雇问题管理者承担的实质性义务似乎只是咨询。在解雇雇员之前，管理者必须向工会提供1975年通过的《雇佣保护法》第99（5）节中规定的一些信息，即"解雇的原因、所涉及的雇员的种类和人数以及选择雇员和解雇雇员的程序"。有时候，这种咨询过程会发展成谈判，但法律上并没有要求管理者要就此事征得工会同意：这种决策是管理者的权利。也有人提倡工会应该更进一步和更正式地进入管理决策事务。1971 年《产业关系法》在 1974 年被废除时，工党政府公布说，它希望扩展"产业民主"，即增加雇员对管理决策的影响力。指派雇员代表进入董事会就是一个为此目的而提出的机制。另一种想法是将集体谈判的范围从传统的工资及其他雇佣条件问题扩展至管理决策问题。在欧洲，这种集体谈判范围的扩大并非不为人知。如在意大利，就进行了一些关于扩大集体谈判范围的试验，其目的是管制管理者在投资方面的特权。最早的尝试是 1973 年的菲亚特（Fiat）协议，其后有门特迪森（Montedison）协议、奥利弗蒂（Olivetti）协议等，部分协议是自愿订立的。

日本的企业工会不仅在雇员职务晋升、转岗、解雇等方面向企业提出建议，代表雇员进行交涉，甚至在企业经营方面也有一定发言权。大型企业的工会向企业提出建议的内容涉及企业经营的方面，主要原因在于日本的生产雇员具有高度技能，显示出整体白领化的趋势。生产雇员具备了高度的知识技能，能够在生产线上为企业做出贡献。而如果企业经营不善，效益下滑导致解雇雇员，被解雇雇员所具备的高度技能（尤其是企业专用性人力资本）将失去发挥的机会。为了规避这种风险，即使是生产雇员也不得不关心企业的经营状况。这也意味着企业通过雇员的企业专用性人力资本积累，将雇员和企业的利益捆绑起来。

由此可以得出一个初步判断：管理者与工会的集体谈判范围有扩大的趋势，出现了越来越多的管理者—工会合作现象。

第二节　集体谈判与晋升制度安排

根据各国的实际情况来看，集体谈判主要存在于规模相对较大的企业中（可参见表 6-1）。一方面，规模相对较大的企业，雇员的人力资本专用性相对较强，从而工会的谈判力较强，而在小企业中，由于雇员人力资本的专用性较弱，可以很容易找到可替代雇员，从而工会的谈判力较弱，作用不明显；另一方面，规模相对较大的企业不容易受市场波动的影响，能够将工作保障制度化，而小企业更容易受市场波动的影响，无法将工作保障制度化。因此，本节主要分析在规模较大的企业中，工会的集体谈判如何影响企业内部的晋升制度安排，从而影响雇员的离职决策，进而从理论上论证工会在形成稳定雇佣关系中的作用。

弗里曼和梅多夫（Freeman and Medoff，1984）认为，工会化企业与非工会化企业相比，更加注重资深雇员的利益。这一点在格罗斯曼（Grossman，1983）以及布莱尔和克劳福德（Blair and Crawford，1984）的工会工资多数投票模型中也有所体现。同样，韦斯（Weiss，1985）和特瑞西（Tracy，1986）的模型中假定，"在职者"以新进入者的利益为代价控制工会。许多经验研究支持了这种理论假设。例如，亚伯拉罕和法伯（Abraham and Farber，1987）通过对男性蓝领雇员数据集的分析得出，与非工会化部门相比，在工会化部门资历的回报更大。托佩尔（Topel，1991）同样得出对工会化雇员，资历的回报在数量和上升幅度上比非工会化同等群体都大。库恩和斯威特曼（Kuhn and Sweetman，1999）从不同的视角说明了这一问题，他们发现工会化工作场所中被替换雇员的损失随着资历递增。

还有一些经验研究通过对工会化企业资历在晋升中作用的分析支持了这种理论假定。亚伯拉罕和梅多夫（1985）分析了美国一个工会化以及一个非工会化制造业企业的人事数据，以确定在各个环境中资历与能力作为影响晋升因素的相对重要性。研究得出，在工会化企业中资历在晋升程序中起着重要作用，并被工会合同所规定，且相对于非工会化企业，工会化企业在晋升决策中资历起到了更重要的作用。奥尔森和贝尔格（Olson and Berger，1982）使用一组调查数据分析资历和人力资本特征在工会化以及非工会化企业晋升决策中的作用。研究得出，在工会化企业中雇员的资历是决定晋升的一个关键因素。特别地，奥尔森和贝尔格（1982）指出，相对于非工会化环境，当工会与管理者达成协议赋予资历在晋升中一定的作用时（独立于能力），雇员的晋升机会发生了改变，此外，许多集体谈判协议都包括关于资历晋升的条款。查科斯基和斯劳特斯（Chaykowski and Slotsve，1986，1988）的研究建立在奥尔森和贝尔格（1982）的工作基础上，利用企业层面数据检验了在一个工资与工作相挂钩的工会化企业中资历晋升规则在决定雇员工作变动的作用，并得出资历在雇员工作变动中呈现较强的作用。该企业的集体谈判协议规定填补一个工作岗位空缺的程序基于两个因素：第一，填补空缺岗位的申请者的资历；第二，从事空缺岗位所必备的条件以及申请者所具有的能力、知识与技能水平。然而，当第二个因素在两个或更多雇员之间是相同的时，他们的相对资历排序将会起决定作用。这一规则意味着在其他条件不变情况下，获得某一给定的工作变动的概率是资历的递增函数。

卡迈克尔（1983）分析了这种根据雇员资历对经过培训的雇员提供一定数量的高工资工作的晋升规则。得出在存在专用性人力资本投资情况下，这种雇员的工资依赖资历的晋升合约能够有效地控制雇员流动，从而保护雇佣双方的专用性人力资本投资。J. 萨洛普和 S. 萨洛普（1976）研究了基于资历的支付水平如何作为一个自我选择机制起作用，它阻碍了高流动倾向个体、鼓励了低流动倾向个体申请该企业工作。史蒂文斯（Stevens，2004）发展了一个理论模型表明，雇员的价值随着资历的增长而增加的劳动合约具有锁定效应，因此降低劳动力市场的流动率。需要指出的是，这里所述的理论并不能对为什么在工会化企业中资历的收益应该较高提供竞争性的解释，而是在工会化企业中可能共存的不同机制。

上一章分析了没有工会组织情况下企业的晋升制度安排，其中晋升仅仅由雇员的人力资本特征（技能水平与能力水平）决定。并且假定所有雇员与企业的雇佣关系只持续两个时期，不存在资历问题，也不存在雇员离职问题。本章在汲取已有相关研究学术营养，特别是奥尔森和贝尔格（1982）以及查科斯基和斯劳特斯（1986，1988）研究工作基础上，分析有工会组织的情况下，企业的晋升制度安排。分析仍然将人力资本观点与企业晋升层级结合，但是引入工会对晋升规则的影响，进一步模型化企业内部的晋升层级结构。分析在雇员的晋升由雇员的人力资本特征以及雇员的资历共同决定的晋升规则下，雇员的工作变动（包括离职决策）以及在企业内的工资增长。一方面，雇员的自身特征（资历、技能与能力）影响其工作变动与收入；另一方面，企业内部各工作类型的工资水平（工资层级结构）决定其工作变动与收入。一般来说，在工会化企业中，企业内部各工作类型工资水平（工资层级结构）是由工会与企业根据某一特定工作评价体系来共同决定的。因此，这里考察的重点不是各层级工作工资水平（也即企业内的工资结构）的设定以及对雇员专用性技能获得的激励，而是考察在工会集体谈判情况下雇员的工作变动决策问题。

一 模型的基本假设

企业中通常有多个工作阶梯，不同部门群体（例如，生产部门与销售部门）大多是在各自工作阶梯内变动工作或晋升。当然，也不排除少量雇员在部门间变动工作,但本章的分析不考虑这种情况。本章只考察在某一工作阶梯内雇员的工作变动情况。企业每一个工作阶梯内有许多工作类别,每一个工作类别中有许多就业岗位,也即雇佣很多雇员。这里的工作阶梯内的不同工作类别相当于上一章的垂直层级。为了集中考察工会对雇员在垂直层级间的晋升规则,从而对雇员工作变动决策的影响,本章忽略了水平层级间的工资差别及其影响,从而只考虑垂直晋升层级的情况。因此,可以将本节中所分析的各工作类别(也即垂直层级)的工资视为平均工资水平。为了简化分析,仍然假定雇员只关注与晋升相关的工资增长,因此工作阶梯内的工作层级也可视为工资层级。假定雇员对各层级的工资水平具有完全信息。

此处考虑雇员职业生涯的长期性,假设雇员是长寿的。① 假定雇员对收入的贴现因子为 δ,$\delta \in [0, 1]$,如同第四、第五章的分析,为了避免引入风险分担问题,这里仍假定企业与雇员均为风险中性的。假定雇员在层级 R 进入企业,雇员只有在获得了层级 $R+1$ 所必需的技能的情况下才有资格获得晋升。假定雇员的能力特征 η 均匀分布于区间 $[0, 1]$②,在雇员职业生涯的第一时期,企业与雇员均不知道其具体类型。不同能力的雇员获得技能的成本是不同的,由于雇员在事前不确定自身的具体类型,从而根据期望成本来做出技能投资决策。③ 由于本章考察重点不是各层级工资水平的设定问题,因此,假定在现有的各层级工资水平下,根据期望成本与期望收益的比较,层级 R 的所有雇员都做出技能投资决定。但是,只有能力水平大于 η_{R+1}^* 的雇员能够获得 $R+1$ 所需的技能。令 s_{R+1} 表示层级 $R+1$ 所需的技能,$s_{R+1} \in \{0, 1\}$,$s_{R+1} = 1$ 意味着技能已经获得,$s_{R+1} = 0$ 意味着技能没有获得。在第一时期结束后,企业和雇员并不知道雇员精确的能力水平,但是可以通过观察雇员是否获得 $R+1$ 所需的技能来判断其能力水平是属于 $[0, \eta_{R+1}^*)$ 和 $[\eta_{R+1}^*, 1]$ 中的哪个区间。如果雇员 i 技能水平 $s_{i,R+1} = 0$,意味着雇员 i 的能力水平 $\eta_i \in [0, \eta_{R+1}^*)$;如果雇员 i 的技能水平 $s_{i,R+1} = 1$,意味着雇员 i 的能力水平 $\eta_i \in [\eta_{R+1}^*, 1]$。依此类

---

① 这里之所以假设雇员是长寿的而不是到退休年龄,是出于简化后面数学分析的考虑,且不会影响由此得出的经济含义。

② 如同上一章,均匀分布假定对于得到本章分析的结果并不是至关重要的,但是能够简化数学分析。

③ 与前面章节中的分析相同,为了简化分析,假设所进行的是完全专用性投资。

推，当雇员晋升至层级 $R+1$ 一个时期后，如果雇员 i 的技能水平 $s_{i,R+2}=0$，意味着雇员 i 的能力水平 $\eta_i \in [\eta_{R+1}^*, \eta_{R+2}^*)$；如果雇员 i 的技能水平 $s_{i,R+2}=1$，意味着雇员 i 的能力水平 $\eta_i \in [\eta_{R+2}^*, 1]$。假定当层级 $R+1$ 存在岗位空缺时，所有层级 R 中具有晋升资格的雇员都会申请晋升至层级 $R+1$，这一假设使得我们不用考虑有晋升资格的雇员申请晋升的概率对实际晋升概率的影响。假设雇员为了获得晋升资格，在每个层级中工作至少一个时期，这一时期可以视为培训（技能获得）时期，因此，一个雇员不能在一个时期内从层级 R 晋升到层级 $R+1$ 之上的层级。

层级 R 中有晋升资格的雇员 i 获得晋升至层级 $R+1$ 的概率可以表示为：

$$\text{Prob}(P_i, R \mid s_{i,R+1}=1) \equiv \sum_{n=1}^{N_{R+1}} \text{Prob}(O_{R+1}^n) \times \text{Prob}(P_i, R \mid O_{R+1}^n, s_{i,R+1}=1)$$

(6.1)

其中，N_{R+1} 表示层级 $R+1$ 中的岗位数量；$\text{Prob}(O_{R+1}^n)$ 表示在层级 $R+1$ 出现 n 个岗位空缺的概率；$\text{Prob}(P_i, R \mid O_{R+1}^n, s_{i,R+1}=1)$ 表示在给定层级 $R+1$ 存在 n 个岗位空缺且雇员 i 已经获得了层级 $R+1$ 所需的技能的条件下，雇员 i 从层级 R 晋升至层级 $R+1$ 的概率。

不考虑外在变化对企业内部工作阶梯结构的影响，例如，新生产过程的引入需要额外的雇员去执行某一工作类型（如 $R+1$）的任务，从而导致层级 $R+1$ 对雇员的需求增加。假定空缺岗位只有在雇员离开他们当前的工作类型或雇员被终止雇佣关系时[1]才会出现。空缺岗位的出现被模型化为一个马尔可夫过程（Markov process）。则由于雇员被终止雇佣关系而导致的空缺岗位数量由该层级岗位的数量（用 N 表示）与雇员被终止雇佣关系的概率（用 γ 表示）共同决定。假定在每一个时期，所有雇员都有相同的、固定的被终止雇佣关系的概率 γ，则层级 R 中由于雇员被终止雇佣关系而导致的空缺岗位数量可表示为 $N_R \gamma$。

将工会通过集体谈判达成的基于资历[2]的晋升规则做如下定义：

定义 6.1：当工作阶梯内的层级 $R+1$ 出现一个空缺岗位时，层级 R

---

[1] 这里，雇员被终止雇佣关系包括永久性失去工作能力（排除将来被重新雇佣的可能性）、死亡、被解雇以及退休。

[2] 企业内雇员的资历被界定为他们在企业内的连续任期，在企业内的不同工作以及不同部门间可以累积。

中具备胜任层级 $R+1$ 工作所需的必备条件的雇员中,资历最高的雇员获得晋升。

在这样的合约条款下,在给定层级 $R+1$ 存在一个空缺岗位且层级 R 的雇员 i 具有晋升资格情况下,雇员 i 晋升的概率可表示为:

$$\mathrm{Prob}(P_i, R | O^1_{R+1}, s_{i,R+1}=1) = 1 \quad 如果 \eta_{i,R} \geq \eta^*_{R+1}, 且 t_{i,R} > \forall t_{j,R}(i \neq j) \tag{6.2}$$

否则, $\mathrm{Prob}(P_i, R | O^1_{R+1}, s_{i,R+1}=1) = 0$

其中,$\eta_{i,R}$ 表示层级 R 中雇员 i 的能力,η^*_{R+1} 表示被晋升至层级 $R+1$ 所必需的最低能力水平,$t_{i,R}$ 表示层级 R 中雇员 i 的任期(资历)。

假设在某一层级中,所有具有晋升资格雇员的资历排序规则为:资历最高、任期最长雇员的排序为 1;资历最低、任期最短的雇员的排序为 NE。NE 是该层级中具有晋升资格的雇员的数量。相似地,该层级中所有不具备晋升资格的雇员中,资历最高、任期最长的雇员的排序为 $NE+1$。实际上,这种垂直层级内部的排序也可视为一系列水平层级,资历在其中也起着重要的作用。只不过本章为了集中研究资历对雇员在垂直层级间变动的作用,忽略了一系列水平层级间的工资差别及其影响。现在考虑一个在层级 R 具有晋升资格的雇员,在时期 t 其资历在所有该层级具有晋升资格的雇员中的排序为 r,则在时期 $t+1$ 该雇员面临三种可能的工作变动情况:第一种情况,仍然留在层级 R 且资历排序仍为 r;第二种情况,仍然留在层级 R 但资历排序为 k ($k<r$);第三种情况,晋升至层级 $R+1$ 并获得新的资历排序。以下具体分析这三种情况的概率:

情况一:雇员仍然留在层级 R,且资历排序仍为 r 的概率(P^R_{rr})表示为:

$$\begin{aligned} P^R_{rr} &= P_0(1-\gamma)^{r-1} \quad 如果 q=0 \\ &= 0 \quad\quad\quad\quad\quad\quad 如果 q>0 \end{aligned} \tag{6.3}$$

其中,q 表示层级 R 之上的雇员自愿离职的数量;$P_0 = (1-\gamma)^{N^R}$ 表示层级 R 之上没有雇员被终止雇佣关系的概率,N^R 表示在层级 R 之上的岗位数量。工作变动概率(P^R_{rr})只有在层级 R 之上没有空缺岗位,且层级 R 中资历排序在 r 之上的雇员没有人改变他们所处的位置的情况下才会发生。

情况二:雇员仍然留在层级 R,但资历排序从 r 变为 k 的概率(P^R_{rk})表示为:

$$P_{rk}^R \mid q = \sum_{n=q}^{\min(r-k,N_{R+1})} P_n C(r-1, r-n-k) \gamma^{(r-n-k)} (1-\gamma)^{(k-1+n)}$$

如果 $r > k$，$r - k \geq q$

$= 0$ 如果 $r > k$，$r - k < q$ (6.4)

$= 0$ 如果 $r < k$

其中，$P_n = C(N^R - q, n - q) \gamma^{n-q} (1-\gamma)^{N^R - n}$，表示在层级 $R+1$ 存在 n 个空缺岗位的概率。当在层级 R 之上的雇员存在离职或终止雇佣关系，或在层级 R 中资历排序在 r 之上的雇员存在离职或终止雇佣关系，工作变动概率 (P_{rk}^R) 发生。

情况三：雇员从层级 R 晋升至层级 $R+1$ 的概率 (P_{rR}^{R+1}) 表示为：

$$P_{rR}^{R+1} \mid q = \sum_{j=q}^{N_{R+1}} P_j C[r-1, \max(0, r-j)] \gamma^{\max(0, r-j)}$$

如果 $r > q, \eta_{iR} \geq \eta_{R+1}^*$

$= 1$ 如果 $r \leq q, \eta_{iR} \geq \eta_{R+1}^*$ (6.5)

$= 0$ 如果 $\eta_{iR} < \eta_{R+1}^*$

其中，$P_j = C(N^R - q, j - q) \gamma^{j-q} (1-\gamma)^{N^R - j}$，表示在层级 $R+1$ 中存在 j 个空缺岗位的概率。一个非零晋升概率需要在层级 R 之上有足够的空缺岗位（由离职或终止雇佣关系创造），以使层级 R 中资历排序在 r 及 r 之上的所有雇员能够晋升至层级 $R+1$。

根据（6.3）式、（6.4）式、（6.5）式，我们可以得出，有四个因素影响雇员的职业生涯：（1）雇员当前所在层级之上的雇员自愿离职的数量 q；（2）晋升至下一层级所需的最低能力水平；（3）下一层级的工作岗位数量；（4）雇员当前所在层级中资历排名在其之前的雇员人数。

二　雇员的工作变动决策

本小节分析在上述晋升规则下雇员的工作变动决策。雇员的决策遵循最大化期望工资收入的贴现值，雇员在时期 τ 的期望工资收入贴现值可表示为如下形式：

$$V_\tau = \max \sum_{t=\tau}^{\infty} \delta^{t-\tau} (1-\gamma_j)^{t-\tau+1} E_t(w_{j,t}) \quad (6.6)$$

其中，E 表示根据在时期 $(\tau - 1)$ 末所能获得的信息得到的期望算子。$w_{j,t}$ 表示雇员在企业 j 在时期 t 的工资，γ_j 表示雇员在企业 j 被终止雇佣关系的概率。此处，工资与工作挂钩，不考虑工资对资历的调整，也即资历工资（或工龄工资）问题。这里假定雇员处于被终止雇佣关系状态时的收入为零，雇员不能进入资本市场，且各个时期的收入全部消费掉。

在雇员做出留在企业或离开企业的决策后，企业遵循上述的晋升规则决定谁将获得晋升以填补当前的岗位空缺。然后，企业再雇佣足够的雇员来填补由空岗链导致的进入岗空缺。遵循约瓦诺维克（Jovanovic，1979）的"纯粹匹配"模型，假设雇员在其他企业的期望收入是恒定的。随着雇员在工作阶梯中的变动，留在当前企业的期望值会改变，从而影响雇员的离职。当一个雇员进入企业，在某一层级工作一个时期后，他会观察他的能力水平是否在晋升到下一层级所必需的最低能力水平之上。随着雇员沿着工作阶梯向上晋升，他会逐步确定他的能力是否能够晋升到再下一个层级。例如，层级 R 的雇员 i 在进入该层级一个时期后，若获得了层级 $R+1$ 所需的技能，他会初步确认他的能力 $\eta_i \geq \eta_{R+1}^*$，否则 $\eta_i < \eta_{R+1}^*$；若他晋升至层级 $R+1$ 一个时期后，获得了层级 $R+2$ 所需的技能，他将进一步确认他的能力 $\eta_i \geq \eta_{R+2}^*$，否则 $\eta_{R+1}^* \leq \eta_i < \eta_{R+2}^*$；依此类推。当给定雇员知道其能力当前足以被晋升至下一层级的情况下，雇员也能够计算出他能力足以晋升至工作阶梯中高于其现在层级的任何其他层级的概率。

假定能力在雇员与企业间是对称信息，雇员能够观察到处于同一层级的同事是否具备晋升资格以及具备晋升资格的同事相应的资历（任期）排序。在这种信息结构下，根据等（6.3）式、（6.4）式、（6.5）式雇员能够计算出晋升的概率，从而能够计算出留在当前企业或离开的期望值。

令 $r=1, 2, \cdots, NE_R$ 表示层级 R 中具有晋升资格雇员的资历排序，资历最高的雇员资历排序为 $r=1$。在时期 τ，给定雇员 i 在层级 R 中具有晋升资格，其资历排序为 r，且在层级 R 之上的雇员自愿离职数量为 q，则该雇员留在他当前企业的期望值为：

$$(V_{\tau,r}^R \mid q, \eta_{i,R} \geq \eta_{R+1}^*) = (1-\gamma)\{w_R + \delta[E(V_{\tau+1}^{R+1})(P_{rR}^{R+1} \mid q) + \sum_{k=1}^{N_R} E(V_{\tau+1,k}^R)(P_{rk}^R \mid q)]\} \quad (6.7)$$

其中，$E(V_{\tau+1}^{R+1})$ 表示在下一时期被晋升至层级 $R+1$ 的预期收益：

$$E(V_{\tau+1}^{R+1}) = \text{Prob}(\eta \geq \eta_{R+2}^* \mid \eta \geq \eta_{R+1}^*)(V_{\tau+1}^{R+1} \mid \eta \geq \eta_{R+2}^*) + \text{Prob}(\eta < \eta_{R+2}^* \mid \eta \geq \eta_{R+1}^*)(V_{\tau+1}^{R+1} \mid \eta < \eta_{R+2}^*) \quad (6.8)$$

$P_{rR}^{R+1} \mid q$ 表示在层级 R 中排序为 r 的雇员下一时期被晋升至层级 $R+1$ 的概率；$P_{rk}^R \mid q$ 表示在层级 R 中排序为 r 的雇员下一时期还留在层级 R，但

排序从 r 变为 k 的概率。

在时期 τ，给定雇员 i 在层级 R 中不具有晋升资格，则该雇员留在他当前企业的期望值为：

$$(V_\tau^R \mid \eta_{i,R} < \eta_{R+1}^*) = \sum_{t=\tau}^{\infty} \delta^{t-\tau}(1-\gamma)^{t-\tau+1} w_R = w_R \frac{\delta(1-\gamma)^2}{1-\delta(1-\gamma)}$$
(6.9)

每一个时期，雇员都可以选择离开当前企业，进入其他企业。雇员在时期 τ 离开当前企业的期望值可表示为：

$$V_\tau^L = \sum_{t=\tau}^{\infty} \delta^{t-\tau}(1-\gamma^0)^{t-\tau+1} w^0 - c_m = w^0 \frac{\delta(1-\gamma^0)^2}{1-\delta(1-\gamma^0)} - c_m \quad (6.10)$$

其中，w^0 表示雇员的外部选择权，c_m 表示雇员离开当前企业的流动成本，γ^0 表示雇员在其他企业被终止雇佣关系的概率。本书中假定雇员的外部选择权是恒定的。这里假定雇员在其他企业有相同的被终止雇佣关系的概率 γ^0，这种假定对于分析的结果并不是至关重要的，但是能够简化数学表示。

通过以上分析，雇员在该企业的工作阶梯中可能获得以下两个价值函数之一。第一个价值函数由（6.7）式给出，是针对层级 R 中资历排序为 r，且其能力水平大于或等于晋升所必需的能力水平 η_{R+1}^* 的雇员。第二个价值函数由（6.9）式给出，是针对层级 R 中不具有晋升资格的雇员。因此，雇员在决定是否离开当前企业时，将留在该企业中的价值［如果他具有晋升资格由（6.7）式给出］，如果他不具有晋升资格［由（6.9）式给出］与离开该企业的价值［由（6.10）式给出］进行对比。假定雇员的决策规则遵循如下形式：

如果 $\eta_{i,R} \geq \eta_{R+1}^*$，则留在当前企业；

如果 $\eta_{i,R} < \eta_{R+1}^*$，且 $c_m \geq c_R$，则留在当前企业；

如果 $\eta_{i,R} < \eta_{R+1}^*$，且 $c_m < c_R$，则离开当前企业。

其中，c_R 表示雇员在层级 R 中的保留流动成本，即使得雇员留在当前企业与离开当前企业的价值相等的流动成本。

命题 6.1：如果工资随着雇员在工作阶梯中层级的提高而增加，则高能力雇员在企业中的任期会相对较长，离职率较低。

证明：假定所有雇员的流动成本是相同且外生的，均为 c_m。通过令（6.9）式与（6.10）式相等可以求得雇员在层级 R 中的保留流动成本为：

$c_R = w^0 \dfrac{\delta\,(1-\gamma^0)^2}{1-\delta\,(1-\gamma^0)} - w_R \dfrac{\delta\,(1-\gamma)^2}{1-\delta\,(1-\gamma)}$。由于工资随着雇员在工作阶梯中层级的提高而增加，则有 $w_{R-n} < \cdots < w_{R-1} < w_R < w_{R+1} < \cdots < w_{R+m}$（$n$，$m = 2, 3, \cdots$），$n$ 和 m 的具体取值范围取决于企业工作阶梯的层级数。所以有，$c_{R-n} > \cdots > c_{R-1} > c_R > c_{R+1} > \cdots > c_{R+m}$（$n$，$m = 2, 3, \cdots$）。这样，如果 $c_R \leqslant c_m < c_{R-1}$，则所有层级 R 以及更高层级中不具备晋升资格的雇员会留在该企业，而所有层级 $R-1$ 以及更低层级中不具备晋升资格的雇员会离开该企业。处于层级 $R-1$ 以及更高层级中具有晋升资格的雇员，无论晋升后其能力水平是否被证明具备进一步晋升的资格，他们都会留在该企业。处于层级 $R-1$ 以下的层级中具有晋升资格的雇员，如果晋升后被证明其能力水平不具备进一步晋升的资格，则只要其所处的层级在 $R-1$ 或更低，他就会离开该企业；如果晋升后被证明其能力水平具备进一步晋升的资格，他会继续留在该企业，并会在某一时期获得进一步晋升，直到晋升后被证明其能力不具备进一步晋升的资格为止，此时，如果其所处的层级在 $R-1$ 或更低，他会离开该企业，否则就会留在该企业。从而可以得出，当雇员的流动成本 c_m 一定且 $c_R \leqslant c_m < c_{R-1}$ 时，能力水平能够胜任层级 R 以及更高层级工作的雇员不会离开该企业（即 $\eta_i \geqslant \eta_R^*$），其余雇员最终都会离开该企业，只不过其中能力相对较高的雇员在企业中任期会相对较长一些，即任期随着雇员能力水平的提高而增加。因此，这种晋升制度不仅能够起到工作配置的作用，还能够起到分离的作用，保证高能力雇员较长的任期和较低的离职率。

推论 6.1：外部劳动力市场的状况（紧的或松的）能够影响雇员的任期，还能够影响晋升制度的分离功能。

证明：当劳动力市场是从紧的（供小于求），雇员离职后较容易找到一份合适的工作，寻找新工作的搜寻成本较低，从而 c_m 较低。例如，当 $c_{R+1} \leqslant c_m < c_R$ 时，根据命题 6.1 的证明，能力水平能够胜任层级 $R+1$ 以及更高层级工作的雇员不会离开该企业，其余雇员最终都会离开该企业，只不过其中能力相对较高的雇员在企业中任期会相对较长一些。与 $c_R \leqslant c_m < c_{R-1}$ 相比，较低的 c_m（$c_{R+1} \leqslant c_m < c_R$）使得最终留在企业中的雇员具有较高的能力水平（即 $\eta_i \geqslant \eta_{R+1}^*$）；反之亦然。当劳动力市场是松的（供大于求），雇员离职后找到一份合适的工作相对较难，寻找新工作的搜寻成本较高，从而 c_m 较高。较高的 c_m 使得能力水平相对较低的一部分

雇员最终也留在企业中。

命题 6.2：如果工作类型（或工作层级）细化，即降低晋升至层级 $R+1$ 所必需的能力水平，雇员会更有可能留在当前的企业；反之亦然。

证明：假定当前层级 R 中的雇员仍然遵循先前的晋升条件，只有未来的层级 R 中的雇员（处于层级 $R-1$ 及更低层级中有晋升资格的雇员）受到层级 $R+1$ 所需最低能力水平变化的影响。因此，这里主要分析层级 $R+1$ 所需最低能力水平的变化对这部分群体离职决策的影响。需要说明的是，由于企业内部各工作类型工资水平一般来说是由工会与企业根据某一特定工作评价体系来共同决定的，因此，工资与工作类型相联系，以工作类型中的工作内容为基础通过企业工资评价体系来确定。

雇员 i 在层级 R 中的无条件期望值可表示为：

$$V^R = \text{Prob}(\eta_{i,R} < \eta_{R+1}^* | \eta_{i,R} \geq \eta_R^*) \times (V^R | \eta_{i,R} < \eta_{R+1}^*) + \text{Prob}(\eta_{i,R} \geq \eta_{R+1}^* | \eta_{i,R} \geq \eta_R^*) \times (V^R | \eta_{i,R} \geq \eta_{R+1}^*) = (V^R | \eta_{i,R} < \eta_{R+1}^*) + \text{Prob}(\eta_{i,R} \geq \eta_{R+1}^* | \eta_{i,R} \geq \eta_R^*)[(V^R | \eta_{i,R} \geq \eta_{R+1}^*) - (V^R | \eta_{i,R} < \eta_{R+1}^*)] \tag{6.11}$$

根据 (6.11) 式，可以得出：

$$\frac{\partial V^R}{\partial \eta_{R+1}^*} = \frac{\partial \text{Prob}(\eta_{i,R} \geq \eta_{R+1}^* | \eta_{i,R} \geq \eta_R^*)}{\partial \eta_{R+1}^*} \left[(V^R | \eta_{i,R} \geq \eta_{R+1}^*) - (V^R | \eta_{i,R} < \eta_{R+1}^*)\right] + \text{Prob}(\eta_{i,R} \geq \eta_{R+1}^* | \eta_{i,R} \geq \eta_R^*) \left\{(1-\gamma)\delta \left[\frac{\partial E(V^{R+1})}{\partial \eta_{R+1}^*}\right](P_{rR}^{R+1} | q)\right\} \tag{6.12}$$

其中，$\frac{\partial \text{Prob}(\eta_{i,R} \geq \eta_{R+1}^* | \eta_{i,R} \geq \eta_R^*)}{\partial \eta_{R+1}^*} < 0$，$(V^R | \eta_{i,R} \geq \eta_{R+1}^*) - (V^R | \eta_{i,R} < \eta_{R+1}^*) > 0$。

根据 (6.8) 式，

$$E(V^{R+1}) = (V^{R+1} | \eta < \eta_{R+2}^*) + \text{Prob}(\eta \geq \eta_{R+2}^* | \eta \geq \eta_{R+1}^*)[(V^{R+1} | \eta \geq \eta_{R+2}^*) - (V^{R+1} | \eta < \eta_{R+2}^*)] \tag{6.13}$$

得出 $\frac{\partial E(V^{R+1})}{\partial \eta_{R+1}^*} = \frac{-\text{Prob}(\eta \geq \eta_{R+2}^*, \eta \geq \eta_{R+1}^*)}{[\text{Prob}(\eta \geq \eta_{R+1}^*)]^2} \times [(V^{R+1} | \eta \geq \eta_{R+2}^*) - (V^{R+1} | \eta < \eta_{R+2}^*)] < 0$。

因此，(6.12) 式为负，即雇员在层级 R 中的无条件期望值与层级 $R+1$ 所必需的最低能力水平呈反方向变动。作为结果，如果其他条件不变，工作类型（或工作层级）细化，也即降低晋升至层级 $R+1$ 所必需的能力水平，未来的层级 R 中的雇员（处于层级 $R-1$ 及更低层级中有晋升资格的雇员）会更有可能留在当前的企业。相反地，如果提高晋升至层级 $R+1$ 所必需的能力水平，未来的层级 R 中的雇员（处于层级 $R-1$ 及更低层级中有晋升资格的雇员）会更有可能离开当前的企业。

命题 6.3：如果降低雇员在企业被终止雇佣关系的概率 γ，雇员会更有可能留在当前的企业。

证明：如果雇员被终止雇佣关系的概率 γ 降低，根据（6.7）式和（6.9）式，各层级雇员无论是否具有晋升资格，他们留在当前企业的期望值都会增加。在其他企业雇员被终止雇佣关系的概率不变的情况下，根据（6.10）式，雇员离开当前的期望值不变。从而可以得出，如果降低雇员在企业被终止雇佣关系的概率 γ，雇员会更有可能留在当前的企业。

实际上，工会通过集体谈判通常可以有效地限制企业随意解雇雇员的权利，从而降低了雇员被终止雇佣关系的概率。这一命题通过这种概率的降低对雇员离职决策的影响进一步强化了工会在形成长期稳定雇佣关系中的作用。

三 结论分析

本节引入工会对晋升规则的影响，分析在雇员的晋升由雇员人力资本特征以及雇员资历共同决定的晋升规则下，雇员的工作变动、任期以及在企业的工资增长。分析包含了企业的层级结构以及个体雇员的能力水平，并对外部劳动力市场状况变化以及企业内部层级结构的变化对雇员离职决策及任期产生的影响进行了比较静态分析。得出的主要结论如下：

第一，在工资随着雇员在工作阶梯中层级的提高而增加的这种工资结构下，本节所分析的有工会组织情况下的晋升制度不仅能够起到工作配置的作用，还能够起到分离的作用，任期随着雇员能力水平的提高而增加，保证高能力雇员较长的任期和较低的离职率。这说明任期越长的雇员通常能力水平越高，从而对向上倾斜的工资——任期曲线提供了重要含义。

第二，外部劳动力市场的状况能够影响雇员的任期以及晋升制度的分离作用。当劳动力市场是从紧的，较低的流动成本使得能力水平足够高的雇员最终留在该企业，具有较长的任期；当劳动力市场是松的，较高的流动成本使得能力水平相对较低的一部分雇员最终也留在了该企业中。

第三，企业内部层级结构的变化会影响雇员留在当前企业的可能性。如果工作类型（或工作层级）细化，也即降低雇员晋升至上一个层级所必需的能力水平，工资通过工作评价体系作相应变动，雇员会更有可能留在当前的企业；反之亦然。

第四，如果降低雇员在企业被终止雇佣关系的概率，雇员会更有可能留在当前企业。工会通过集体谈判通常可以有效限制企业随意解雇雇员的权利，从而降低了雇员被终止雇佣关系的概率。通过这种概率的降低对雇员离职决策的影响，进一步强化工会在形成长期稳定雇佣关系中的作用。

第三节 工会与稳定雇佣关系的形成：历史的经验

上一节通过对工会集体谈判影响企业内部的晋升制度安排，从而影响雇员离职决策的研究，从理论上论证了工会在形成稳定雇佣关系中的作用。本节从历史经验研究的视角，从规范企业雇佣行为方面来分析工会在形成稳定雇佣关系中的作用。

一般来说，稳定雇佣关系的建立原则上可以通过三种途径实现：其一是自发地演进，其二是由工会推进，其三是通过行政法律诱导或规范。自发演进是由经济主体（企业）在响应获利机会时自发地（同时也是自愿地）倡导、组织和实行的，这将主要取决于经济主体（企业）的信息完备程度与理性成熟程度。假定经济主体拥有完全信息并且是"完全理性"的，它能够完美地做出有关企业自身长期发展的精确决策，那么通过自发演进的方式就可以实现任何一种最优的制度安排，包括对企业有利的稳定雇佣关系，而无须人为干预。然而，现代信息经济学与管理学研究的最新进展已经表明，由于经济现实"复杂系统"所具有的不确定性、不完全性等因素的存在，企业这一经济主体既不拥有完全信息，也不具备完全理性，充其量也不过是"有限理性"而已。因此，期望企业能够始终保持长期的战略眼光，通过企业自发行为来建立对其具有长期、根本性益处的就业制度安排，多半是不可能的，至少它将要经历漫长的实践中的学习与试错过程。且制度本身具有稳定性，由于某种社会行为方式越普遍，选择这种行为方式在战略上就越有利，从而作为一种自我约束机制固定下来（制度所具有的战略上的互补性），雇佣制度也是如此（青木昌彦等，

2005）。因此，在劳动力市场短期化行为严重的大环境下，企业在"有限理性"的约束下，制度的这种惯性和路径依赖性导致通过自身的技术需要，自发演进建立稳定的雇佣关系需要经过漫长的过程，因为企业的长期经济理性需要培养。这样，后两种带有人为设计色彩的替代性制度变迁方式就应运而生了。工会出于保护工人就业稳定的动机和政府通过行政法律的引导往往有助于加速这种对企业发展有利的稳定雇佣关系的形成，绕过不必要的成本。其中，工会的推进属于自发行为与组织行为的某种结合，政府立法则代表了纯粹的人为干预措施。

从实践看，发达国家上述三种途径都不同程度经历过，但第一种途径较为缓慢且成本过大，后两种则更有效率。这里以美国和日本为例。

先看美国的情况。美国基本上属于自发演进与工会和政府推动相结合而以后二者为主导的形式。19世纪到20世纪初期，美国劳动力市场基本上属于新古典模式。工人与企业之间几乎无依附关系，劳动力流动率很高，不存在工作的稳定性，工资随着经济的短期波动而变动，个人工资议价更是经常现象。以制造业为例，19世纪后期随着企业规模的扩大，多数所有者把管理权交给工头。对工人来说，工头是一个专制者，自主决定就业政策，对工作的配置主要由个人偏好决定，对不满意的雇佣工人可以随意解雇，且很容易用其他工人代替。当经济不景气时，企业用解雇工人的办法来应对，且失业工人很少被原企业重新雇佣，所以就业关系很不稳定。例如，一个大型冶金厂关于新雇工人与重雇工人的记录显示，萧条过后的三年所有新雇工人中只有8%是在萧条期被解雇的工人（Slichter，1919），说明企业从根本上忽视了人力开发与筛选问题，制度化的稳定就业体系的发展明显滞后于企业在其他领域的发展。

20世纪20年代起这种状态开始改变，企业出现了人事部门以及一系列人事管理规则和程序，即引入了内部劳动力市场。这最初是企业面对由于战争导致劳动力短缺而自发采取的行为，所以并不是多数企业都能这样做，而且采用这种制度安排的企业也不能保持连续性，而是时断时续。但是随后工会的压力起了作用，政府对劳动力市场的规制也强有力地推动了企业内部劳动力市场的发展。工会成员数量在1915—1920年几乎翻倍。工会力量的增强限制了工头的任意解雇特权，确保了严格规则和公平程序的实施，影响劳动力配置和工资决策。工会的信念是，就业是工会（工人的集合）与雇主（工作的集合）之间的长期关系，因此工会试图通过工作分享和按资历解雇政策来削弱周期性失业的影响。1915—1920年，大企业（雇佣员工超过250人的企业）中建立人事部门的比例从7%上升到25%（Robert，1923）。同时，联邦政府在各类大学通过培训数百名人事管理者的方式加速企业人事部门的职能完善。政府的紧急船运公司（Emergency Fleet Corporation）直接负责在34个私人造船厂建立人事部门。1933—1935年建立人事部门的企业比例又一次大幅度扩张，特别是大企业。在这期间工会力量进一步强大，对就业规则、工作保障等起到了促进作用。另一方面，政府的干预对内部劳动力市场的发展也功不可没。政府通过建立一系列新的公平就业标准来确保劳动力的稳定就业，主要是通过全国劳工关系局（National Labor Relations Board）对人事政策产生影响，促进了在雇佣、晋升、解雇等领域标准程序的广泛使用。经过这些发展，目前美国的大、中型企业基本都实行了稳定就业关系的内部劳动力市场制度。统计表明，大多数美国人工作年限中的多数时间是受雇于某一个特定企业的。美国雇员持有一份工作的平均年限为8年，多于25%的雇员持有一份工作达到20年甚至更长时间（Hall，1982）。

再来看日本的情况。如果说，美国企业内部劳动力市场的发展还包含自发演进的因素的话，那么日本企业的长期雇佣制度则可以说主要是工会力量推动和政府干预的结果。终身雇佣制可称得上是当代日本企业雇佣制度的显著特色。[①] 在应对经济环境恶化、生产下降时，企业首先采取调整劳动时间或减少录用员工等手段，如果仍然不足以应对时，进一步采取解聘临时员工、暂时下岗等手段，最后才会被迫采取解除正式雇员的手段。雇佣调整通常采用的具体措施可以结合日本厚生劳动省的《劳动经济动向调查》分析。例如，2001年10—12月，企业采取的主要手段依次为：减少加班（24%）、轮换岗位（14%）、减少或暂停中途录用（12%）、暂停续聘或解雇临时员工（9%）、暂时下岗（7%）、鼓励提前退休或解雇

---

① 终身雇佣制有几点需要注意，第一，这种雇佣制度并没有法律或制度性的文件规定，也不是通过终身雇佣的合约来确定的，而是建立在企业与雇员之间相互信任基础上的一种隐性约定，是日本企业的一种惯例；第二，终身雇佣制只适用于企业的正式雇员，临时工、合同工、计时工等则不在此列，除非这些雇员可以晋升为正式工；第三，并非所有企业全部实施终身雇佣制，主要适用于大型企业和部分中小企业实施，也有中小企业从外部劳动力市场中招聘雇员；第四，终身雇佣制是指雇员从正式进入企业到退休期间被一个企业连续雇佣的过程，中间没有间断。

雇员（8%）等。然而，这种稳定的雇佣关系只是在第二次世界大战以后才发展起来的。工业化早期，日本劳动力市场更接近于新古典经济学所描绘的纯粹市场经济，以劳动力的高流动率为特征。明治时期（1868—1912），相当多的轻工业劳动力是从农村来的短期移民，他们的工资以计件支付；大正时期（1912—1926），在工资基础上增加了对物价上涨的各种补贴，直到1946年年末综合的工资体系才建立（Tanaka，1981）。第二次世界大战后，重化工业的发展需要大量适应机械化的技术工人，但是当时劳动力市场能够提供的技术工人过少，学校提供的培训也不足以满足需求，企业面临技能劳动力供给"瓶颈"。保护技能培训，以提供所需的技能人才成为企业的当务之急。因此各企业为确保企业内部的技术工人数量，采取了保证工人基本生活费和工资，不景气时也不进行解雇调整的应对措施。但是这并没有形成稳固的制度安排。在战后真正推动雇佣制度从新古典模式转变为长期雇佣模式的，主要是工会力量以及政府的政策和法律干预的结果。

虽然日本早在1911年就颁布了第一部劳动法律——日本工厂法，但此后直至第二次世界大战以前，劳动立法缓慢，除在1926年颁布了劳动争议调停法以外，并无其他重要立法，且作用甚微。这与当时政治经济形势下劳工力量十分薄弱密切相关。工会活动受到严格限制，战前工人入会率最高的年份1931年仅为7.9%。直到第二次世界大战后，日本才开始力求把劳动关系制度建立在现代民主与法制的基础上。1945年颁布的工会法，次年颁布了劳动关系调整法，后一年又颁布了劳动基准法和职业安定法等法律。此后，这些法律都经过了多次修订和补充，到70年代，日本已形成了比较完整的劳动法律体系。与此同时，工会的谈判地位和集体行动权利加强了，到1946年年末工会成员从该法实施时的38.1万增长到接近500万（Gordon，1985）。许多工会组织迫使资方签订协定，如果没有工会同意不能解雇工人，由此打下了长期雇佣模式的基础。许多企业也从围绕解雇问题而发生的屡次劳资纠纷以及由此增加的成本中得到教训。随着50年代中期的高速增长，进行废旧建新运动的大企业普遍采取将现有工厂的合理化过程中富余下来的工作人员重新调配，去填补新建工厂岗位空缺的做法。另一方面，企业工会为了避免解雇纠纷带来的牺牲，在职工的就业得到保障的条件下也力图与企业形成一种合作关系。企业对于发现新的劳动节约型生产方法的员工，给予现金及荣誉奖励，并且不会解雇那些工作被自动化替代的员工。这种合作关系提高了员工队伍的生产效率，战后日本产业的生产力增长在很大程度上得益于此。可以说，正是由于劳动关系法律体系的建立与完善以及工会力量的增强等外在力量，才促使战后日本企业终身雇佣制度的形成。

以美、日为代表的发达市场经济国家经验表明，通过工会力量和政府行政法律来规范和引导企业构建长期稳定的就业关系，从而构建有效的企业内部劳动力市场制度，乃是一种行之有效的制度变迁方式。因此，在中国劳动合同普遍短期化环境下，工会对企业长期稳定雇佣关系的规范和引导作用不容忽视。

第四节　集体谈判与"X—效率"

由于工会的使命是替雇员与雇主进行工资谈判，从而会带来垄断问题，因此其通常被视为导致效率低下的根源之一。从资源配置效率角度看，工会导致不能由市场来决定劳动力供给和需求的均衡。然而，正如弗里曼和梅多夫（1984）所述，新古典经济学对工会所下的负面定论是建立在完全理性的决策者和完全竞争的劳动力市场这两个基本假设之上的。工会工资谈判问题受到了较多关注，发展了工会与企业的工资谈判理论，两个一般化模型脱颖而出并傲立于这一研究领域：一个是管理权模型，一个是效率谈判模型。大量研究对工会工资谈判模型进行修正与扩展（如 Grout，1984；Drèze，1987；等等）。这些模型所涉及的谈判变量通常只有两个：一个是工资，另一个是就业。威廉姆森将工会的垄断方面比其他方面更引人注目归结为两个原因：原因之一是在于新古典经济学的拿手好戏就是分析垄断；原因之二是在于报道当面锣、对面鼓的工资谈判远比报道单调乏味的日常治理问题更有新闻价值（Williamson，1985）。但是，工会所能实现的内部效率也是不容忽视的，尤其是在谈判趋于在企业或工厂层次上进行，谈判范围趋于扩大的现实背景下。新古典经济学忽略了交易成本，其核心假设允许买方（雇主）与卖方（雇员）在零成本下签订完全的、充分的或然合约。因为交易在零成本条件下进行，通过市场交易总能实现效率最大化。现实中，代理人是有限理性的[①]，劳动力市场是不完全的，交易成本广泛存在，从而雇佣合约也是不完全的。

本节从交易成本与不完全合约角度分析工会的内部效率。莱本斯坦（Leibenstein，1966）首次将内部效率界定为"X—效率"，其最初含义是指在投入规模既定条件下，由激励因素，诸如管理者知识之类的非市场化投入等引起的产出变动。后来，莱本斯坦（1982）将生产的"X—效率"认为是企业（他用管理来定义）和雇员之间博弈的理论问题。他认为，互相不信任和自利的自我追求使得当事人陷入囚徒困境，如互为不利的处境，解决办法是，在企业内部形成协调决策的惯例。而工会组织实际上就可以视为实现企业内部有效合作博弈的一种制度安排。在传统经济学家看来，劳工工会是一种劳工卡特尔。集体谈判被视为一种双头垄断，雇佣双方在一个零和博弈中争取得到更大的一块蛋糕。依此看法，可以用"相互敌对"来形容雇佣双方关系。这种观点有失偏颇，该观点忽视了双方通过集体谈判来决定企业内工资水平和结构以及参与企业管理决策所产生的互惠可能性。使用雷法的表述，企业内谈判可能不是"竞争性的"，而是"整体性的"。"认为一方有所得，另一方必定有所失是不正确的：双方都可以有所得。他们可以通过合作来将他们要分享的蛋糕做得更大一些"。（Raiffa，1982）下面着重分析工会的两个主要方面及其内部效率。

第一，工会可以通过集体谈判影响企业内雇员的工资结构和工资水平。

从理论上讲，工会可以在正面或负面方向影响工资结构。如果像右翼经济学家认为的［典型的，如哈耶克（Hayek，1980）和闵福德（Minford，1983）的研究］，工会的提高工资（或垄断）方面是占主导的，那么，工会通过提高特定群体的工资将会拉大工资结构。正如哈耶克所述，"工会已经成为提高整个工人阶级整体的生活标准的最大障碍。它们是最佳与最差工人之间不必要的巨大工资差距的主要原因"（Hayek，1980）。

[①] 人的决策受到康芒斯（Commons，1934）所谓的"愚蠢、无知和情感"的影响，即考夫曼（Kaufman，1999）所谓的"有限认知、不完全信息和情感影响"。有限理性模型由西蒙（1982）正式发展，在该模型中，人的行为和决策是有目的的和有理由的（"程序理性的"），但是也容易产生惰性、系统偏差和错误、偶尔诉诸暴力和进攻，以及受人际情感状态的影响，诸如爱、恨、愤怒和嫉妒。

另一方面，其他研究者（例如，Freeman and Medoff, 1984; Lewis, 1986）认为，在传统上工会已经组织了低工资的雇员，从而压缩了企业内部以及职业间的工资差距。

通过经验研究评价工会对工资结构的影响提出了确定一个适当的反事实难题。我们可以在某一特定的时点观察到工资结构，但是却不能观察到如果没有工会组织时的工资结构会是如何。关于工会对工资结构影响的研究需要估计这种反事实，许多研究将非工会企业的工资结构作为工会企业在没有工会组织情况下的工资结构的一个适当的基准，比较不同时点的工资结构以及不同企业间的工资结构。前者更适合于企业内工会力量发生很大变化的情况，而后者更适合于相似的企业在工会化程度上有很大差异的情况。这些经验研究针对不同国家、不同时期、不同性质的企业展开，得出的结论也是不一致的。大量经验研究支持工会压缩工资结构的观点。戈斯林和梅钦（Gosling and Machin, 1995）使用来自英国工作场所劳动关系调查（Workplace Industrial Relations Surveys）的1980年、1984年和1990年企业层面的数据，研究了工会与工资结构之间的关系。结果表明，工会化企业中熟练（skilled）与半熟练（semi-skilled）雇员的工资差距低于非工会化企业；企业内承认工会集体谈判的工厂中雇员的工资差距低于不承认的工会集体谈判的工厂。弗里曼（1980）使用美国1973年、1974年和1975年的人口调查（Current Population Survey）以及1967—1968年、1969—1970年和1971—1972年的雇员补偿支出调查（Expenditures for Employee Compensation Survey）数据，从企业层面上研究企业中工会对蓝领和白领雇员间工资差距的影响。结果表明，工会缩小了工资差距，特别是在制造业。弗里曼将这种工会化企业的工资压缩归因于工会试图使企业内及企业间工资标准化明确的工会政策。也有一些关于工会对工资结构影响的经验研究得出了不同结论。欧赞（Ozanne, 1962）利用美国麦克米克·迪林（McDormick Deering）一个农场机械企业在1858—1958年间的数据发现，在这一个世纪中，工会本身并没有减少或增加企业内工资不平等的趋势。德尔阿里加等（Dell'Aringa et al., 2004）利用1995年欧洲收入结构调查（European Structure of Earnings Survey）的雇主雇员匹配数据，分析了四个欧洲国家（比利时、爱尔兰、意大利和西班牙）的企业工资不平等结构。结果显示，在所有国家，企业的工会工资谈判与较高的企业内工资不平等相联系，但是在控制一系列雇主与雇员的特征后，集体谈判对工资结构的影响的大小与方向取决于工作组织实践、工资规定、企业的工资政策和管理态度等因素。实际上，工会对工资结构的影响还取决于劳资关系系统——工会运作的社会、政治、法律、制度以及经济的环境。[①] 不同国家、不同时期的劳资关系系统有很大不同，这些不同潜在影响了工会的目标以及实现这些目标的能力。因此，对于工会对工资结构的影响是正面的还是负面的难下定论。

关于工会对工资的提高争议较少，并且得到大量经验研究的支持。例如，哈拉和川口（Hara and Kawaguchi, 2008）利用2000—2003年日本综合社会调查（Japan General Social Surveys）分析工会对工资的影响，得出一个充分的工会工资溢价（union - wage premium）；布兰法罗和布莱森（Blanchflower and Bryson, 2002）利用1994—1996年、1998年和1999年国际社会调查计划（International Social Survey Program）的数据，得出在英国和美国也存在工会工资溢价；等等。由于有限理性和交易成本的存在，雇佣合约是不完全的，雇佣合约可以规定雇员提供一定量的工作时间，但是对于工作的努力程度雇员有很大的自主权。如果雇员付出可能的最低的努力，生产力将会较低；如果雇员付出最大的努力，生产力将会较高。根据行为经济学中互惠性行为假设[②]，能够强烈地影响雇员工作努力的一个变量是雇员是否感觉受到了企业的公平对待。如果企业提供一份"礼物"——高于市场的工资、慷慨的福利，雇员就会以努力工作作为"礼物"来交换；另一方面，如果雇员感觉到非公平对待，他们会通过偷懒、对顾客恶劣的态度等方式惩罚企业。因此，尽管较高的工资和福利会给企业带来一定成本，但是工会通过为雇员争取较高的工资以及福利等良好的就业条件激励雇员努力工作，从而可能导致企业实际经营成本的下降。

第二，工会具有代表雇员的发言权，使雇员在企业决策结构中的呼声制度化。

弗里曼和梅多夫（1984）根据经济学的公共选择领域及赫希曼（Hir-

[①] 以日本为例，第二次世界大战后，受日本社会"公平主义"的影响，工会积极开展运动，要求废弃职位间的差别，最终实现了在生产一线从事体力作业的蓝领雇员和从事非体力劳动的白领雇员同样采用月工资制，从而缩小了工资差距。

[②] 具体分析可参见本书第四章第四节。

schman，1970）的著作中的思想，提出了工会的发言权方面。他们认为，当企业内雇员在工作中产生不满时，有两种处理方式：一种是做出"退出"选择，雇员辞职；另一种是做出"发言"选择，向管理者提出建议。[①] 竞争性市场模型假设雇员的流动和相伴随的雇佣和离职是无成本的。然而，在有限理性和不完全信息条件下，雇员在工作中发生不满时做出"退出"选择是有一定的成本的。企业在招聘以及甄别有潜力的雇员上必须要投资相当多的资源，同时雇员在工作搜寻和面试上也要投入一定的资源。并且，一旦双方建立雇佣关系，在许多情况下，雇佣双方还会进行企业专用性人力资本投资。具有企业专用性人力资本的雇员离职将伴随巨大的人力资本流失，离职成本很高。如果雇员采取"退出"的方式来解决对劳动条件的不满，对企业和雇员双方而言都意味着较大的损失。所以，通过向企业建议的方式来解决双方的矛盾更有效率，也能减少双方的损失。

但是，雇员个体不适合向企业提出建议。第一，企业内的劳动条件和人事管理等制度属于公共产品性质，具有外部性，一旦劳动条件得到改善，无论是否提出建议，所有雇员都会受益。由于这类交易成本问题，在市场原理下，这种公共产品无法达到最高水平。一种解决办法是由一个集体组织提供这种产品，每一个参与人按比例分摊成本，不能"搭便车"。参与人有激励表达他们真实的需求，让该集体组织提供一个比私人市场更有效的产品水平。工会正是符合这种要求的一个集体组织。第二，雇员个体在与企业交涉时处于弱势，当雇员提出改善要求时，即使企业最终接受了条件，但可能转而解雇当事雇员。如果工会出面交涉，工会相对具有较强势的地位，劳动法等法律也能充分保护工会的交涉行为。因此，工会用强有力的集体发言权替代了无效的个体发言权，从而提高了效率，使得关于工作条件等公共产品的供给接近社会最优（Flanagan，1983）。威廉姆森（1985）曾指出，在某种集体组织的治理结构中，随着人力资产专用性程度的提高，把生产工人组织起来的激励机制也就相应增强。例如，工人人力资产专用性很高的铁路行业很早就建立起工会，而人力资产专用性

[①] 赫希曼（1970）在其有影响力的著作《退出、发言和忠诚》（"Exit, Voice, and Loyalty"）中对退出和发言作了区分。他认为，"退出"是人们常用的、表明自己倾向的经济手段；而"发言"则是能够影响结果、却被忽略了的政治程序。在前一种情况下，消费者、雇员、选民及其他人等要用他们的钱包或脚来投票，而发言则相反，它包括对话、说服和努力维护组织等。

程度很低的农业却很少建立工会。

　　工会的发言权还能够促使雇员参与企业的一些决策。传统管理模式是"命令和控制"，其中管理者做"大脑工作"，雇员做"后台工作"，遵从命令。然而，采用一种新雇佣模式的企业发现，当给予雇员更多职责去参与并影响工作的组织和运行时，生产力更高（Levine，1995）。在非工会企业中，雇员的参与往往只停留在表面层面，因为管理者抵制割让控制，担心授权与雇员将会导致其对收益（租金）分享的要求，因而宁愿放弃雇员参与企业决策所能带来的生产力的提高（Freeman and Lazear，1995）。然而，工会可以对企业施加更大的压力来扩大雇员参与的广度和深度，从而促进生产率的提高。事实上，如第六章第一节所分析的，许多国家的工会已经出现了参与企业经营方面决策的迹象及趋势。

　　需要强调的是，当企业内雇员在工作中产生不满时，还可以有第三种处理方式：消极怠工，敷衍的合作。除了提高雇员的工资和福利等就业条件，工会的发言权使得雇员与企业能够进行有效沟通，且参与企业的决策行为中，使其充分感受其作为企业一分子所受到的公平对待。根据前文所分析的经济人之间的互惠性行为，雇员会努力地工作。这更进一步说明工会的发言权所具有的内部效率。

　　除了上述两个方面，工会对效率的提高还体现在它通过对雇员提供代理服务能够节约交易成本。作为雇员的代理人，工会能够提供三种提高效率的服务（Faith and Reid，1987）：第一，提供相关的劳动力市场信息（竞争性企业的工资、其他养老金计划等），并在与雇主的合约谈判中提供帮助；第二，监督和评估雇主对合约的履行（治理服务）；第三，就雇员对报偿结构和人事实践的偏好与雇主进行沟通。尽管工会不太可能针对每个雇员的情况，对其他可能的补偿方式一一做出评价，但工会能够，也确实"雇了律师、精算师和其他为进行这种分析所必需的专家"（Freeman and Medoff，1979），实现了规模经济，节约了交易成本。

　　此外，除了从交易成本与不完全合约，还可以从其他角度分析工会的内部效率，如"限制管理权的滥用"。只要企业利润高于一些令人满意的水平，管理者就可能会"虚度光阴"或者以企业的利润为代价追求其他的目标，诸如，奢华的办公条件、通过大量的兼并和收购来扩大自身的权利。因此，工会所带来的工资增长可能会降低组织的松散程度，促使管理者加强业务，减少不必要的开支，更专注于企业的利润。

所有这些都将会提高生产力，从而提高效率（Kaufman，1999）。康芒斯（1950）在其《集体行为的经济学》一书中曾说过，他对集体谈判的了解开始于1883年。当时，他在亲身经历中比较了两个工作场所的一些情况：一个有工会组织，另一个没有工会组织。两者在其他工作条件上是差不多的，但在约束工头和工人的规章制度上是不一样的。在没有工会组织的工作场所，工头是一个独裁者，工头可以随意给他的亲信安排工资相对较高的固定性的工作；在有工会组织的工作场所，工头的具体权利要受到工会组织同雇主共同协商制定的规章制度的限制。

需要说明的是，本章所分析的工会性质及作用通常适用于资本主义国家。从欧美等资本主义国家早期工人运动和工人联合、组成工会过程来看，最初的工会都是基于保护劳动者的直接需要，适应劳动者为争取合理的劳动条件、工资和工时等方面的经济斗争而产生的。19世纪中叶，工人要求改善劳动条件的罢工斗争日益强烈，资本家为避免罢工损失，不能不与工人组织谈判，同意签订集体合同。从此，签订集体合同的范围逐渐扩大。但它并不具有法律效力，法院也不受理集体合同案件。到20世纪初，经过工人阶级的斗争，资本主义国家的政府才被迫承认集体合同的法律效力，并颁布了关于签订集体合同的法律。20世纪60年代以来，集体合同内容普遍扩大，除过去规定的工作时间、工资标准和劳动保护等项内容外，还规定了录用、调动和辞退雇员的程序、技术培训、休假期限、辞退补助金、养老金和抚恤金的支付条件以及工人组织的权利和工人参加企业管理办法等项内容。

表6-1　　　　　　　　不同规模企业集体谈判的覆盖率

单位:%

	企业规模 （雇员人数）	覆盖率		
		1980年[a]	1985年[b]	1990年[c]
澳大利亚[d]	20人以下	—	—	59
	20—49人	—	—	68
	50—99人	—	—	79
	100—499人	—	—	80
	500—999人	—	—	82
	1000人及以上	—	—	86

续表

	企业规模 （雇员人数）	覆盖率		
		1980年[a]	1985年[b]	1990年[c]
加拿大	20人以下	—	11	10
	20—99人	—	20	27
	100—499人	—	46	48
	500人及以上	—	55	56
法国	10—49人	81	91	—
	50—199人	89	96	—
	200—499人	94	98	—
	500人及以上	96	100	—
英国[e]	25—99人	—	53	35
	100—499人	—	69	57
	500—999人	—	82	71
	1000人及以上	—	89	77
美国[f]	25人以下	8	—	5
	25—99人	22	—	10
	100—499人	32	—	18
	500人及以上	39	—	26

注：—表示数据不可得；a表示美国是1979年的数据，法国是1981年的数据；b表示加拿大是1986年的数据，英国是1984年的数据；c表示美国是1992年的数据；d表示只有私有部分数据；e表示基于工作场所劳动关系调查（Workplace Industrial Relations Survey）的数据；f表示仅包括非农业雇员。

资料来源：Franz Traxler, *Collective Bargaining: Levels and Coverage*. Working Paper, 2002。

第七章　企业层级结构与工资政策的经验研究

本章分别选取成熟市场经济中某大型企业的人事数据以及中国某国有大型企业的人事数据来考察其各自的人事制度,尤其是企业内雇员的晋升方式以及工资设定,以对本书的理论分析提供经验支持,使本书的研究尽量做到理论与实践相结合。并对成熟市场经济中的企业与中国国有企业的晋升制度进行比较,分析中国国有企业晋升制度存在的问题。

第一节　样本选取

样本企业的选取出于以下两个方面考虑:第一,企业应为大中型企业,这样才能有相对完善的内部劳动力市场制度以及足够的雇员样本,具有代表性;第二,人事数据的可获得性以及全面性,且有连续时间段内的数据,这样便于考察企业内雇员的职业生涯。

关于成熟市场经济中企业人事制度的研究,由于无法获得直接的大样本原始数据,研究数据只能来自文献研究。企业层面的人事数据尤其是薪酬数据的保密性导致关于企业内部人事制度的经验研究显得相对稀缺,只有为数不多的研究是基于企业层面数据进行的。例如,奥斯特曼(Osterman, 1979)使用作为一个歧视诉讼的结果所获得的数据(单一年份)研究了一个大型出版公司的内部劳动力市场;梅多夫和亚伯拉罕(1980)考察了两家大企业的内部数据,研究经验、绩效定级与收入之间的关系;卡恩和谢勒(Kahn and Sherer, 1990)以某一企业的管理者作为样本研究了绩效工资和绩效奖金的联系;贝克、吉布斯和霍姆斯特姆(1994)使用某一企业 20 年(1969—1988)所有管理人员的人事数据,研究了企业的内部劳动力市场;拉齐尔(1999)使用某一大企业 9 年(1986—1994)

所有雇员（包括CEO）的人事数据，研究了晋升与工资增长的相关性、包括工资压缩在内的企业人事制度；等等。

这些出于不同目的的研究，从不同侧重点分析了企业内部的人事制度，其中一些方面的数据对本书的研究是有帮助的。本章拟对成熟市场经济中企业的晋升方式以及工资设定等人事政策进行详细研究，这需要数据全面、详细、客观，并且能够从显示的数据推断出企业内的科层、晋升以及工资设定。由于无法获得直接的原始数据，经过综合衡量考虑，利马（Lima，2000）对某一大型企业的研究中所包含的数据信息更符合本章的研究需要，且符合前面所提到的样本企业选取的两个标准。关于中国企业晋升方式及工资设定等人事政策的研究，本章选取石油化工行业中某大型企业作为样本。

第二节 成熟市场经济中某企业的研究

一 企业的层级结构

（一）企业的级别层级制

利马（2000）所研究的样本企业的人事数据来自就业部每年进行的企业层面的调查，样本区间为1991—1995年。根据技能要求、职责以及任务的复杂程度可将该企业内的垂直层级分为8个级别，它们分别为：层级1——高级管理人员；层级2——中级管理人员；层级3——团队领导者；层级4——高级专业人员；层级5——专业人员；层级6——半专业人员；层级7——非专业人员；层级8——学徒。此外，还考虑了第9个层级（记作层级99），对应于"被忽视的和剩余的"雇员，主要是指那些在企业回答调查时还没有被确定配置在哪个层级的雇员。其中，每一个垂直层级中还包括多重划分，例如，可以按照雇员从事的工作性质划分为会计、市场营销，等等。这些可以视为不同部门，各自有自己的晋升阶梯。并且，每一个垂直层级中的每一种性质的工作还可以根据职位名称的不同但工作任务不发生改变被划分为多个水平层级。因此，垂直层级内部的细分过于复杂，以致文献中并没有详细列出，也没有关于职位名称的细化信息。1991—1995年，企业累计共有19867名雇员，雇员在垂直层级间的分布可参见表7-1。从表中可以观察到，在5年的样本期间内，每一层级的规模是相当稳定的,且由于使用固定的规章制度,5 年中企业垂直层级的数量及性质没有发生变化。在这个意义上可以说,企业的科层结构没有发生变化。在这个科层中并没有呈现出金字塔形的结构:层级 8 在企业中可以视为不使用的;层级 6、层级 7、层级 8 和层级 99 中的雇员数占总数的 5%;层级 4 和 5 层级占 47%;层级 3 占 10%;层级 1 和层级 2 占 44%。

表 7-1　　　　　　　　1991—1995 年雇员在各垂直层级的分布

单位:%

层级	年份					所有年份	总样本数
	1991 年	1992 年	1993 年	1994 年	1995 年		
1	13	16	16	19	20	17	3302
2	18	20	20	22	24	21	4131
3	12	10	9	9	8	10	1924
4	25	26	23	21	18	23	4516
5	26	24	25	23	23	24	4842
6	3	3	5	2	2	3	591
7	2	2	1	1	1	1	252
8	0	0	0	0	0	0	11
99	0	1	0	3	4	1	298
合计	100	100	100	100	100	100	19867

资料来源:根据利马(2000)整理而得。Lima, F., *Internal Labor Markets: A Case Study*. FE-UNL Working Paper Series, No.378, 2000。

(二) 雇员的流动与晋升

表 7-2 显示了样本期间内(1991—1995),雇员从一年到下一年在层级间的变动以及进入和退出情况。对角方格内的数字表示雇员从一年到下一年垂直层级没有发生变化的百分比;对角方格之上的数字表示雇员至少向下移动一个垂直层级的百分比;对角方格之下的数字表示雇员至少向上移动一个垂直层级的百分比。例如,在 5 年的样本期间内,在层级 2 的雇员中,85% 在下一年留在了原来的层级,8% 移动到层级 1,7% 退出了该企业。从表 7-2 中可以观察到,从层级 6 到层级 1,留在原有层级的雇员比例是递增的;对角方格之上的移动(至少向下移动一个层级)是

罕见的，除了有9%的雇员从层级4移动到层级5；对角方格之下的移动（至少向上移动一个层级）主要是一个层级，移动两个层级的数字是很小的。雇员的退出与其在企业科层中的位置无关：在所有层级上都有雇员退出（除了层级8）。雇员的进入分布在层级3、层级4、层级7和层级8上趋于0，说明企业存在特定的进入岗或入口（ports of entry）（雇员的进入分布在层级7和层级8趋于0，主要是由于在该企业中，层级8可以视为不使用的，层级7中雇员的比例极小，而非进入限制），进入主要发生在层级1、层级2、层级5、层级6和层级99。层级99是"自然候选进入岗"，因为当雇员进入企业，在他（她）被配置到特定层级前可能会有一段时间间隔，企业在回答调查时将其归入层级99。表7-2提供的企业雇员在层级间的变动数据进一步反映了企业的科层结构。

表7-2　　　　　　　　　1991—1995年雇员的变动矩阵

单位：%

旧层级	退出	新层级								合计	样本数
		1	2	3	4	5	6	7	8	99		
进入		12	33	1	1	15	20	.	0	18	100	557
1	8	91	.	.	.	.	.	.	.	1	100	2352
2	7	8	85	.	0	.	.	.	.	0	100	3127
3	9	.	12	73	1	4	.	.	.	.	100	1625
4	7	.	4	1	77	9	0	.	.	2	100	3829
5	10	.	.	1	3	8	78	0	.	0	100	3946
6	31	0	.	0	3	7	58	1	.	0	100	507
7	16	.	.	1	0	3	11	69	.	.	100	217
8	.	.	.	.	.	100	.	.	.	.	100	5
99	20	10	3	.	11	.	1	.	.	52	100	99
合计	9	15	20	8	21	22	3	1	0	.	100	16264

资料来源：根据利马（2000）整理而得。Lima, F., *Internal Labor Markets: A Case Study*. FE-UNL Working Paper Series, No. 378, 2000。

表7-3显示了样本期间内（1991—1995）从一年到下一年该企业被

晋升雇员所在垂直层级的变动。从表中可以看出，雇员的晋升既可以是垂直层级内（水平层级间）的晋升，又可以是垂直层级间的晋升。对角方格内表示垂直层级内的晋升，对角方格外表示垂直层级间的晋升。雇员在垂直层级内晋升意味着其工作的性质并没有发生变化，仅仅是职位名称发生了变化。垂直层级间的晋升主要是向上晋升一个层级，在层级2、层级3、层级6和层级7的晋升雇员中略多于半数向上晋升一个层级。我们无法知道雇员从一年到下一年是否获得了多于一次的晋升，因为只能获知每年最后一次晋升的时间。这也许可以解释为什么存在雇员晋升两个层级或更多层级的情况。尽管晋升主要发生在垂直层级内以及垂直层级间向上层级的晋升，但也有少数晋升发生在垂直层级间向下层级的晋升。主要的例外是层级4和层级5（既有从层级5到层级4的晋升，也有从层级4到层级5的晋升），层级4晋升的雇员中有36%被晋升至层级5。另一个例外是从层级3到层级4和层级5的晋升（分别为6%和14%），因此，对于层级4和层级5不能用明确的层级阶梯来表述，可能出现了不同阶梯的交迭。例如，技术雇员和管理雇员可能有不同的沿着科层的晋升路径。

表7-3　　　　　　　　　　1991—1995年雇员的晋升矩阵

单位：%

晋升前层级	晋升后层级									合计	样本数
	1	2	3	4	5	6	7	8	99		
1	99	.	.	.	.	.	.	.	1	100	240
2	52	46	.	1	.	.	.	.	1	100	444
3	.	54	26	6	14	.	.	.	.	100	256
4	.	20	6	35	36	0	.	.	3	100	762
5	.	5	14	42	39	1	.	.	0	100	744
6	.	.	2	22	51	18	6	.	2	100	65
7	.	.	.	3	15	58	25	.	.	100	40
8	.	.	.	.	100	.	.	.	.	100	5
99	26	5	16	32	.	5	.	.	16	100	19
合计	18	22	9	23	25	2	1	.	1	100	2675

资料来源：根据利马（2000）整理而得。Lima, F., *Internal Labor Markets: A Case Study*. FE-UNL Working Paper Series, No.378, 2000。

二 企业的工资政策

(一) 层级水平与工资

此处将工资变量区分为基本工资与总工资,二者之间的区别在于与任期、职业和绩效相关的额外支付,在此调查中被界定为基于任期的支付、奖金以及其他经常性补偿。总工资等于上述额外支付与基本工资之和。为了更准确考察工资与层级水平的关系,排除任期、绩效等因素的干扰,这里重点分析基本工资变量。从图7-1可以看出,5年的样本期间,各个垂直层级的平均基本工资的相对位置并没有发生变化,始终是随着垂直层级的提高,平均基本工资也随之增加(1993年层级6和层级7的平均基本工资相对位置的变化除外),说明雇员的工资一定程度上取决于其所处的垂直层级。此处所有年份的工资以及下文将要论及的工资都是扣除消费物价指数后1995年的实际工资。

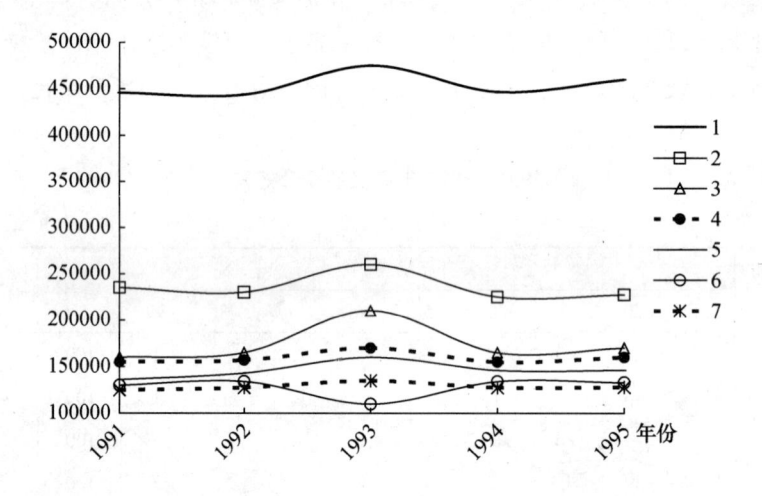

图7-1 1991—1995年各垂直层级的平均基本工资

资料来源: Lima, F., *Internal Labor Markets*: *A Case Study*. FEUNL Working Paper Series, No. 378, 2000。

下面进一步分析各垂直层级内部(水平层级间)工资的分布。以1991年工资水平数据为例,图7-2显示了各垂直层级的平均基本工资以及基本工资的第5个和第95个百分点。从图中注意到,尽管各个垂直层级的平均基本工资随着垂直层级的提高而增加,但是,处于较高垂直层级的雇员所获得的工资有可能会低于处于较低垂直层级的雇员,不同垂直层级的雇员所获得的工资是有重叠的。表7-4对各垂直层级内的工资差别进行度量，用各垂直层级内工资的标准差除以平均工资来表示，这种工资差别随着垂直层级的提高而增加。这些都说明，尽管雇员所处垂直层级能够一定程度上解释工资水平，但是其在垂直层级中的位置（即水平层级）对工资水平的决定也起一定作用。

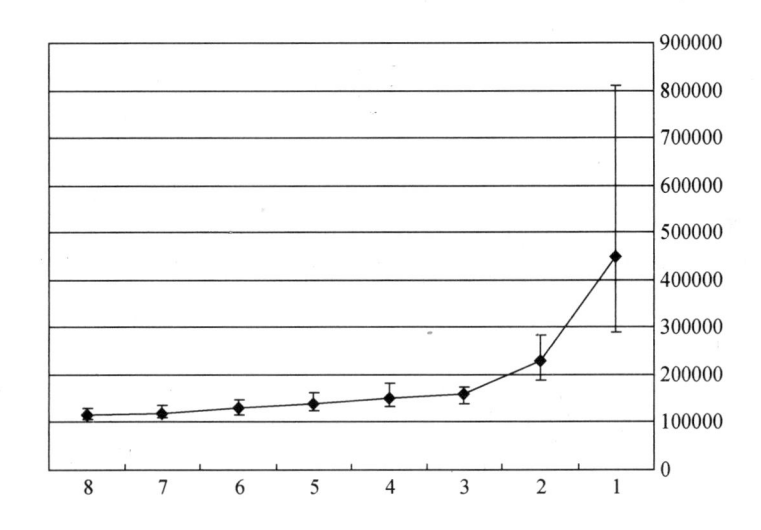

图7-2　1991年各垂直层级的平均基本工资以及5个和95个百分点

资料来源：Lima, F., *Internal Labor Markets: A Case Study*. FEUNL Working Paper Series, No.378, 2000。

表7-4　　　　　　1991—1995年各垂直层级内部的基本工资差别

变化系数	层级						
	1	2	3	4	5	6	7
1991年	0.39	0.20	0.07	0.11	0.08	0.07	0.07
1992年	0.38	0.18	0.11	0.11	0.09	0.09	0.12
1993年	0.51	0.26	0.18	0.21	0.23	0.33	0.23
1994年	0.40	0.18	0.10	0.10	0.10	0.10	0.17
1995年	0.43	0.19	0.09	0.10	0.10	0.07	0.10

注：表中的变化系数表示各年各个垂直层级内工资的标准差除以平均工资。

资料来源：根据利马（2000）整理而得。Lima, F., *Internal Labor Markets: A Case Study*. FE-UNL Working Paper Series, No.378, 2000。

(二) 晋升与工资增长

既然雇员的工资很大程度取决于其所处的层级水平（既包括垂直层级，也包括水平层级），那么，无论是伴随垂直层级改变的晋升还是垂直层级不变的晋升，对工资都应该有一个正的效应。垂直层级不变的晋升意味着，雇员仅仅改变职位名称，工作性质不变，伴随着水平层级改变的晋升。表7-5计算了样本期间内在垂直层级内（水平层级间）以及向上垂直层级晋升的雇员的工资溢价。样本期间内的每一年，被晋升雇员相对于在同一层级未晋升雇员的工资溢价被计算，然后计算样本期间内的平均工资溢价。从表7-5中可以看出，垂直层级内晋升所带来的工资溢价通常要高于从较低垂直层级向上晋升到相同垂直层级所带来的工资溢价（层级6除外）。可见，晋升对于工资起到一个正的效应，即使雇员并没有改变其工作性质。表7-6关于在垂直层级内（水平层级间）被晋升雇员在晋升前后的工资分布进一步说明这一问题。工资分布用雇员在与其处于同一垂直层级的雇员工资十分位的百分比分布来表示。如果雇员的工资伴随着晋升而增加，且其仍处于原来的垂直层级内，那么它将会从较低的工资十分位移动到较高的工资十分位。

表7-5　　　　　　　　晋升所产生的工资溢价

单位：%

层级	晋升	
	垂直层级内	向上垂直层级
1	13.8	11.0
2	11.3	9.4
3	5.4	3.1
4	9.0	5.6
5	11.2	2.6
6	-6.0	-0.3
7	9.6	.
合计	10.6	7.4
样本数	1111	1174

资料来源：根据利马（2000）整理而得。Lima, F., *Internal Labor Markets: A Case Study*. FE-UNL Working Paper Series, No.378, 2000。

表7-6 在垂直层级内（水平层级间）被晋升雇员在晋升前后的工资分布

单位:%

晋升		样本数	在各个工资十分位的百分比分布										合计
			1	2	3	4	5	6	7	8	9	10	
层级1	晋升前	236	6.4	3.8	7.6	11.0	11.4	11.9	13.1	13.1	13.1	8.5	100
	晋升后	236	5.1	5.1	3.4	11.4	8.9	11.9	10.6	14.0	16.1	13.6	100
层级2	晋升前	203	13.3	21.2	17.7	8.4	7.9	5.9	10.3	3.0	6.9	5.4	100
	晋升后	203	0.5	3.9	17.2	20.2	4.4	12.3	12.3	7.4	8.4	13.3	100
层级3	晋升前	91	3.3	6.6	5.5	15.4	9.9	27.5	11.0	8.8	11.0	1.1	100
	晋升后	91	3.3	1.1	3.3	15.4	12.1	17.6	14.3	13.2	18.7	1.1	100
层级4	晋升前	267	13.1	21.3	16.5	12.0	12.0	5.6	10.9	4.5	2.6	1.5	100
	晋升后	267	3.7	10.1	10.9	12.7	14.2	11.6	14.2	8.2	10.1	4.1	100
层级5	晋升前	287	16.7	9.4	14.3	8.4	9.8	9.4	9.4	10.1	7.3	5.2	100
	晋升后	287	14.3	6.3	6.3	7.0	8.4	10.5	9.8	13.2	9.4	15.0	100

资料来源：根据利马（2000）整理而得。Lima, F., *Internal Labor Markets: A Case Study*. FE-UNL Working Paper Series, No.378, 2000。

基于利马（2000）所提供的某一大型企业的相关信息，本章对该企业的科层结构以及工资政策进行了详细分析，为本书的理论假设及结论提供了一定的经验支持。雇员层级制合约的稳态性质可以通过企业内人事政策长期不变（稳定的科层结构以及各层级工资水平）得到证实。该企业存在特定的进入岗或入口，如果说雇员进入企业时的年龄、学历等因素决定了其在企业科层结构中的起点，雇员可以通过水平晋升和垂直晋升来改变其在企业科层结构中的位置，并且雇员的工资很大程度取决于其所处的层级水平（既包括垂直层级，也包括水平层级）。无论是伴随着垂直层级改变的晋升还是垂直层级不变的晋升，对工资都有一个正的效应；并且在该企业中，垂直层级内晋升所带来的工资溢价通常要高于从较低垂直层级向上晋升到相同垂直层级所带来的工资溢价。这揭示了晋升（垂直晋升以及水平晋升）在解释雇员工资变化路径的重要性，以及企业对水平晋升层级的依赖。这也从另一方面说明，本书的理论分析能够简单地解释企业内的晋升制度以及工资制度，且解释力要比经典的晋升层级制理论更强。

第三节 中国某企业的研究

一 企业的层级结构与工资政策

关于中国企业晋升方式及工资设定等人事政策的研究，本章选取石油化工行业中某大型企业为样本。对样本企业采取了电话咨询、个别访谈等调查方式，并对其相关薪酬管理文件进行了深入分析。2009 年，该企业共有 5412 名正式雇员①，64 个部门，1208 个岗位，固定资产总值 70 亿元，年销售收入近百亿元。作者并没有获得某一年数段内各年该企业正式雇员以及各部门正式雇员的具体数值，但是通过与该企业人事部门相关管理人员访谈获知近几年该企业正式雇员数始终处于 5400 名左右，且雇员在各部门的分布相当稳定。至于部门数与岗位数，近几年没有发生过变动，始终是 64 个部门，1208 个岗位。从这个意义上可以说，该企业的结构没有发生变化，是相当稳定的。

该企业将工作岗位分为三类：操作和服务岗位、专业技术岗位以及管理岗位；相应的，员工队伍也可以分为三类：操作和服务技能人员、专业技术人员以及管理人员。几乎在每个部门中都有三种类型的工作岗位及相应的工作人员，只不过比例可能会因为部门性质有所不同。该企业对所有岗位按照所需知识、技能、职责、工作条件等一系列特定标准进行了岗位评估。三类岗位都可分为不同的岗级，每个岗级内部又分为不同的档级，实行定岗（定档）定薪，各个岗级及档级实行不同的工资标准，01 岗为最高岗级，01 档为最低档级。

操作和服务岗位按岗位评估分数分为 13 个岗级，每个岗级内部分为 16 个档级。各个岗位通过岗位评估被确定为某一岗级，每个岗级中包含许多岗位，至于该岗级内的雇员具体应该属于哪一个档级，则取决于雇员本身所具有的知识和技能水平。操作和服务岗位中由技能水平决定的职业技能共分为 5 个级别：初级工、中级工、高级工、技师和高级技师，这 5 个级别所属的档级区间为：初级工——1—3 档，中级工——4—6 档，高

---

① 统计的正式雇员数是 2009 年年末的时点数。正式雇员是指与本企业签订有正式的劳动合同，并在本企业工作的在岗人员。

级工——7—9 档，技师——10—12 档，高级技师——13—16 档。因此，操作和服务岗位中岗级的确定是与工作岗位本身的性质有关，档级的确定与员工的技能水平相关。例如，维修部电工这一岗位通过岗位评估被确定为操作和服务岗位中的 03 岗级，该岗位中具有初级工职业技能的雇员被配置到 03 岗的 1—3 档，具有中级工职业技能的雇员被配置到 03 岗的 4—6 档，依此类推。具有初级工职业技能的雇员进入企业时先被配置在第 1 档，两年后经过考核合格则升至第 2 档，不合格继续留在第 1 档；依此类推。如果在雇员被升至第 3 档后，没有进一步取得中级工职业技能，则一直停留在第 3 档；如果雇员取得了中级工职业技能，则被升至第 4 档；依此类推。这里的档级区间的变动（如 1—3 档至 4—6 档）实际上就相当于本书所分析的水平晋升。

专业技术岗位与管理岗位岗级的划分与操作和服务岗位有所不同。专业技术岗位共分为 5 个岗级，每个岗级内部分为 8 个档级，雇员岗级的确定是与雇员的职称有关，而与工作岗位性质无关。专业技术岗位职称分为 5 个级别：员级、助理级、中级、副高级和正高级，这 5 个级别的职称分别对应专业技术岗位的 5 个岗级：05 岗、04 岗、03 岗、02 岗和 01 岗。至于具有某一职称级别的雇员具体应该属于相对应岗级中的哪一个档级区间则取决于其所从事的工作岗位性质，根据企业所做的岗位评估结果确定。例如，维修部具有助理级职称的电气技术员以及动设备技术员被配置在专业技术岗位的 04 岗，根据企业所做的岗位评估结果，维修部电气技术员这一岗位的档级区间为 2—7 档，维修部动设备技术员这一岗位的档级区间为 3—8 档。对于初次聘任的雇员，进入企业时先被配置在该档级区间的最低档级，两年后经过考核如果合格则向上升一个档级，如果不合格继续留在原档级；依此类推。如果雇员取得了中级职称，则被晋升至专业技术岗位的 03 岗，在该岗位档级区间中具体档级的确定以新晋升的岗级档级工资要高于且最接近于原岗级档级工资为准。不是所有岗位都可以聘到五个级别的职称，有些岗位是有最高可以聘到什么职称的限制的。

该企业对管理岗位的定级仅限于中层及以下管理岗位，中层管理岗位界定为副科及以上正处及以下的管理岗位。企业将中层及以下管理岗位分为 7 个岗级，每个岗级内部分为 8 个档级，雇员岗级的确定与雇员的行政级别（职务）有关。该企业中层及以下管理岗位的行政级别分为 7 个级别：助理主办、主办、主管（副科）、高级主管（正科）、副处、正处和总经理助理（也是正处级，但对应的工资等级不一样），这 7 个级别分别对应中层及以下管理岗位的 7 个岗级：07 岗、06 岗、05 岗、04 岗、03 岗、02 岗和 01 岗。至于具有某一行政级别的雇员在相对应岗级中档级的确定遵循如下原则：对于初次聘任的雇员，进入企业时先被配置在最低档级，两年后经考核合格则向上升一个档级，不合格继续留在原档级，依此类推；如果雇员是通过晋升至某一岗级的，则新晋升的岗级档级工资要以高于且最接近于原岗级档级工资为准。

不同于本章第二节分析的成熟市场经济中某企业的情况，这里并不是将企业所有岗位作为一个整体进行层级划分，而是按照岗位的性质将所有岗位划分为三类，分别根据不同的标准对这三类岗位进行层级划分。图 7-3、图 7-4 和图 7-5 分别表示了 2010 年三类岗位各岗级的平均基本工资以及各岗级内部最高档和最低档的基本工资。这里的基本工资主要是指岗位（技）工资。企业主要实行的是岗技工资制，这种基本工资能够准确地考察工资与岗级档级水平的关系，排除了工龄工资、绩效等因素的干扰。该企业工龄工资所占的比重较小，计算标准为：5 年以下工龄的工龄工资 = 4 元 × 工龄；5 年及以上 15 年以下工龄的工龄工资 = 8 元 × 工龄；15 年及以上工龄的工龄工资 = 12 × 工龄。由此能够说明，该企业雇员的工资水平很大程度上取决于其所处的岗级和档级。

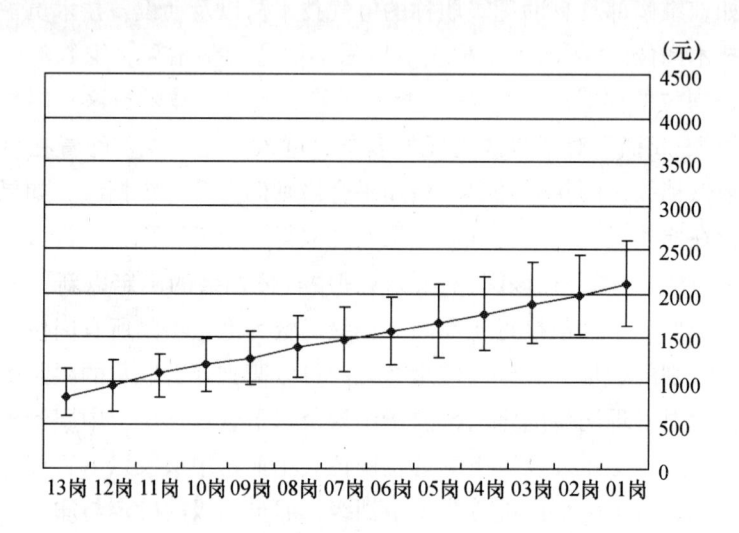

图 7-3 操作和服务岗位各岗级的平均基本工资以及各岗级内部最高档和最低档基本工资

通过上述分析，操作和服务岗位某一岗级内某一级别所属的档级区间内档级的变动、专业技术岗位某一岗级内某一工作岗位所属的档级区间内档级的变动、中层及以下管理岗位某一岗级内档级的变动所遵循的共同原则为：对于初次聘任的雇员，进入企业时先被配置在相应档级区间的最低档级，两年后经考核合格则向上升一个档级，不合格继续留在原档级；依此类推，直至上升到相应档级区间的最高档级。在该企业中，只要雇员做好本职工作这种考核都可以通过，通过率接近99%。因此，这种档级的变动可以视为与任期密切相关。雇员任期越长，其档级越高。这种档级变动方式也可以视为企业为延长雇员任期的一种方式。由于操作和服务岗位雇员的技能多为通用性技能，雇员任期的长短是无关宏旨的，因此与专业技术岗位和管理岗位相比，其各岗级内某一级别所属的档级区间变动较小，工资差异较小。

对于操作和服务岗位，不同岗级并不代表雇员的晋升路径。雇员晋升通常由于职业技能的提升在同一岗级内部不同档级区间的晋升（水平晋升），或是从某一类岗位晋升至另一类岗位（垂直晋升），例如，从操作和服务岗位的某一岗级晋升至专业技术岗位的某一岗级或管理岗位的某一岗级。但实际上，操作和服务岗位雇员的晋升，更多的是水平层级的晋升，即在某一岗级内部档级区间的晋升，很少有垂直晋升，这一点在下一小节会进一步论述，所以操作和服务岗位各岗级内的最高档和最低档基本工资差别较大。对于专业技术岗位，雇员的晋升既可以是由于技能职称的提升在不同岗级间的晋升（由于职称的变化并不会导致雇员工作内容、职责的变化，仅仅是待遇的变化，因此视为水平晋升），也可以是从专业技术岗位的某一岗级晋升至管理岗位的某一岗级（垂直晋升）。对于管理岗位，雇员的晋升通常是由于行政级别的提升从管理岗位的某一岗级晋升至另一岗级，这种行政级别的提升通常伴随着工作内容、职责的变化，因此视为垂直晋升。根据企业的岗档工资标准以及前面所述的该企业的晋升惯例，雇员无论是水平晋升还是垂直晋升，都会伴随着工资水平的提高。

观察图7-4与图7-5可以发现，专业技术岗位中各岗级平均基本工资以及各档级基本工资水平与管理岗位的岗级档级相对应：专业技术岗位的员级（05岗）对应管理岗位的助理主办（07岗），助理级（04岗）对应主办（06岗），中级（03岗）对应主管（05岗），副高级（02岗）对应高级主管（04岗），正高级（01岗）对应正处（02岗）。

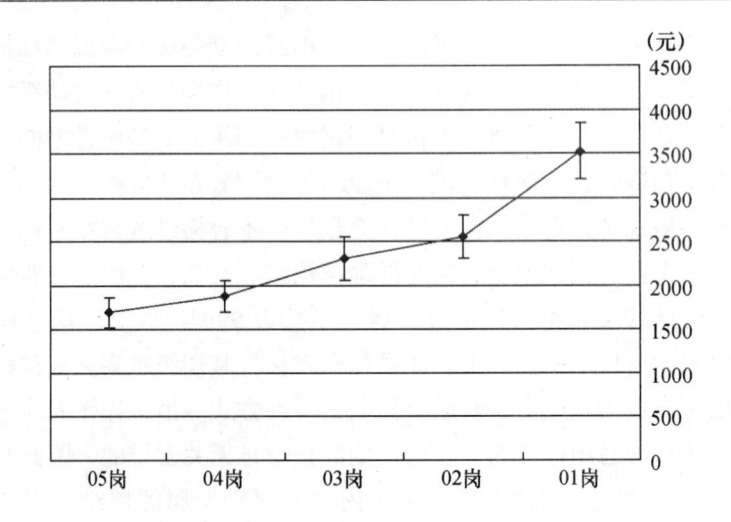

图7-4 专业技术岗位各岗级的平均基本工资以及各岗级内部
最高档和最低档基本工资

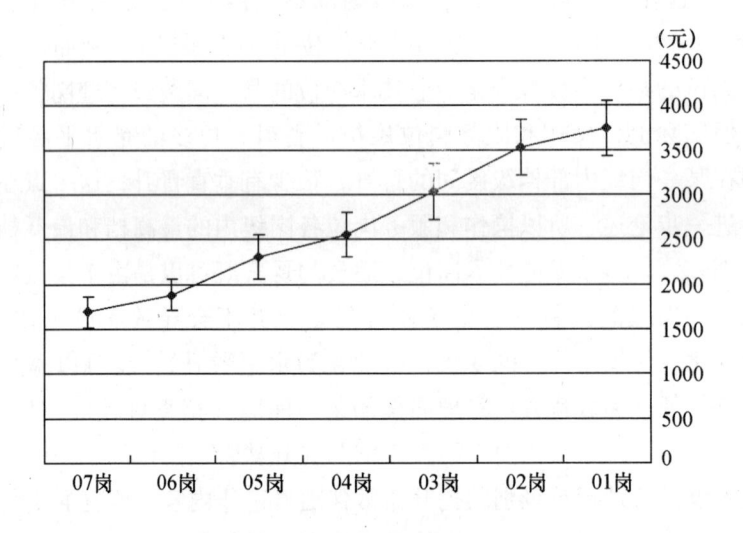

图7-5 中层及以下管理岗位各岗级平均基本工资以及各岗级
内部最高档和最低档基本工资

二 某一代表性部门雇员的晋升路径分析

由于该企业甚至是单个部门并没有每年（或每几年）对雇员的工作变动情况作详细统计，因此无法获得雇员晋升情况的具体数据，但是，从企业各部门岗位配置情况、企业各岗位的岗级和档级情况以及与此相应的工资水平，仍然可以获得有关雇员晋升路径的信息。由于关于整个企业各部门内部岗位的配置以及晋升路径分析过于复杂，无法在有限的篇幅内详细列出，因此，本小节选取该企业一个较具有代表性的部门——安检公司进行分析。

该企业安检公司主要有技术部、维修部、工程部、机械加工部四个部门。图7-6显示了安检公司维修部的岗位配置情况，其余三个部门的岗位配置情况省略。安检公司主要承接公司生产装置检维修和安装任务，为公司提供安装检修服务，共有425名正式雇员，其中维修部有212名正式雇员。[①] 图7-6中虚线框中的岗位表示操作和服务岗位，实线框中的岗位表示专业技术岗位和管理岗位。

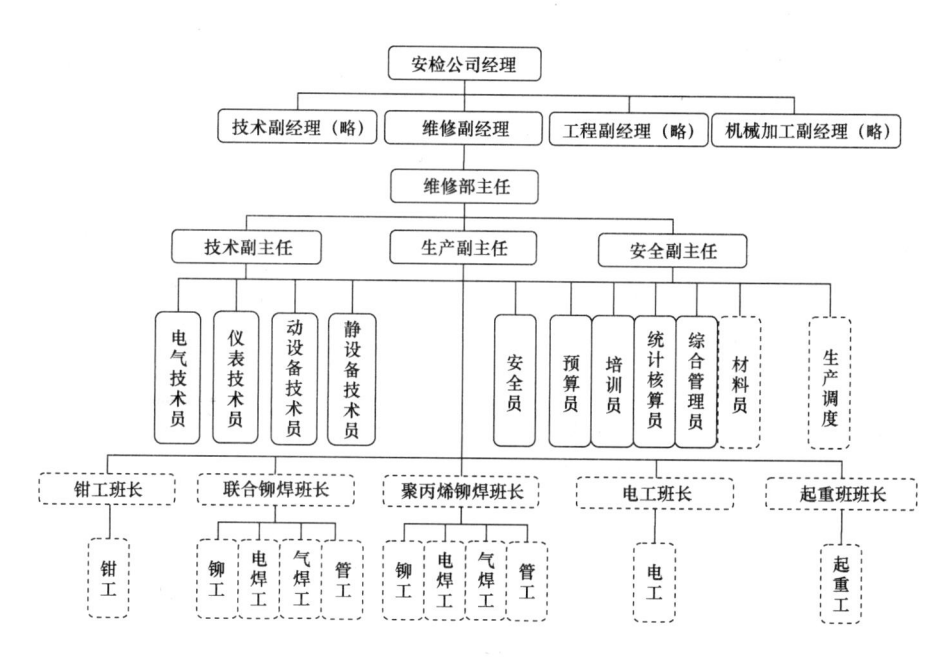

图7-6 安检公司维修部岗位配置

对于操作和服务岗位，如钳工、铆工、管工、电工、电焊工、气焊工，等等，这些岗位或工种大都不仅为一家企业独有，而是遍布于同行业甚至跨行业的许多企业，表明其所需要的技能更多的是通用性技能，且技

---

① 统计的正式雇员数是2009年年末的时点数。

能较为单一，因此企业对这类雇员技能的考核主要通过外部专业技能考核机构进行。企业首先根据雇员工作（岗位）的类型将其配置在操作和服务岗位的某一特定岗级，再根据雇员所获技能的等级将其配置在该岗级的某一档级。一般来说，企业会定期组织这类雇员进行技能考核，并重新确定档级。例如，维修部电工这一岗位通过岗位评估被确定为操作和服务岗位中的 03 岗级，该岗位中具有初级工职业技能的雇员被配置到 03 岗的 1—3 档；如果取得中级工职业技能，则被晋升至 03 岗的 4—6 档；依此类推。不同的岗位所能聘任的职级范围是不同的，例如，钳工可以聘任的职级范围为 1—5 级，铆工、焊工、管工、电工为 1—4 级，起重工为 1—3 级，等等。

从该部门岗位配置图可以看出，操作和服务岗位雇员主要在岗位内部档级晋升，且各档级区间所需的技能水平及工资水平是事先确定的，这些操作工几乎没有可能会晋升至专业技术以及管理岗位。这种岗位对学历的要求较低，一般为中专、技校及以上相关专业。只有职业技能等级为技师及以上才有可能竞聘管理岗位中的主管（生产副主任），而在维修部操作和服务岗位雇员有 171 人，生产副主任只有 1 人，晋升希望很渺茫。岗位配置图中的钳工班长、电工班长、联合铆焊班长、聚丙烯铆焊班长、起重班班长这些岗位，一般是从相应工种的雇员中选出技术好且有一定领导力的雇员来从事，他们主要是带领相应工种雇员一起来从事上面分派下来的任务，且担任这些班长的人选不是一成不变的，因此这些岗位的岗级不变，只是会增加一些相应的补贴。从该企业岗位评估表中没有这些岗位相对应的岗位评估分数就可见一斑。这些操作和服务岗位所实行的工资合约形式更类似于本书第五章所分析的简单的固定工资合约，雇员所进行的是通用性人力资本投资。

对于专业技术岗位，如电气技术员、仪表技术员、动设备技术员、静设备技术员、安全员，等等，这些岗位所需知识和技能要求较为复杂，需要多面手技能，具有一定的专用性。以维修部电气技术员为例，该岗位需要雇员具有初级专业职称及以上，精通电气设备检维修作业流程和作业标准，掌握电子、电路、电工、钳工等基础知识，熟悉企业生产装置的工艺流程和设备相关知识，具有计算机制图、识图能力，熟练运用办公自动化软件及公司局域网。这种岗位对学历的要求较高，一般为本科及以上相关专业。这一岗位的雇员被配置在专业技术岗位的哪个岗级则取决于雇员的职称级别。一般来说，专业技术岗位新参加工作的大中专院校及以上毕业生（不含成人毕业生），在本专业或相近专业技术岗位上工作见习期满，经考核符合任职条件的，直接确定相应的专业技术职务资格。具体规定是：中专毕业，见习一年期满可确定为员工级任职资格；大专毕业，见习一年期满，可确定为员工级任职资格，再从事本专业技术工作满两年，可确定为助理级任职资格；大学本科毕业，见习一年期满，可确定为助理级任职资格；研究生毕业并取得硕士学位者，可确定为助理级任职资格，从事本专业技术工作满三年，可确定为中级任职资格；博士研究生毕业并取得博士学位可确定为中级任职资格。

企业在每年年底举行一次专业技术人员晋升评审工作，对申请晋升的专业技术岗位雇员的技能水平进行评审，并重新确定其职称级别及相应的岗级。由于这种技能水平更具有专用性，这种考评主要是在企业内部进行，人事处根据所评审对象的专业确定由相关专业的内外部专家和管理部门主管组成专业评审小组，专业评审小组负责对申请人的学识水平、专业能力进行评议。例如，维修部具有助理级职称的电气技术员被配置在专业技术岗位的 04 岗，根据企业所做的岗位评估结果，维修部电气技术员这一岗位的档级区间为 2—7 档。如果雇员取得中级职称，则被晋升至专业技术岗位的 03 岗，在该岗位档级区间中具体档级的确定以新晋升的岗级档级工资要高于且最接近于原岗级档级工资为准。

电气技术员这一岗位雇员的晋升路径可以是伴随雇员职称级别的提高沿着专业技术岗位岗级的晋升，也即水平晋升，也可以结合雇员个人的职业爱好，并根据公司的实际需要参与公司管理岗位的竞聘，在专业技术岗位某一岗级（如 03 岗、02 岗）被晋升至管理岗位，被提拔为管理层雇员，这种情况属于垂直晋升。这种从专业技术系列到管理系列的转换仅限于正高级以下的专业技术岗位的雇员，正高级别的专业技术雇员不得再转换到管理系列。维修部电气技术员的晋升路径如图 7-7 所示。该岗位雇员可以在获得中级职称或副高级职称的情况下，参与公司管理岗位的竞聘[1]：在获得中级职称的情况下竞聘主管（维修部技术副主任），从而以后沿着管理岗位的晋升路径晋升（垂直晋升），维修部电气技术员（中级职称）→维修部技术副主任→维修部主任→维修副经理→安检公司经

---

[1] 该企业中层及以上管理岗位雇员需要具备中级专业职称及以上。

理→……在获得副高级职称的情况下竞聘高级主管（维修部主任），从而以后沿着管理岗位的晋升路径晋升（垂直晋升），维修部电气技术员（副高级职称）→维修部主任→维修副经理→安检公司经理→……虽然具有中级职称的专业技术人员与管理岗位中的主管、具有副高级职称的专业技术人员与管理岗位中的高级主管基本工资（岗位工资）水平相当，但是由于管理岗位具有一定职务，除了岗位工资之外，还有一些职务上的待遇，且有更好的未来发展空间，因此这种转变也视为一种晋升。从图7－7可以看到，具有中级职称的专业技术岗位人员也可以竞聘高级主管，但需要在主管岗位具有3年及以上工作经验，这种情况只适用于曾经在主管岗位工作过的雇员改任到专业技术岗位，而后又竞聘管理岗位。

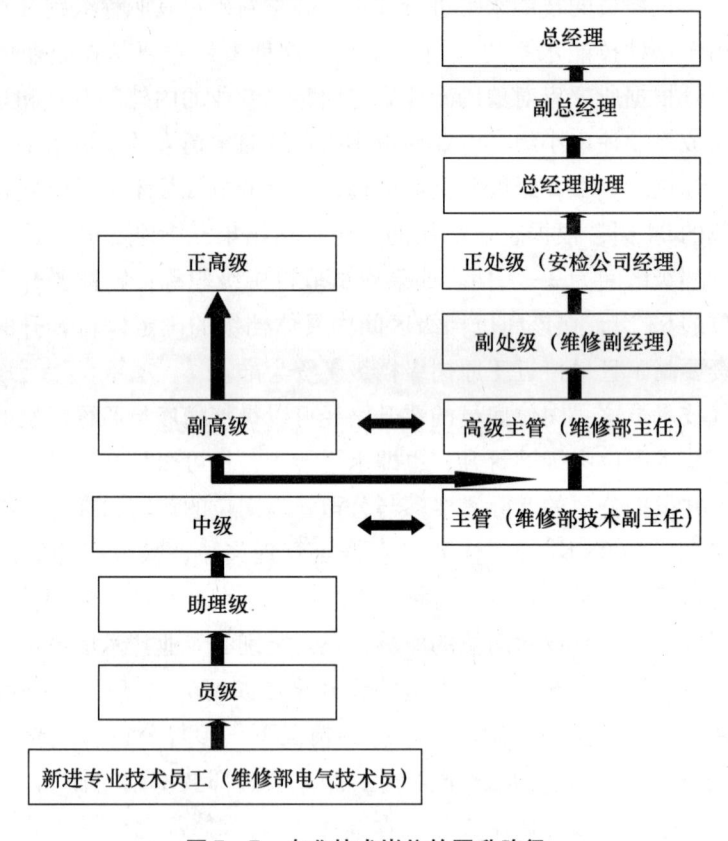

图7－7 专业技术岗位的晋升路径

沿着垂直晋升路径，岗位对雇员技能以及能力的要求逐层提高。以电气技术员为例，专业技术岗位雇员的晋升更多的是水平晋升，垂直晋升的机会很小。在该部门，技术副主任、维修部主任、维修副经理、安检公司经理这些管理岗位，每个岗位只聘任1个雇员。该部门电气技术员、仪表技术员、动设备技术员、静设备技术员共有16人，其中具备中级职称的有6人，均有被晋升至技术副主任的可能性，而技术副主任只有一个，且只有在该岗位出现空缺（被调离、辞职或晋升）的情况下才有可能被晋升，国有企业雇员流动性小，且向上晋升很困难，该岗位雇员的任期一般为10年左右。因此，一名具有中级职称的电气技术员被晋升至技术副主任的概率很小。但是专业技术岗位的晋升空间有限，最高只能晋升至正高级（相当于管理岗位中的正处级），且企业规定具有正高级专业技术职务的员工比例不得超过公司专业技术类员工总数的5%。因此在专业技术岗位雇员的晋升空间更多地被限定在副高级（相当于管理岗位中的高级主管），相比之下，管理岗位有更大晋升空间。

对于管理岗位，如部门经理、技术副经理、维修副经理、工程副经理、机械加工副经理、维修部主任，等等，这些岗位的晋升主要是垂直晋升，因为每一种性质的工作岗位只聘任一个雇员，没有根据职位名称的不同但工作任务不发生改变被划分为多个水平层级。例如，维修部技术副主任的垂直晋升路径为：维修部技术副主任→维修部主任→维修副经理→安检公司经理→……担任管理岗位的雇员也可以根据个人的职业爱好并根据公司的实际需要改任到专业技术类岗位相对应的职务。这种情况与成熟市场经济中企业的情况类似，如表7-2所示，雇员的工作变动可以从层级3（团队领导者）转换到层级4（高级专业人员）和层级5（专业人员），尽管比例很小，分别为1%和4%，但也存在这种情况。

通过对中国某国有大型企业的层级结构、工资政策及雇员晋升路径的分析可以看出，该企业雇员的工资很大程度上取决于其所处的层级水平（既包括垂直层级，也包括水平层级），且不同类型雇员对垂直晋升以及水平晋升的依赖程度不同。操作和服务岗位雇员的晋升几乎完全依赖于水平晋升，这些岗位所需要的技能更多的是通用性技能，且技能较为单一，因此企业通过外部专业技能考核机构对雇员的职业技能级别进行考核，且各档级区间所需的技能水平及工资水平是事先确定的。这些操作和服务岗位所实行的工资合约形式更类似于本书第五章所分析的简单的固定工资合约。专业技术岗位雇员的晋升既可以是伴随雇员职称级别的提高沿着专业技术岗位岗级的晋升，即水平晋升，也可以在专业技术岗位某一岗级被晋升至管理岗位,被提拔为管理层雇员,并沿着管理类岗位岗级的晋升,也即垂直晋升。但专业技术岗位雇员的晋升更多地依赖水平晋升。该企业为大型企业,内部有严格的工资制度以及晋升制度,声誉资本较高,完全可以很好地利用水平晋升这一方式所具有的优点。然而,该企业管理岗位的晋升却完全依赖于垂直晋升,忽视了水平晋升所具有的优点,没能很好地将垂直层级晋升与水平层级晋升二者结合。

事实上,管理岗位对雇员技能的要求更加专用和复合,因此对该岗位雇员的企业专用性技能(人力资本)投资的激励显得尤为重要。从该企业安检公司维修部岗位配置图以及每一种性质的管理岗位只聘任一个雇员的情况可以看出,该企业科层呈现出严重的金字塔形结构。对比前面分析的成熟市场经济中某企业的情况(见表7-1),中层管理人员与高层管理人员数占总雇员数的38%,整个企业科层中并没有呈现出金字塔形的结构。再参见表7-3,在样本期间内(1991—1995)管理层人员晋升人数也很多,并不明显存在越向高层晋升越困难的现象。而本章所研究的中国国有企业的管理岗位相对过于精简,晋升极其困难,存在晋升"瓶颈",缺乏对管理者提高自身技能水平的激励,这也从一个方面解释了国有企业管理层的低效率。此外,从企业没有关于雇员晋升这方面数据的统计中也可以看出,企业对雇员晋升的重视不够。

可以考虑将每一种管理岗位划分为多个水平层级,从而放宽管理岗位的晋升"瓶颈",在管理岗位实行水平层级与垂直层级并存的双重层级结构,更好利用国有大型企业内部严格的工资制度以及晋升制度所带来的较高的声誉资本。可以借鉴公务员管理中实行的在管理岗位中增设虚职,例如,可以在维修部主任这一岗位增设维修部主任(虚职),如果其下一层级如维修部技术副主任能力表现突出,则可以晋升至维修部主任(虚职),即待遇走维修部主任标准,但工作性质没有发生变化,仍然从事维修部技术副主任的工作,属于水平晋升。这样,即使在维修部主任这一岗位没有出现空缺的情况下,下一层级的管理者如果能力突出仍然可以得到晋升,放宽了管理岗位的晋升"瓶颈"。通过这种方法不仅可以对下一层级的管理者提高技能水平提供激励,同样会对其提高努力水平减少道德风险提供激励。同样的方法适用于在维修副经理等管理岗位增设虚职,以对其下一级岗位管理者提供激励。至于每一管理岗位虚职增设的多少,则可以根据下一级管理岗位领导职数做相应调整。

第八章 结论与展望

第一节 结论与启示

一 研究结论

经典的不完全合约理论认为，如果合约是不完全的，当事人的专用性投资会引发"敲竹杠"行为，从而导致专用性投资的无效率。本书在不完全雇佣合约环境下，讨论了工资合约的设定与专用性人力资本投资问题。总括起来，本书研究的基本结论主要体现在以下几个方面：

其一，通过分析灵活工资合约下雇主与雇员的专用性人力资本投资决策，提出了关于灵活工资合约下"敲竹杠"问题的刷新式理解。在雇佣双方投资博弈中引入投资成本相关性谈判方式，将传统"敲竹杠"模型中影响谈判力的因素与当事人对公平的偏好这种行为因素二者融合，来重新分析灵活工资合约下的"敲竹杠"问题。得出的结论是：与传统的投资博弈相比，在投资成本影响企业（雇员）谈判力的情况下，双方有更强的专用性人力资本投资激励。雇佣双方所面临的"敲竹杠"风险取决于双方的初始谈判力：初始谈判力相对较弱的一方会面临"敲竹杠"风险，从而导致其投资不足；初始谈判力相对较强的一方不会面临"敲竹杠"风险，并会过度投资；双方初始谈判力均等时，双方均不会面临"敲竹杠"风险，双方的投资水平为社会最优水平。因此，赋予雇佣双方均等的地位具有重要的经济意义。

其二，在一个重复博弈的框架中，引入企业对声誉的关注，分析了企业内部的双重晋升层级结构下雇员的投资决策，并得出两条重要的结论：

第一，对于一个声誉较高的企业，垂直晋升层级模型中的无效率问题是不存在的，双重晋升层级结构可以同时实现对雇员技能获得的激励以有效的工作配置，并且在技术方面不同工作之间没有必要显著不同。

第二，在企业声誉资本还不足以实现社会最优的范围内，随着企业声誉资本的提高，企业会更多地依赖水平晋升层级、较少依赖垂直晋升层级来诱使雇员技能的获得。总剩余增加，企业利润增加，雇员的工作配置也更有效率。

其三，考虑在大多数市场经济国家中工会的普遍存在，且通过集体谈判的方式影响着企业的雇佣条件。本书探讨了有工会组织的情况下具有晋升层级结构的固定工资合约的制度性效率，并得出如下主要结论：

第一，在工资随着雇员工作阶梯中层级的提高而增加的工资结构下，有工会组织情况下的晋升制度不仅能够起到工作配置的作用，还能够起到分离的作用。

第二，外部劳动力市场的状况能够影响雇员的任期以及晋升制度的分离作用。当劳动力市场是从紧的，较低的流动成本使能力水平足够高的雇员最终留在该企业，具有较长的任期；当劳动力市场是松的，较高的流动成本使能力水平相对较低的部分雇员最终也留在该企业。

第三，企业内部层级结构的变化会影响雇员留在企业的可能性。如果工作类型（或工作层级）细化，即降低雇员晋升至上一个层级所必需的能力水平，工资通过工作评价体系作相应变动，雇员会更有可能留在当前的企业；反之亦然。

第四，如果降低雇员在企业被终止雇佣关系的概率，雇员会更有可能留在当前的企业。工会通过集体谈判通常可以有效限制企业随意解雇雇员的权利，从而降低了雇员被终止雇佣关系的概率。通过这种概率的降低对雇员离职决策的影响进一步强化了工会在形成长期稳定雇佣关系中的作用。

此外，本书从交易成本与不完全合约角度分析了工会集体谈判的"X—效率"问题。雇佣双方通过集体谈判来决定企业内工资水平和结构以及参与企业的管理决策，其产生的互惠行为所实现的"X—效率"可能已经远大于工会的垄断效应所带来的效率损失。

其四，本书利用成熟市场经济中某大型企业的人事数据以及中国某国有大型企业的人事数据来考察其各自的人事制度，尤其是企业内雇员的晋升方式以及工资设定，对本书的理论分析提供了经验支持。这也从另一方面说明，本书的理论分析能够简单地解释企业内的晋升制度以及工资制度，并分析了中国某国有企业晋升制度存在的问题。该企业管理岗位的晋升完全依赖于垂直晋升，存在晋升"瓶颈"，缺乏对管理者提高自身技能水平的激励，忽视了水平晋升所具有的优点，没能很好地将垂直层级晋升与水平层级晋升结合。这也是中国大部分国有企业乃至非国有企业在晋升制度的设定上普遍存在的问题。

其五，企业不同工资制度安排的经济分析表明，工资制度安排有其特定的经济机理，在员工专用性技能形成过程中的激励效果是不同的。企业工资制度安排所对应的现实形态也印证了这一点。作者曾在2009年对大连市44家企业的工资制度安排进行了调查，被调查企业分布于信息软件、金融、自动化、电力、建筑与房产开发、石油生产、燃气供应等17个行业，涉及大、中、小不同规模以及国有、民营、合资等不同产权制度。调查方法采取问卷调查、电话咨询、个别访谈以及对被调查典型企业相关薪酬管理文件进行深入分析等方式。现实中的情况告诉我们，不同的企业以及同一企业里的不同岗位，工资安排形式确实是不同的。我们得出的主要结果是：

一般来说，凡是生产规模较大、技术工艺要求复杂、知识密集度高的企业，其核心员工队伍主要是专业技术岗位员工和管理岗位员工，往往与企业保持长期稳定的雇佣关系，实行内部劳动力市场晋升层级结构工资制度。这种工资制度只适用于企业的正式员工，临时工、合同工、计时工等都不在此列，并且并非所有的企业都实行这种工资制度，主要适用于大中型企业。作者在对大连44家典型企业工资制度进行调查的过程中发现，大多数大中型企业都做到了这一点，尽管在制度设计中存在一些问题。

对于一些大中型企业的一些特定工作岗位，例如，发电厂一个机组的巡视员、检修工，供电厂的送电、变电、配电检修工等岗位，化工厂的蒸吸、滤过、炭化、司炉工岗位，油田的采油、热注、集输、测试工作岗位，等等，这些岗位主要属于操作和服务岗位，员工的人力资本基本上是属于通用性的，或至少通用性较强。这些岗位的工资水平通常是事先确定的，属于一种简单的固定工资制度，工资水平随着其技术鉴定等级变动，不存在有关晋升、雇员层级结构等制度问题。

对于小企业的技术骨干、核心员工（小企业中通常没有成型的内部劳动力市场、成熟的晋升制度安排）以及一些需要专门化知识或智能型服务的企业单位，比如各种咨询公司以及会计师事务所一类单位的核心员工，通常实行一种灵活的工资合约。这里的"灵活"工资合约遵循本书的界定，是指雇佣双方事前（人力资本投资完成前）没有形成对事后（人力资本投资完成后）有约束力的工资合约。

对于各种规模与类型企业中的辅助性岗位员工，临时工、合同工、计时工等则主要实行的是短期或临时性合约，工资水平直接任由外部市场去调节。

二 研究启示

"哲学家只是用不同的方式解释世界，而问题在于改变世界"（马克思，1845）。这句名言同样适用于经济学者。经济学在向人们提供一种思维方式、一种分析问题的工具。在更好地认识世界的同时，也在指导人们的实践，改变人们的生活。本书在不完全雇佣合约的环境下，围绕企业工资合约的设定与专用性人力资本投资问题展开研究，对企业相关人事制度的设定以及我国就业体制改革具有一定的启示。

（一）对企业相关制度安排的启示

其一，建立和完善企业内部的信息披露机制。本书所分析的考虑到投资成本（代理人公平心理偏好）的"敲竹杠"问题依赖于较强的信息条件，双方在谈判过程中对于各方合作剩余的贡献是信息对称的，是可观察的。如果企业内部信息是封锁的，企业和雇员的投资情况没有或无法披露给对方，双方很难形成各自的投资水平能够影响其得到的合作剩余份额的预期，从而很难在投资需求博弈中以比较合作的方式选择投资水平，导致企业与雇员的实际投资决策没有产生内在效率。因此，建立和完善企业内部的信息披露机制为企业与雇员之间合作的产生提供了制度化可能性，以期把握合作、引导合作出现。

其二，在企业具有一定声誉资本情况下，对于雇员获得技能的激励，双重晋升层级结构是优于简单的垂直晋升层级和简单的水平晋升层级结构的薪酬支付体系。向雇员提供明确的职业生涯发展路径对于这种双重晋升层级结构的运行至关重要。这对于中国在转型阶段企业工资制度的改革及建构有效的企业微观人力资本开发机制有着深刻的启示。

其三，企业对声誉的关注会提高雇员进行专用性人力资本投资的激励，并且社会总剩余增加，企业利润增加。这意味着应该鼓励和保护企业形成声誉的机制，特别是在中国这样一个正式制度不完善、非正式制度发挥重要作用的国家。声誉能够在一定程度上弥补法制和行政管理的不足以及由此造成的损失。事实上，信任或诚信问题一度成为当前社会的热点问题和难点问题。当然，如何形成一种合理的社会信念结构对于声誉效应是非常重要的。

其四，工会组织实际上可以视为实现企业内部有效合作博弈的一种制度安排。工会组织的集体协商制度不仅能够规范和引导企业构建长期稳定的雇佣关系，从而构建有效的企业内部劳动力市场制度，为专用性人力资本投资提供制度性保护；而且能够通过降低雇员被终止雇佣关系的概率影响雇佣的离职决策，进一步强化长期稳定雇佣关系的形成；还能够通过对晋升制度的影响起到分离作用，保证高能力雇员较长的任期和较低的离职率。此外，工会的集体协商制度还能够提高企业的"X—效率"。雇佣双方通过集体谈判来决定企业内工资水平和结构以及参与企业的管理决策产生的互惠行为所实现的"X—效率"，可能已经远大于工会的垄断效应所带来的效率损失。

中国工会发展的道路由于有着鲜明的时代烙印和中国特色，具有不同于西方国家工会的特殊性。中国工会要学会通过经济手段来处理劳动关系。一些市场经济体制下工会运作中通行的方式，也应该成为中国工会调解劳动关系的方式和手段。

其五，大型企业尤其是国有大型企业，内部有严格的工资制度以及晋升制度，声誉资本较高，完全可以很好地利用水平晋升这一方式所具有的优点。然而，中国很多企业管理岗位的晋升却完全依赖于垂直晋升，忽视了水平晋升所具有的优点，没能很好地将垂直层级晋升与水平层级晋升结合。可以考虑将每一种管理岗位划分为多个水平层级，从而放宽管理岗位的晋升"瓶颈"，在管理岗位实行水平层级与垂直层级并存的双重层级结构，更好地利用大型企业内部严格的工资制度以及晋升制度所带来的较高的声誉资本。可以借鉴公务员管理中实行的在管理岗位中增设虚职，也就是说，在某一层级管理岗位增设虚职，如果其下一层级管理者能力表现突出，则可以晋升至上一层级管理岗位（虚职），即待遇走上一层级的标准，但工作性质没有发生变化，仍然从事现行的管理工作，属于水平晋升。这样，即使在上一层级管理岗位没有出现空缺，下一层级的管理者如果能力突出仍然可以得到晋升，放宽了管理岗位的晋升"瓶颈"。通过这种方法不仅可以对下一层级的管理者提高技能水平提供激励，同样会对其提高努力水平减少道德风险提供激励。至于每一管理岗位虚职增设的多少,则可以根据下一级管理岗位领导职数做相应调整。

(二) 对我国就业体制改革的启示

通过关于不同工资合约的讨论可以看出,有利于雇员专用性技能形成的工资合约是建立在雇佣关系长期稳定的基础之上的。长期稳定的雇佣关系是雇佣双方进行专用性人力资本投资的前提。我国目前劳动合同普遍短期化,即就业制度短期化环境下,本书的研究对于我们有关就业制度的一些问题,以及中国在转型阶段就业制度的改革有着深刻的启示。以下借助本书所做的分析对我国《劳动合同法》中的"无固定期限劳动合同"条款给予新的解析。

《劳动合同法》自2008年实施以来,引起了社会各方面的不同反应与广泛争议,其热烈程度是我国自改革开放以来出台的任何一部法规都未曾有过的。之所以会如此,一个最重要的原因就是《劳动合同法》中所包含的"无固定期限劳动合同"的条款。所谓无固定期限劳动合同,是指"用人单位与劳动者约定无确定终止时间的劳动合同"。《劳动合同法》第十四条规定:"用人单位与劳动者协商一致,可以订立无固定期限劳动合同。有下列情形之一,劳动者提出或者同意续订、订立劳动合同的,除劳动者提出订立固定期限劳动合同外,应当订立无固定期限劳动合同:(一)劳动者在该用人单位连续工作满十年的;(二)用人单位初次实行劳动合同制度或者国有企业改制重新订立劳动合同时,劳动者在该用人单位连续工作满十年且距法定退休年龄不足十年的;(三)连续订立二次固定期限劳动合同,且劳动者没有本法第三十九条和第四十条第一项、第二项规定的情形,续订劳动合同的。用人单位自用工之日起满一年不与劳动者订立书面劳动合同的,视为用人单位与劳动者已订立无固定期限劳动合同"。

从上述条款可以体现出两条鲜明的立法精神原则:其一是政府允许并鼓励用人单位与劳动者在适当条件下确立长期稳定的雇佣关系。其二是政府更为关注劳动者的利益保护,赋予劳动者在劳动合同选择方面的更大自主权。这两条实际上又是紧密相连的,因为在市场经济条件下对劳动者利益给予保护的一个重要方面,就是为他们提供较稳固的就业保障,而无固定期限的劳动合同显然有助于形成这样一种长期稳定的雇佣关系或就业状态。但是,问题也就由此产生了:这种以提倡稳定就业关系为导向的对劳动者利益的保护会不会以企业的利益损失为代价?进一步说,在维持稳定的就业关系条件下企业会不会因为缺乏调整劳动用工的灵活性而增加成本和降低效率？实际上，这也正是《劳动合同法》出台后人们产生疑虑最多、争论最激烈的问题。有人认为，以这种方式实行的对劳动者利益的保护可能要以企业的某种利益损失为代价。更有甚者，还有人认为这一条款的引入将意味着向传统就业体制的某种倒退，向已经基本被废弃的"铁饭碗"制度的"回归"。很明显，这些人的分析视角基本上限于新古典模式。当然，也有相当一部分人认为无固定期限劳动合同有利于构建和谐稳定的劳动关系，而这种和谐稳定的劳动关系不仅有利于员工，而且也有利于企业的发展。这种观点显然比上面两种观点更为可取，因为它看到了和谐稳定的劳动关系可以实现雇佣双方合作"双赢"的可能性。然而，导致这种合作"双赢"结果的深层经济机理到底是什么？

  本书的分析可以从人力资本理论的视角对《劳动合同法》特别是其中包含的无固定期限劳动合同问题给予解析，基本观点是：无固定期限劳动合同在适当的制度安排下可以为企业的人力资本开发奠定良好基础，而企业的人力资本则是企业经济效率乃至其核心竞争力的根本基础。因此，这种安排将不仅惠及员工，而且也会使企业受益，实现劳动者与企业双方的合作"双赢"。由此可以说，《劳动合同法》的意义绝不仅仅体现在对劳动者利益的保护上，更不意味着向什么传统就业体制的倒退，它实际上体现了一种从现代成熟的市场经济视角出发，运用法律手段规范健康有序的劳动关系，促使劳动者与企业实现合作"双赢"的政府的理性行为。

  如果从简单的新古典市场模式出发，必然会认为劳动用工制度越灵活，就越有效率。因为按照简单的新古典理论模式，市场调节就是短期现货市场上价格机制的调节，在完全信息、完全竞争以及无交易成本的假定下这种调节将自动实现市场出清和资源配置的均衡。就劳动市场而言，这将意味着供求双方的自发运动总能自动地保证工资等于劳动边际产品，实现充分就业均衡。而一旦超出短期市场调节，似乎就背离了市场体制。

  然而，如果跳出或超越简单的新古典模式，就会看到另一番景象。在现实中，市场是不完全的，交易双方信息往往是不对称的，从而市场机制的运作是有成本的。撇开市场并不能总是导致资源的充分利用不说，市场的自发调节也往往难以导致资源的有效配置。经济运行的自身理性必然在客观上要求新的制度安排来弥补和修正简单的自发市场调节机制的不足，企业以及与此相关的各种长期合约安排便是这种重要的调节机制，由此便产生了市场体制下制度安排的多样性。就劳动就业关系而言，这种制度安排的多样性突出地表现在各种短期与长期合约、较灵活与较稳固的雇佣关系同时并存的局面上。一般地，对于简单、均质的劳动力，由于其能力改善成本（人力投资的必要支出）与能力识别成本（企业筛选员工的成本）均较低，故短期的、灵活的甚至即用即雇的那种类似现货市场的调节机制将是最有效率的形式。然而，对于复杂、异质的劳动力，情况就不同了。一方面，这时产生了对于复杂劳动力的人力资本投资的客观要求，以及相应的成本费用要求，而根据前面所述，除非形成一种雇佣双方长期合作的制度框架，否则难以保证这种员工人力资本投资活动的有效进行，故从促进企业人力资本投资健康发展角度来说，长期且相对稳定的就业合约便成为一种最优制度安排。另一方面，面对异质的劳动力，企业的筛选成本也极大地增加了。劳动力资源的有效配置以及企业的高效运作客观上要求劳动力特质与企业工作岗位的合理匹配，而这又需要以企业对劳动力的特质主要是其能力、水平以及品行等的准确识别为前提。在信息不对称的条件下，为雇佣到一个合适而称职的员工，企业从开始的征募、筛选到最终的考核录用，可能要花费较高的搜寻、考核、筛选录用等成本，这里统称为筛选成本。不仅如此，这种筛选成本还将与雇佣合约期限的长短呈反方向变化：合约期限越长，就业关系越稳定，从而重新签约、重新筛选的次数越少，筛选成本便越低；反之，则刚好相反。因此，从节约筛选成本从而在广义上节约交易成本的角度来说，实行长期稳定的就业制度安排也是符合经济效率的要求的。

由此可见，无论是基于雇佣双方人力资本投资激励的客观需要，还是基于经济社会节约交易成本的内在要求，长期稳定的雇佣关系都是一种符合经济理性的必然选择，它反映了企业对于市场的某种替代，代表了市场经济体制下的一种特殊制度安排。实际上，第二次世界大战后日本多数企业盛行的"终身雇佣"制度，以及美国以及西方国家许多大、中型企业实行的"内部劳动力市场"制度，本质上都属于这种以长期合约为导向的特殊就业制度安排。所以，担心《劳动合同法》由于鼓励签订无固定期限劳动合同而可能导致向计划经济的就业体制的回归，是完全没有道理的。正确的结论应当是，《劳动合同法》非但不是向旧体制的回归，反而是向更成熟、完善的市场经济体制的迈进。

有人可能会问：在长期雇佣合约下，员工会不会因为有了较稳定的就业保障而滋生偷懒倾向，从而导致劳动投入的激励不足？回答应当是否定的。首先，长期雇佣合约的签订是以雇佣双方的理想匹配为前提条件的，而并非简单地将雇佣双方硬性地绑定在一起。企业在确定长期雇佣对象之前一定要经过充分的筛选，以确保那些真正能够与企业岗位匹配良好的员工被长期雇佣，这就从起点方面保证了员工投入的效率。例如，《劳动合同法》规定在同一单位连续工作满十年或连续订立二次固定期限劳动合同者可以签订无固定期限劳动合同，就体现了为企业留出的充分的筛选空间。其次，长期雇佣合约也并不是"终身制"和"铁饭碗"，稳定的雇佣关系也不等于"固定"、"僵化"的劳动关系，它也具有与员工个人绩效挂钩的调节机制。《劳动合同法》明确规定，只要存在解除劳动合同的法定情形，诸如员工严重违章、严重失职以及不能胜任工作且经过培训或者调整工作岗位仍不能胜任工作等，用人单位就可以依法解除无固定期限劳动合同。因此，所谓无固定期限劳动合同，绝不能简单地解释为"终身制"，它仍然允许企业有淘汰不称职者等辅助性制度安排。最后，除了上述起点与终点两方面的措施以外，长期雇佣合约通常还包含有一系列旨在防止随着就业保障增强而可能出现的激励强度弱化的相关配套性管理制度与措施，诸如企业内部的工作阶梯与晋升制度、岗位薪酬制度、年功工资制度等。这些管理制度与措施已成为现今发达国家实行长期雇佣合约的企业的惯例性制度安排，它们作为与短期合约下的高能市场激励明显不同的措施，有效地发挥着长期激励的功能。这样，通过完善企业内部的制度安排即企业内部劳动力市场的建构，既能把长期雇佣的优势发挥到极致，又能将长期雇佣下可能产生的某种程度的激励弱化降低到最小。

也有人可能会说：长期雇佣合约毕竟使企业在一定程度上丧失了调整劳动用工的灵活性，因而即使承认这种制度安排从长期看可以给企业带来好处，它在短期给企业带来的负面效应（比如劳动成本的刚性与企业财务调整灵活性的矛盾）也是不容忽视的，它将会给企业带来利益损失。这种说法实际上也是难以成立的。首先，长期稳定的雇佣合约并不意味着企业在任何时候和任何情况下都无条件地维系雇佣关系，因而严格来说企业并没有真正丧失调整劳动用工的灵活性。例如，《劳动合同法》就明确规定，企业不仅在面临生产经营严重困难的情况下可以自行裁员，甚至在由于转产、技术变革以及经营方式转变等因素导致就业规模需要调整时，也具有相机调整雇佣决策的权力。这实际上也体现了对于企业在市场经济条件下所拥有的自主用工权利的维护。因此，如果说《劳动合同法》对企业在劳动用工问题上有什么限制的话，那么只能说它限制了企业对于劳动用工的随意性，而并没有限制企业应当享有的自主性和灵活性。其次，即使承认企业这时丧失了一定的调整用工灵活性，也未必就意味着企业必然承担较大的刚性的劳动成本。道理很简单，企业的员工队伍是分层次的，并非所有员工都适合于长期雇佣的合约安排，一般地，只有那些核心或骨干员工适用于长期雇佣的合同条款。因此，即使承认长期稳定雇佣关系下的劳动成本具有刚性，那也只是相对于部分劳动成本而言的，而并非全部劳动成本的刚性。所以，它对于企业财务运转方面所造成的负面影响可能是相当有限的。再次，进一步说，即使承认劳动成本的这种刚性对于企业的负面影响是不容忽视的，那么它是否就一定意味着企业利益损失呢？显然，这里存在一个短期与长期的成本与收益互换或权衡的问题。企业的利益分为短期利益与长期利益，虽然二者从根本上说应当是一致的，但在某些特定条件下它们也可能是相互矛盾的。例如，当外部市场环境不景气时，企业的近期利益或盈利动机将要求对商业周期形势做出迅速调整，这种调整表现在劳动用工上便会出现裁员从而紧缩劳动成本。然而，如果这种裁员涉及核心或骨干员工，必然会损害企业长期发展的后劲，削弱其所需要的人力资本竞争力，并增加未来的人力投资成本与筛选成本。反之，如果企业在上述环境下努力维系雇佣关系的稳定性，对劳动用工（主要是对于核心或骨干员工）不做或尽量少做大的调整，虽然在短期可能会面临某种财务困难或利益损失，但是却保证了长期发展的利益，而长期利益则是保证企业在市场竞争中拥有长盛不衰之生命力的主要条件。因此，从长期、总体角度看，长期稳定的雇佣关系对企业必然是有利的。这也正是现实中一些经营有方、业绩出色的企业通常总是善待员工，并不轻易裁员，即使面临外部不景气的经济环境也往往致力于通过改进管理、创新技术、节约其他方面开支来消化成本负担的主要经济原因。

因此，长期稳定的雇佣关系作为市场经济体制下的一种已经比较成熟的制度安排，是符合企业的经济效率要求特别是其长期的经济效率要求的。但是，作为经济人主体的企业既不能拥有完全信息，也不具有完全理性，由此导致劳动力市场的自由合约制度并非总是有效率的，尤其是在我国劳动合同普遍短期化的现实情况下，人为力量的干预就不可缺少了。本书第六章第三节已经指出，由工会推进与通过行政法律来诱导或规范是推动稳定雇佣关系建立的两种有效途径。但是我国的工会具有不同于西方国家工会的特殊性，目前尚难以真正履行进行谈判以争取员工拥有稳定工作环境的职能。在这种情况下，政府的法律规制行为就显得特别重要。通过法律手段来推动已经被证明为有效的制度的建设，纠正和限制企业雇佣关系中的短期化倾向，促进雇佣双方的长期合作，在中国现阶段是一种行之有效的制度变迁方式。由此可以从根本上将企业的人力投资与职业培训引入良性运行轨道，彻底解决劳动力市场中技能人才短缺的严重问题。由是观之，《劳动合同法》意义重大，而其中包含的无固定期限劳动合同条款意义尤其深远，这是我国进行就业体制改革走出的重要一步。

可以说，从单纯的短期外部市场调节向内、外部市场相结合的长期合约调节演变是就业体制改革发展的必然趋势，也是成熟市场经济国家的核心经验所在。成熟的市场经济既需要灵活、富有弹性的现货市场的调节机制，也需要长期、稳定的制度安排。长期稳定的雇佣关系就是成熟的市场体制下的一种稳定的有效制度安排。不论我们是否意识到这一点，这个过程迟早会发生。只是如果我们认识得早，在政策上及时实施有效的引导，可能会避免一些不必要的曲折，这就需要政府引导和规制企业真正完成内部治理制度变革与完善。

第二节 研究空间展望

限于能力和精力，本书仅对企业工资合约的设定与专用性人力资本投资问题进行了一定程度的探索。本书关于企业工资和人力资本问题的研究只是冰山一角，希望能为企业相关人事制度的设定、政府及相关部门在政策上的有效引导提供一定的参考和依据，并通过完善不完全合约理论及其在人事管理经济学领域的应用，能够扩展相关课题的研究空间，为后续的研究奠定坚实的基础。

实际上，企业工资合约的设定与专用性人力资本投资问题远非本书涉及的内容和范围，还存在一些需要进一步研究、改进和补充的问题。

第一，为了集中研究人力资本投资问题，本书在分析中没有考虑任何代理问题，排除了偷懒这一道德风险。然而，如何激励雇员努力工作也是企业进行工资合约设定时所着重考虑的问题。因此，如果综合考虑人力资本投资问题与道德风险问题来探讨企业工资合约的设定，可以得到更为丰富的含义，是一个可以考虑的未来方向。

第二，为了简化分析，避免雇员职业生涯发展中晋升的序列和动态性问题，本书分析采用的是标准的两阶段模型，假定雇员仅投资一次，而非连续的、动态的，晋升决策只能在所有投资完成后进行。然而实际上，在雇员的职业生涯中，投资是持续的，且晋升也不只限于一次，投资与晋升通常是交错的。本书虽然考虑了雇主与多个雇员的重复博弈中关系合约的有效性，却没有考虑雇主与单个雇员多阶段的重复博弈。因此，有待将模型进一步扩展到动态投资的情况，考虑到专用性人力资本投资的持续性，代理人能够进行跨时动态投资，这种基于声誉的关系合约的有效性。

第三，从经验研究方面看，由于企业层面人事数据获得困难，对成熟市场经济中企业的晋升方式以及工资设定等人事政策研究的数据只能来自于文献研究。本书对中国企业的研究也仅限于一家大型国有企业，且缺乏每年（或每几年）雇员工作变动情况的大样本详细统计数据，其中一部分原因是企业本身对这方面数据的统计工作做得不够，没有对雇员的工作变动、进入与退出做追踪调查与统计，这也是以后可以进一步做的工作。如果能够获取更丰富的人事数据，对中国多种类型企业对不同类型雇员所采取的工资制度、晋升规则等人事政策进行更深入的经验分析，应该能够为中国转轨经济中企业工资制度的理论与实践提供更多的启示。

参考文献

[1] 博尔顿、德瓦特里庞：《合同理论》，费方域等译，格致出版社、上海三联书店、上海人民出版社2008年版。

[2] 费方域：《企业的产权分析》，格致出版社、上海三联书店、上海人民出版社2009年版。

[3] 弗鲁博顿、芮切特：《新制度经济学——一个交易费用分析范式》，姜建强等译，上海三联书店、上海人民出版社2007年版。

[4] 哈特：《企业、合同与财务结构》，费方域译，格致出版社、上海三联书店、上海人民出版社2008年版。

[5] 黄金芳、孙杰：《现代企业组织激励理论新进展研究》，人民邮电出版社2010年版。

[6] 黄凯南：《不完全合同理论的新视角——基于演化经济学的分析》，《经济研究》2012年第2期。

[7] 蒋士成、费方域：《从事前效率问题到事后效率问题——不完全同理论的几类经典模型比较》，《经济研究》2008年第8期。

[8] 科斯、哈特、斯蒂格利茨等：《契约经济学》，李风圣等译，经济科学出版社2003年版。

[9] 科斯、诺思、威廉姆森等：《制度、契约与组织——从新制度经济学角度的透视》，刘刚等译，经济科学出版社2005年版。

[10] 李晓颖、张凤林：《专用性人力资本投资与工资合约——引入不对称信息的"敲竹杠"模型》，《经济评论》2010年第3期。

[11] 李晓颖、张凤林：《基于公平心理偏好的投资博弈——"敲竹杠"问题的一个行为解决》，《经济评论》2012年第1期。

[12] 李晓颖、张凤林：《双重晋升层级、声誉与雇员专用性技能获得》，《经济评论》2013年第3期。

[13] 聂辉华：《声誉、契约与组织》，中国人民大学出版社2009年版。

[14] 聂辉华：《对中国深层次改革的思考：不完全契约的视角》，《国际经济评论》2011年第1期。
[15] 青木昌彦、奥野正宽：《经济体制的比较制度分析》，魏加宁等译，中国发展出版社2005年版。
[16] 青木昌彦：《企业的合作博弈理论》，郑江淮等译，中国人民大学出版社2005年版。
[17] 威廉姆森：《资本主义经济制度：论企业签约与市场签约》，段毅才等译，商务印书馆2002年版。
[18] 威廉姆森、温特：《企业的性质——起源、演变和发展》，姚海鑫等译，商务印书馆2007年版。
[19] 韦倩：《纳入公平偏好的经济学研究：理论与实证》，《经济研究》2010年第9期。
[20] 徐细雄：《参照点契约理论：不完全契约理论的行为与实验拓展》，《外国经济与管理》2012年第11期。
[21] 徐斌：《不完全契约、专用性投资与纵向一体化》，《经济经纬》2013年第1期。
[22] 杨宏力：《不完全契约理论前沿进展》，《经济学动态》2012年第1期。
[23] 杨其静：《企业家的企业理论》，中国人民大学出版社2005年版。
[24] 杨瑞龙、杨其静：《企业理论：现代观点》，中国人民大学出版社2009年版。
[25] 杨瑞龙、聂辉华：《不完全契约理论：一个综述》，《经济研究》2006年第2期。
[26] 张凤林、代英姿：《西方内部劳动力市场理论述评》，《经济学动态》2003年第7期。
[27] 张凤林、李晓颖：《无定期劳动合同促进雇佣双方合作双赢的思考——对〈劳动合同法〉的一种人力资本视角分析》，《辽宁大学学报》2010年第1期。
[28] 张凤林：《人力资本理论及其应用研究》，商务印书馆2006年版。
[29] 张凤林：《工资制度选择的经济机理：一种二维人力资本视角的分析》，《经济学家》2008年第4期。
[30] 张凤林：《为什么计件工资并不具有普遍适用性？——关于企业薪

酬形式选择的经济学分析》，《南开经济研究》2008 年第 6 期。

[31] 周其仁：《市场里的企业：一个人力资本与非人力资本的特别合约》，《经济研究》1996 年第 6 期。

[32] 左双喜：《企业人力资本专用性投资研究——基于博弈论视角》，《西安财经学院学报》2010 年第 1 期。

[33] Abraham, K. and J. Medoff, "Length of Service and Promotions in Union and Nonunion Workgroups", *Industrial and Labor Relations Review*, Vol. 38, No. 3, 1985.

[34] Abraham, K. and H. Farber, "Job Duration, Seniority, and Earnings", *American Economic Review*, Vol. 77, No. 3, 1987.

[35] Acemoglu, D. and S. Pischke, "The Structure of Wages and Investment in General Traning", *Journal of Political Economy*, Vol. 107, No. 3, 1999.

[36] Agell, J. and P. Lundborg, "Theories of Pay and Unemployment: Survey Evidence from Swedish Manufacturing Firms", *Scandinavian Journal of Economics*, XCVII, 1995.

[37] Aghion, P., M. Dewatripont and P. Rey, "Renegotiation Design with Unverifiable Information", *Econometrica*, Vol. 62, No. 2, 1994.

[38] Akerlof, G., "Labor Contracts as a Partial Gift Exchange", *Quarterly Journal of Economics*, Vol. 97, No. 4, 1982.

[39] Alchian, A. and H. Demsetz, "Production, Information Costs, and Economic Organization", *American Economic Review*, Vol. 62, No. 5, 1972.

[40] Anderlini, L., L. Felli and A. Postlewaite, "Courts of Law and Unforeseen Contingencies", *Journal of Law, Economics, and Organization*, Vol. 23, No. 3, 2007.

[41] Anderlini, L., L. Felli and A. Postlewaite, *Should Courts Always Enforce What Contracting Parties Write?* University of Pennsylvania, Institute for Law & Economics Research Paper, No. 06-24, 2006.

[42] Anderson, F., "Career Concern, Contracts and Effort Distortions", *Journal of Labor Economics*, Vol. 20, No. 1, 2002.

[43] Ariga, K., G. Brunello and Y. Ohkusa, *Internal Labor Markets in Japan*, Cambridge: Cambridge University Press, 2000.

[44] Arrow, K., "The Economics of Agency", in Pratt, J. W. and R. Zeckhauser, eds. *Principals and Agents: The Structure of Business*, Boston: Harvard Business School Press, 1985.

[45] Azariadis, C., "Implicit Contracts and Underemployment Equilibria", *Journal of Political Economy*, Vol. 83, No. 6, 1975.

[46] Baily, M., "Wage and Employment under Uncertain Demand", *Review and Economic Studies*, Vol. 41, No. 1, 1974.

[47] Baker, G., "Incentive Contracts and Performance Measurement", *Journal of Political Economics*, Vol. 100, No. 3, 1992.

[48] Baker, G., M. Gibbs and B. Holmstrom, "The Wage Policy of a Firm", *Quarterly Journal of Economics*, Vol. 109, No. 4, 1994.

[49] Baker, G., M. Jensen and K. Murphy, "Compensation and Incentives: Practice vs Theory", *Journal of Finance*, Vol. 43, No. 3, 1988.

[50] Baker, G., R. Gibbons and K. Murphy, "Relational Contract and the Theory of the Firm", *Quarterly Journal of Economics*, Vol. 117, No. 1, 2002.

[51] Baker, G., R. Gibbons and K. Murphy, "Subjective Performance Measures in Optimal Incentive Contracts", *Quarterly Journal of Economics*, Vol. 109, No. 4, 1994.

[52] Barzel, Y., "An Economic Analysis of Slavery", *Journal of Law and Economics*, Vol. 17, No. 1, 1977.

[53] Beal, E., E. Wickersham and P. Kienast, *The Practice Collective Bargaining*, Homewood, Illinois: Richard D. Irwin, 1976.

[54] Becker, G. S. and G. Stigler, "Law Enforcement, Malfeasance and Compensation of Enforcers", *Journal of Legal Studies*, Vol. 3, No. 1, 1974.

[55] Becker, G. S., *Human Capital: A Theoretical and Empirical Analysis, with Special Reference to Education*, New York: National Bureau of Economic Research, 1964.

[56] Bewley, T. F., "A Depressed Labor Market as Explained by Participants", *American Economic Review*, Vol. 85, No. 2, 1995.

[57] Blair, D. and D. Crawford, "Labor Union Objectives and Collective Bargaining", *Quarterly Journal of Economics*, Vol. 99, No. 3, 1984.

[58] Blair, M., "Firm – Specific Human Capital and Theories of the Firm", in Blair, M. and M. Roe, eds. *Employees and Corporate Governance*, Washington: Brookings Institution Press, 1999.

[59] Blanchflower, D. and A. Bryson, *Changes over Time in Union Relative Wage Effects in the UK and the US Revisited*, NBER Working Paper, No. 9395, 2002.

[60] Blau, P. M. and R. W. Scott, *Formal Organizations*, San Francisco: Chandler Publishing Company, 1962.

[61] Blinder, A. S. and D. H. Choi, "A Shred of Evidence on Theories of Wage Stickiness", *Quarterly Journal of Economics*, Vol. 55, No. 4, 1990.

[62] Booth, A. and G. Zoega, "Do Quits Cause Under – Training?" *Oxford Economic Paper*, Vol. 51, No. 2, 1999.

[63] Brown, W. and M. Terry, "The Changing Nature of National Wage Agreements", *Scottish Journal of Political Economy*, Vol. 25, No. 2, 1978.

[64] Brousseau, E. and M. Fares, "Incomplete Contracts and Governance Structures: Are Incomplete Contract Theory and New – Institutional Economics Substitutes or Complements?" in Ménard, C., eds. *Institutions, Contracts and Organizations: Perspectives from New – Institutional Economics*, Northampton, MA: Edward Elgar Publishing, 2000.

[65] Bull, C., "The Existence of Self – Enforcing Implicit Contracts", *Quarterly Journal of Economics*, Vol. 102, No. 1, 1987.

[66] Buzard, K. and J. Watson, "Contract, Renegotiation and Holdup: Results on the Technology of Trade and Investment", *Theoretical Economics*, Vol. 7, No. 2, 2012.

[67] Camerer, C. F. and R. Thaler, "Anomalies: Dictators, Ultimatums and Manners", *Journal of Economic Perspectives*, Vol. 9, No. 2, 1995.

[68] Campbell, C. M. and K. S. Kamlani, "The Reasons for Wage Rigidity: Evidence from a Survey of Firms", *Quarterly Journal of Economics*, Vol. 112, No. 3, 1997.

[69] Cappelli, P., *Why do Firms Pay for College?* NBER Working Paper, No. 9225, 2002.

[70] Carmichael, L. and W. B. MacLeod, "Caring about Sunk Costs: A

Behavioral Solution to Holdup Problems with Small Stakes", *Journal of Law, Economics, and Organization*, Vol. 19, No. 1, 2003.

[71] Carmichael, L., "Firm – Specific Human Capital and Promotion Ladders", *Bell Journal of Economics*, Vol. 14, No. 1, 1983.

[72] Casas – Arec, P. and T. Kittsteiner, "Opportunism and Incomplete Contracts", *Working Paper in Economics*, 2010.

[73] CESifo, "CESifo's Database for Institutional Comparisons in Europe (DICE)", 2006, http://www.cesifo-group.de/portal/page/portal/ifoHome.

[74] Chandler, A. J., *The Visible Hand: The Managerial Revolution in American Business*, Cambridge: Harvard University Press, 1977.

[75] Chaykowski, R. and G. Slotsve, "Union Seniority Rules as a Determinant of Intra – Firm Job Changes", *Industrial Relations*, Vol. 41, No. 4, 1986.

[76] Chaykowski, R. and G. Slotsve, *Wage Compensation and Mobility Patterns within Unionized Firms: The Role of Internal Labor Markets*, Working Paper No. 2100-88, Alfred P. Sloan School of Management, 1988.

[77] Cheung, S., "The Contractual Nature of the Firm", *Journal of Law and Economics*, Vol. 26, No. 1, 1983.

[78] Cheung, S., *The Theory of Share Tenancy: With Special Application to Asian Agriculture and the First Phase of Taiwan Land Reform*, Chicago: University of Chicago Press, 1969.

[79] Chisholm, D., "Profit – Sharing Versus Fixed – Payment Contracts: Evidence from the Motion Pictures Industry", *Journal of Law, Economics, and Organization*, Vol. 13, No. 1, 1997.

[80] Chiu, Y., "Non – cooperative Bargaining, Hostages and Optimal Asset Ownership", *American Economic Review*, Vol. 88, No. 4, 1998.

[81] Chung, T., "Incomplete Contracts, Specific Investments, and Risk – Sharing", *Review of Economic Studies*, Vol. 58, No. 5, 1991.

[82] Coase, R., "The Nature of the Firm", *Economica*, Vol. 4, No. 16, 1937.

[83] Commons, J., *Institutional Economics: Its Place in Political Economy*, New York: MacMillan, 1934.

[84] Commons, J., *The Economics of Collective Action*, New York: Macmillan, 1950.

[85] Crawford, V., "Long – term Relationships Governed by Short – term Contracts", *American Economic Review*, Vol. 78, No. 3, 1988.

[86] Bahl, C. M., D. le Maire and J. R. Munch, "Wage Dispersion and Decentralization of wage", *Journal of Labor Economics*, Vol. 31, No. 3. 2013.

[87] Davies, P. and M. Freedland, *Labor Law: Text and Materials*, London: Weidenfeld and Nicolson, 1979.

[88] Dell'Aringa, C., C. Lucifora, N. Orlando and E. Cottini, *Bargaining Structure and Intra – Establishment Pay Inequality in four European Countries: Evidence from Matched Employer – Employee Data*, PIEP Working Paper, London School of Economics, London, 2004.

[89] De Meza, D. and B. Lockwood, "Does Asset Ownership Always Motivate Managers? Outside Options and the Property Rights Theory of the Firm", *Quarterly Journal of Economics*, Vol. 113, No. 2, 1998.

[90] Demsetz, H., "The Theory of the Firm Revisited", in Williamson, O. and S. Winter, eds. *The Nature of The Firm*, Cambridge: Cambridge University Press, 1991.

[91] Demsetz, H., "Toward a Theory of Property Rights", *American Economic Review*, Vol. 57, No. 2, 1967.

[92] Dickens, W. and K. Lang, "Labor Market Segmentation Theory: Reconsidering the Evidence", in Darity, W., eds. *Labor Economics: Problems in Analyzing Labor Markets*, Boston: Kluwer Academic, 1993.

[93] Doeringer, P. B. and M. J. Piore, *Internal Labor Markets and Manpower Analysis*, Lexington, Mass: D. C. Heath, 1971.

[94] Dore, R., *Britishi Factory – Japanese Factory*, London: George Allen & Unwin, 1973.

[95] Drèze, J., "Work Sharing: Why? How? How Not?" in Layard, R. and L. Calmfors, eds. *The Fight against Unemployment*, Cambridge: MIT Press, 1987.

[96] Dufty, N., *Changes in Labour – Management Relations in the Enterprise*,

Paris: Organization for Economic Cooperation & Development, 1975.

[97] Dunlop, J., "Job Vacancy: Measures and Economic Analysis" in National Bureau of Economic Research, eds. *The Measurement and Interpretation of Job Vacancies: A Conference Report*, New York: Columbia University Press, 1966: 27 –47.

[98] Dunlop, J., "The Task of Contemporary Wage Theory", in Taylor, G. W. and F. C. Pierson, eds. *New Concepts in Wage Determination*, New York: McGraw – Hill, 1957.

[99] Dye, R., "Costly Contract Contingencies", *International Economic Review*, Vol. 26, No. 1, 1985.

[100] Edlin, A. and S. Reichelstein, "Holdups, Standard Breach Remedies and Optimal Investment", *American Economic Review*, Vol. 86, No. 3, 1996.

[101] Eggleston, K., E. Posner and R. Zeckhauser, *Simplicity and Complexity in Contracts*, University of Chicago Working Papers in Law and Economics, No. 93, 2000.

[102] Eisenberg, M., *The Structure of the Corporation*, Boston: Little, Brown, 1976.

[103] Emerson, M., "Regulation or Deregulation of the Labor Market", *European Economic Review*, Vol. 32, No. 4, 1988.

[104] Estrin, S., P. Grout, S. Wadhwani, S. J. Nickell and M. King, "Profit Sharing and Employee Share Ownership", *Economic Policy*, Vol. 2, No. 4, 1987.

[105] Fairburn, J. and J. Malcomson, "Performance, Promotion, and the Peter Principle", *The Review of Economic Studies*, Vol. 68, No. 1, 2001.

[106] Faith, R. and J. Reid, "An Agency Theory of Unionism", *Journal of Economic Behavior and Organization*, Vol. 8, No. 1, 1987.

[107] Fama, E., "Agency Problems and the Theory of the Firm", *Journal of Political Economy*, Vol. 88, No. 2, 1980.

[108] Fehr, E., O. Hart and C. Zehnder, "Contracts, Reference Points, and Competition – Behavioral Consequences of the Fundamental Transformation", *Journal of European Economic Association*, Vol. 7, No.

2 - 3, 2009.

[109] Fehr, E., O. Hart and C. Zehnder, "Contracts as Reference Points—Experimental Evidence", *American Economic Review*, Vol. 101, No. 2, 2011.

[110] Fehr, E. and S. Gächter, "Fairness and Retaliation: The Economics of Reciprocity", *Journal of Economic Perspectives*, Vol. 14, No. 3, 2000.

[111] Fehr, E., G. Kirchsteiger and A. Riedl, "Does Fairness Prevent Market Clearing? An Experimental Investigation", *Quarterly Journal of Economics*, Vol. 108, No. 2, 1993.

[112] Flanagan, R., "Workplace Public Goods and Union Organization", *Industrial Relations*, Vol. 22, No. 2, 1983.

[113] Freeman, R. and E. Lazear, "An Economic Analysis of Works Councils", in Rogers, J. and W. Streeck, eds. *Works Councils*, Chicago: University of Chicago Press, 1995.

[114] Freeman, R. and J. Medoff, "The Two Faces of Unionism", *Public Interest*, No. 57, 1979.

[115] Freeman, R. and J. Medoff, *What do unions do?* New York: Basic Books, 1984.

[116] Freeman, R., "Unionism and the Dispersion of Wages", *Industrial and Labor Relations Review*, Vol. 34, No. 1, 1980.

[117] Gächter, S. and A. Falk, "Reputation and Reciprocity: Consequences for the Labor Relation", *Scandinavian Journal of Economics*, Vol. 104, No. 1, 2002.

[118] Gantner, A., W. Güth, and M. Konigstein, "Equitable Choices in Bargaining Games with Joint Production", *Journal of Economic Behavior and Organization*, Vol. 46, No. 2, 2001.

[119] Gehlbach, S., "The Consequences of Collective Action: An Incomplete - Contracts Approach", *American Journal of Political Science*, Vol. 50, No. 3, 2006.

[120] Gibbons, R. and L. Katz, "Does Unmeasured Ability Explain Inter - Industry Wage Differentials", *Review of Economic Studies*, Vol. 59, No. 2, 1992.

[121] Gibbons, R. and M. Waldman, "A Theory of Wage and Promotion Dynamics Inside Firms", *Quarterly Journal of Economics*, Vol. 114, No. 4, 1999.

[122] Gibbons, R., *Incentives and Careers in Organizations*, NBER Working Paper 5705, 1996.

[123] Gibbs, M. and W. Hendricks, *Are Administrative Pay Systems a Veil?* Mimeo, University of Illinois, 1996.

[124] Gibbs, M., "Incentive Compensation in a Corporate Hierarchy", *Journal of Accounting and Economics*, Vol. 19, No. 2, 1995.

[125] Gordon, A., *The Evolution of Labor Relations in Japan: Heavy Industry, 1983 – 1955*, Cambridge: Harvard University Press, 1985.

[126] Gosling, A. and S. Machin, "Trade Unions and the Dispersion of Earnings in British Establishments, 1980 – 1990", *Oxford Bulletin of Economics & Statistics*, Vol. 57, No. 2, 1995.

[127] Green, J. and N. Stokey, "A Comparison of Tournaments and Contracts", *Journal of Political Economy*, Vol. 91, No. 3, 1983.

[128] Grossman, G., "Union Wages, Temporary Layoffs, and Seniority", *American Economic Review*, Vol. 73, No. 3, 1983.

[129] Grossman, S. and O. Hart, "The Costs and Benefits of Ownership: A Theory of Vertical and Lateral Integration", *Journal of Political Economy*, Vol. 94, No. 4, 1986.

[130] Grout, P., "Investment and Wages in the Absence of Binding Contracts: A Nash Bargaining Approach", *Econometrica*, Vol. 52, No. 2, 1984.

[131] Güth, W., R. Schmittberger and B. Scwhwarze, "An Experimental Analysis of Ultimatum Bargaining", *Journal of Economic Behavior and Organization*, Vol. 3, No. 4, 1982.

[132] Hackett, S., "Incomplete Contracting: A Laboratory Experimental Analysis", *Economic Inquiry*, Vol. 31, No. 2, 1993.

[133] Hall, R. and E. P. Lazear, "The Excess Sensitivity of Layoffs and Quits to Demand", *Journal of Labor Economics*, Vol. 2, No. 2, 1984.

[134] Hall, R., "The Importance of Lifetime Jobs in the U. S. Economy",

American Economic Review, Vol. 72, No. 4, 1982.

[135] Halonen, M., "Reputation and the Allocation of Ownership", *The Economic Journal*, Vol. 112, No. 481, 2002.

[136] Hara, H. and D. Kawaguchi, "The Union Wage Effect in Japan", *Industrial Relations*, Vol. 47, No. 4, 2008.

[137] Harbring, C. and B. Irlenbusch, "An Experimental Study on Tournament Design", *Labour Economics*, Vol. 10, No. 4, 2003.

[138] Harbring, C. and B. Irlenbusch, "How Many Winners are Good to Have? On Tournaments with Sabotage", *Journal of Economic Behavior and Organization*, Vol. 65, No. 3–4, 2008.

[139] Hart, O. and J. Moore, "Contracts as Reference Points", *Quarterly Journal of Economics*, Vol. 123, No. 1, 2008.

[140] Hart, O. and J. Moore, "Incomplete Contracts and Renegotiation", *Econometrica*, Vol. 56, No. 4, 1988.

[141] Hart, O. and J. Moore, "Property Rights and the Nature of the Firm", *Journal of Political Economy*, Vol. 98, No. 6, 1990.

[142] Hashimoto, M., "Firm–Specific Human Capital as a Shared Investment", *American Economic Review*, Vol. 71, No. 3, 1981.

[143] Hayek, F., *1980s Unemployment and the Unions*, Institute for Economic Affairs Hobart Paper 87, 1980.

[144] Hirschman, A., *Exit, Voice and Loyalty*, Cambridge: Harvard University Press, 1970.

[145] Holmstrom, B. and P. Milgrom, "Multitask Principal–Agent Analyses: Incentive Contracts, Asset Ownership, and Job Design", *Journal of Law, Economics, and Organization*, Vol. 7 (Special Issue), 1991.

[146] Holmstrom, B., "Moral Hazard and Observability", *Bell Journal of Economics*, Vol. 10, No. 1, 1979.

[147] Holmstrom, B., "Moral Hazard in Teams", *Bell Journal of Economics*, Vol. 13, No. 2, 1982.

[148] Ishiguro, S., "Collusion and Discrimination in Organizations", *Journal of Economic Theory*, Vol. 116, No. 2, 2004.

[149] Jacobson, L., R. Lalonde and D. Sullivan, "Earnings Losses of Dis-

[149] placed Workers", *American Economic Review*, Vol. 83, No. 4, 1993.

[150] Jacoby, S., "The New Institutionalism: What Can It Learn from the Old?" *Industrial Relations*, Vol. 29, No. 2, 1990.

[151] Jensen, M. C. and W. H. Meckling, "Theory of the Firm: Managerial Behavior, Agency Costs and Ownership Structure", *Journal of Financial Economics*, Vol. 3, No. 4, 1976.

[152] Joskow, P., "Vertical Integration and Long Term Contracts", *Journal of Law, Economics and Organization*, Vol. 1, No. 1, 1985.

[153] Jovanovic, B. and Y. Nyarko, *Stepping Stone Mobility*, Carnegie – Rochester Conference Series for Public Policy, Vol. 46, No. 1, 1997.

[154] Jovanovic, B., "Job Matching and the Theory of Turnover", *Journal of Political Economy*, Vol. 87, No. 5, 1979.

[155] Kahn, C. and G. Huberman, "Two – Sided Uncertainty and "Up – or – Out" Contracts", *Journal of Labor Economics*, Vol. 6, No. 4, 1988.

[156] Kahn, L. and P. Sherer, "Contingent Pay and Managerial Performance", *Industrial and Labor Relations Review*, Vol. 43, No. 3, 1990.

[157] Kahneman, D., J. L. Knetsch, and R. Thaler, "Fairness as a Constraint on Profit Seeking: Entitlements in the Market", *American Economic Review*, Vol. 76, No. 4, 1986.

[158] Katz, L. and L. Summers, *Industry Rents: Evidence and Implications*, Brookings Papers on Economic Activity: Microeconomics, 1989.

[159] Kaufman, B., "Emotional Arousal as a Source of Bounded Rationality", *Journal of Economic Behavior and Organization*, Vol. 38, No. 1, 1999.

[160] Kerr, C., "The Balkanization of Labor Markets", in Bakke, E. W. et al., eds. *Labor Mobility and Economic Opportunity*, Cambridge: MIT Press, 1954.

[161] Klein, B. and K. Leffler, "The Role of Market Forces in Assuring Contractual Performance", *Journal of Political Economy*, Vol. 89, No. 4, 1981.

[162] Klein, B., "Transaction Cost Determinants of 'Unfair' Contractual Arrangements", *American Economic Review*, Vol. 70, No. 2, 1980.

[163] Klein, B., R. Crawford and A. Alchian, "Vertical Integration, Appropriable Rents and the Competitive Contracting Process", *Journal of*

Law and Economics, Vol. 21, No. 2, 1978.

[164] Konigstein, M., *Equity, Efficiency and Evolutionary Stability in Bargaining Games with Joint Production*, Lecture Notes in Economics and Mathematical Systems, Springer: Berlin, 2000.

[165] Kreps, D., "Corporate Culture and Economic Theory", in Alt, J. and K. Shepsle, eds. *Perspectives on Positive Political Economy*, Cambridge: Cambridge University Press, 1990.

[166] Kreps, D. M. and R. Wilson, "Reputation and Imperfect Information", *Journal of Economic Theory*, Vol. 27, No. 2, 1982.

[167] Krueger, A. and L. Summers, "Efficiency Wages and Inter–Industry Wages Structure", *Econometrica*, Vol. 56, No. 2, 1988.

[168] Kruse, D., "Profit Sharing and Productivity: Microeconomic Evidence from the United States", *The Economic Journal*, Vol. 102, No. 410, 1992.

[169] Kuhn, P. and A. Sweetman, "Vulnerable Seniors: Unions, Tenure, and Wages Following Permanent Job Loss", *Journal of Labor Economics*, Vol. 17, No. 4, 1999.

[170] Lazear, E., "Agency, Earnings Profiles, Productivity, and Hours Restrictions", *American Economic Review*, Vol. 71, No. 4, 1981.

[171] Lazear, E. and S. Rosen, "Rank–Order Tournaments as Optimum Labor Contracts", *Journal of Political Economy*, Vol. 89, No. 5, 1981.

[172] Lazear, E., *Firm–Specific Human Capital: A Skill–Weights Approach*, NBER Working Paper, No. 9679, 2003.

[173] Lazear, E., "Job Security Provisions and Employment", *Quarterly Journal of Economics*, Vol. 105, No. 3, 1990.

[174] Lazear, E., "Pay Equality and Industrial Politics", *Journal of Political Economy*, Vol. 97, No. 3, 1989.

[175] Lazear, E., "Performance Pay and Productivity", *American Economic Review*, Vol. 90, No. 5, 2000.

[176] Lazear, E., *Personnel Economics: Past Lessons and Future Directions*, NBER Working Paper, No. 6957, 1999.

[177] Lazear, E., "Why is There Mandatory Retirement?", *Journal of Po-

litical Economy, Vol. 87, No. 6, 1979.

[178] Leibenstein, H. , "Allocative Efficiency vs 'X – Efficiency' ", American Economic Review, Vol. 56, No. 3, 1966.

[179] Leibenstein, H. , "The Prisoners' Dilemma in the Invisible Hand: An Analysis of Intrafirm Productivity", American Economic Review, Vol. 72, No. 2, 1982.

[180] Lester, R. , Company Wage Policies: A Survey of Patterns and Experience, Princeton: Princeton University Press, 1948.

[181] Levin, J. , "Relational Incentive Contracts", American Economic Review, Vol. 93, No. 3, 2003.

[182] Levine, D. , Reinventing the Workplace, Washington D. C. : Brookings Institution, 1995.

[183] Lewis, H. , Union Relative Wage Effects: A Survey, Chicago: Chicago University Press, 1986.

[184] Lima, F. , Internal Labor Markets: A Case Study, FEUNL Working Paper Series, No. 378, 2000.

[185] Livernash, E. , "The Internal Wage Structure", in Taylor, G. W. and F. C. Pierson, eds. New Concepts in Wage Determination, New York: McGraw – Hill, 1957.

[186] Ma, C. , "Unique Implementation of Incentive Contracts with Many Agents", Review of Economic Studies, Vol. 55, No. 4, 1988.

[187] Macaulay, S. , "Non – Contractual Relations in Business: A Preliminary Study", American Sociological Review, Vol. 28, No. 1, 1963.

[188] MacLeod, W. B. and J. M. Malcomson, "Implicit Contracts, Incentive Compatibility, and Involuntary Unemployment", Econometrica, Vol. 57, No. 2, 1989.

[189] Malcomson, J. M. , "Contracts, Hold – Up, and Labor Markets", Journal of Economic Literature, Vol. 35, No. 4, 1997.

[190] Malcomson, J. M. , "Work Incentives, Hierarchy, and Internal Labor Markets", Journal of Political Economy, Vol. 92, No. 3, 1984.

[191] Mas – Colell, A. , et al. Microeconomic Theory, New York: Oxford University Press, 1995.

[192] Maskin, E. and J. Moore, "Implementation and Renegotiation", *Review of Economic Studies*, Vol. 66, No. 1, 1999.

[193] Masten, S. E., J. W. Meehan and E. A. Snyder, "Vertical Integration in the U. S. Auto Industry: A Note on the Influence of Transaction Specific Assets", *Journal of Economic Behavior and Organization*, Vol. 12, No. 2, 1989.

[194] McCue, K, "Promotions and Wage Growth", *Journal of Labor Economics*, Vol. 14, No. 2, 1996.

[195] Mclaughlin, K. J., "Rigid Wages?", *Journal of Monetary Economics*, Vol. 34, No. 3, 1994.

[196] Medoff, J. and K. Abraham, "Experience, Performance, and Earnings", *Quarterly Journal of Economics*, Vol. 95, No. 4, 1980.

[197] Meij, J., *Internal Wage Structure*, Amsterdam: North – Holland Publishing Co., 1963.

[198] Miller, G. J., *Managerial Dilemmas: The Political Economy of Hierarchy*, Cambridge: Cambridge University Press, 1992.

[199] Minford, P., *Unemployment: Cause and Cure*, London: Martin Robertson, 1983.

[200] Mirrlees, J., "The Optimal Structure of Incentives and Authority within an Organization", *Bell Journal of Economics*, Vol. 7, No. 1, 1976.

[201] Monteverde, K. and D. Teece, "Appropriable Rents and Quasi – Vertical Integration", *Journal of Law and Economics*, Vol. 25, No. 2, 1982a.

[202] Monteverde, K. and D. Teece, "Supplier Switching Costs and Vertical Integration in the Automobile Industry", *Bell Journal of Economics*, Vol. 13, No. 1, 1982b.

[203] Moore, J. and R. Repullo, "Subgame Perfect Implementation", *Econometrica*, Vol. 56, No. 5, 1988.

[204] Moore, J., "Implementation in Environments with Complete Information", in Laffont, J. eds. *Advances in Economic Theory*, Cambridge: Cambridge University Press, 1992.

[205] Moss, L. et al., *A Transaction Cost Economics and Property Rights Theory Approach to Farmland Lease Preferences*, American Agricultural

Economics Association Annual Metting, August, 5 – 8, Chicago, Illinois, No. 20537, 2001.

[206] Mukherjee, A. *Skill Acquisition under Implicit Contract*, Mimeo, Northwestern University, 2003.

[207] Murphy, K., "Incentives, Learning and Compensation: A Theoretical and Empirical Investigation of Managerial Labor Contracts", *Rand Journal of Economics*, Vol. 17, No. 1, 1986.

[208] Nalebuff, B. J. and J. E. Stiglitz, "Prizes and Incentives: Towards a General Theory of Compensation and Competition", *Bell Journal of Economics*, Vol. 14, No. 1, 1983.

[209] Narayanan, M., "Observability and the Payback Criterion", *Journal of Business*, Vol. 58, No. 3, 1985.

[210] Neal, D., "Industry – Specific Human Capital: Evidence from Displaced Workers", *Journal of Labor Economics*, Vol. 13, No. 4, 1995.

[211] Noldeke, G. and K. Schmidt, "Option Contracts and Renegotiation: A Solution to the Hold – Up Problem", *Rand Journal of Economics*, Vol. 26, No. 2, 1995.

[212] Nunn, N., "Relationship – specificity, Incomplete Contracts, and the Pattern of Trade", *Quarterly Journal of Economics*, Vol. 122, No. 2, 2007.

[213] O'Keefe, M., W. K. Viscusi and R. J. Zeckhauser, "Economic Contests Comparative Reward Schemes", *Journal of Labor Economics*, Vol. 2, No. 1, 1984.

[214] Okun, A., *Prices and Quantities: A Macroeconomic Analysis*, Washington D. C. : The Brookings Institutions, 1981.

[215] Olson, C. and C. Berger, "The Relationship between Seniority, Ability, and the Promotion of Union and Nonunion Workers", in Lipsky, D. and J. Douglas, eds. *Advances in Industrial and Labor Relations*, Greenwich, Connecticut: JAI Press Inc., 1982.

[216] Oosterbeek, H., R. Sloof, J. Sonnemans, "Promotion Rules and Skill Acquisition: An Experimental Study", *Economica*, Vol. 74, No. 2, 2007.

[217] Osterman, P., "Sex Discrimination in Professional Employment: A Case Study", *Industrial and Labor Relations Review*, Vol. 32, No. 4, 1979.

[218] Ozanne, R., "A Century of Occupational Wage Differentials in Manufacturing", *Review of Economics and Statistics*, Vol. 44, No. 3, 1962.

[219] Prendergast, C., "The Role of Promotion in Inducing Specific Human Capital Acquisition", *Quarterly Journal of Economics*, Vol. 108, No. 2, 1993.

[220] Rabin, M., "Incorporating Fairness into Game Theory and Economics", *American Economics Review*, Vol. 83, No. 5, 1993.

[221] Radner, R., "Monitoring Cooperative Agreement in a Repeated Principal-Agent Relationship", *Econometrica*, Vol. 49, No. 5, 1981.

[222] Raiffa, H., *The Art and Science of Negotiation*, Cambridge: Harvard University Press, 1982.

[223] Raimon, R., "The Indeterminateness of Wage of Semiskilled Workers", *Industrial and Labor Relations Review*, Vol. 6, No. 2, 1953.

[224] Rajan, R. G. and L. Zingales, "Power in a Theory of the Firm", *Quarterly Journal of Economics*, Vol. 113, No. 2, 1998.

[225] Reynolds, L. G., *The Structure of Labor Markets*, Westport: Greenwood Press, 1951.

[226] Robert F. Lovett, *Tendencies in Personnel Practice*, *Bureau of Personnel Research*, Carnegie Institute of Technology, Service Bulletin 5, 1923.

[227] Rogerson, W., "Contractual Solutions to the Hold-Up Problem", *Review of Economic Studies*, Vol. 59, No. 4, 1992.

[228] Rogerson, W., "Efficient Reliance and Damage Measures for Breach of Contract", *Rand Journal of Economics*, Vol. 15, No. 1, 1984.

[229] Rosen, S., "Authority, Control, and the Distribution of Earnings", *Bell Journal of Economics*, Vol. 13, No. 2, 1982.

[230] Rosen, S., "The Theory of Equalizing Differences", in Ashenfelter, O. and R. Layard, eds. *Handbook of Labor Economics*, Amsterdam: North-Holland, 1985.

[231] Ross, S., "The Economic Theory of Agency: The Principal's Problem", *American Economic Review*, Vol. 63, No. 2, 1973.

[232] Roth, A. E., "Bargaining Experiments", in Kagel, J. E. and A. E. Roth, eds. *Handbook of Experimental Economics*, Princeton: Princeton University Press, 1995.

[233] Rubinstein, A., "Equilibrium in Supergames with the Overtaking Criterion", *Journal of Economic Theory*, Vol. 31, No. 2, 1979.

[234] Salop, J. and S. Salop, "Self-Selection and Turnover in the Labor Market", *Quarterly Journal of Economics*, Vol. 90, No. 4, 1976.

[235] Samuelson, P. A., "Thoughts on Profit Sharing", *Zeitschritftflir die gesamte Staats-wissenschaft* (Special Issue on Profit Sharing), 1977.

[236] Sattinger, M., "Comparative Advantage and the Distribution of Earnings and Abilities", *Econometrica*, Vol. 43, No. 3, 1975.

[237] Saussier, S., "When Incomplete Contract Theory Meets Transaction Cost Economics: A Test on Contract Form", in Ménard, C. eds. *Institutions, Contracts and Organizations: Perspectives from New-Institutional Economics*, Northampton, MA: Edward Elgar Publishing, 2000.

[238] Savage, L. J., *The Foundations of Statistics*, New York: Wiley, 1954.

[239] Scharfstein, D. and J. Stein, "Herd Behavior and Investment", *American Economic Review*, Vol. 80, No. 3, 1990.

[240] Schwartz, A., "Relational Contracts in the Courts: an Analysis of Incomplete Contracts and Judicial Strategies", *Journal of Legal Studies*, Vol. 21, No. 2, 1992.

[241] Schwartz, A., "The Default Rule Paradigm and the Limits of Contract Law", *Southern California Interdisciplinary Law Journal*, Vol. 3, 1994.

[242] Selten, R., "The Equity Principle in Economic Behavior", in Gottinger, H. and W. Leinfellner eds., *Decision Theory and Social Ethics*, Reidel: Dordrecht, 1978.

[243] Shapiro, C. and T. Stiglitz, "Equilibrium Unemployment as a Worker Discipline Device", *American Economic Review*, Vol. 74, No. 3, 1984.

[244] Shavell, S., *Contracts, Holdup and Legal Intervention*, NBER Working Paper, No. W11284, 2005.

[245] Shavell, S., "Damage Measures for Breach of Contract", *Bell Journal of Economics*, Vol. 11, No. 2, 1980.

[246] Shelanski, H. and P. Klein, "Empirical Research in Transaction Cost Economics: A Review and Assessment", *The Journal of Law, Economics and Organization*, Vol. 11, No. 2, 1995.

[247] Shleifer, A. and L. Summers, "Breach of Trust in Hostile Takeovers", in Auerbach, A. eds., *Corporate Takeovers: Causes and Consequences*, Chicago: University of Chicago Press, 1988.

[248] Simon H., "A Formal Theory of the Employment Relationship", *Econometrica*, Vol. 19, No. 3, 1951.

[249] Simon, H., *Models of Bounded Rationality*, Cambridge: MIT Press, 1982.

[250] Slade, M., "Multitask Agency and Contract Choice: An Empirical Exploration", *International Economic Review*, Vol. 37, No. 2, 1996.

[251] Slichter, Sumner H., *The Turnover of Factory Labor*, New York: D. Appleton & Co., 1919.

[252] Sloof, R., J. Sonnemans and H. Oosterbeek, "Underinvestment in Traininig?" in Hartog, J. and Henri? tte Maassen Van Den Brink, eds. *Human Capital: Advances in Theory and Evidence*, Cambridge: Cambridge University Press, 2007.

[253] Solow, R. M., "Another Possible Source of Wage Stickiness", *Journal of Macroeconomic*, Vol. 1, No. 1, 1979.

[254] Specter, H. and M. Finkin, *Individual Employment Law and Litigation*, Charlottesville, VA: Michie, 1989.

[255] Stevens, M., "Wage-tenure Contracts in a Frictional Labour Market: Firm's Strategies for Recruitment and Retention", *Review of Economic Studies*, Vol. 71, No. 2, 2004.

[256] Stiglitz, J. E., "Incentives, Risk and Information: Notes towards a Theory of Hierarchy", *Bell Journal of Economics*, Vol. 6, No. 2, 1975.

[257] Tanaka, Fujio T., "Lifetime Employment in Japan", *Challenge*, July/August, 1981.

[258] Tirole, J., "Incomplete Contracts: Where Do We Stand?", *Econometrica*, Vol. 67, No. 4, 1999.

[259] Topel, R. C., "Specific Capital and Unemployment: Measuring the Costs and Consequences of Job Loss", in Meltzer, A. H. and C. I. Plosser eds., *Studies in Labor Economics in Honor of Walter Y. Oi*, Amsterdam: North Holland, 1990.

[260] Topel, R. C., "Specific Capital, Mobility, and Wages: Wages Rise with

Job Security", *Journal of Political Economy*, Vol. 99, No. 1, 1991.

[261] Tracy, J., *Seniority Rules and the Gains from Union Organization*, NBER Working Paper, No. 2039, 1986.

[262] Troger, T., "Why Sunk Costs Matter for Bargaining Outcomes: An Evolutionary Approach", *Journal of Economic Theory*, Vol. 102, No. 2, 2002.

[263] Waldman, M., "Worker Allocation, Hierarchies, and the Wage Distribution", *Review of Economic Studies*, Vol. 91, No. 1, 1984a.

[264] Waldman, M., "Job Assignments, Signalling, and Efficiency", *Rand Journal of Economics*, Vol. 15, No. 2, 1984b.

[265] Waldman, M., "Up – or – Out Contracts: A Signaling Perspective", *Journal of Labor Economics*, Vol. 8, No. 2, 1990.

[266] Weiss, A., *Efficiency Wages: Models of Unemployment, Layoffs and Wage Dispension*, Princeton: Princeton University Press, 1990.

[267] Weiss, Y., "The Effect of Labor Unions on Investment in Training: A Dynamic Model", *Journal of Political Economy*, Vol. 93, No. 5, 1985.

[268] Wiggins, S. N., "The Economics of the Firm and Contracts: A Selective Survey", *Journal of Institutional and Theoretical Economics*, Vol. 147, No. 4, 1991.

[269] Williamson, O. E., "The Theory of the Firm as Governance Structure: From Choice to Contract", *Journal of Economic Perspectives*, Vol. 16, No. 3, 2002.

[270] Williamson, O. E., *Markets and Hierarchies: Analysis and Antitrust Implications*, New York: Free Press, 1975.

[271] Williamson, O. E., *The Economic Institutions of Capitalisms*, New York: Free Press, 1985.

[272] Williamson, O. E., "Transaction – Cost Economics: The Governance of Contractual Relations", *Journal of Law and Economics*, Vol. 22, No. 2, 1979.

[273] Williamson, O. E., M. L. Wachter and J. E. Harris, "Understanding the Employment Relation: The Analysis of Idiosyncratic Exchange", *Bell Journal of Economics*, Vol. 6, No. 1, 1975.

[274] Yao, Y. and N. H. Zhong, "Unions and Worders' Welfare in Chinese

Firms", *Journal of Labor Economics*, Vol. 31, No. 3, 2013.

[275] Zabojnik, J., *Corporate Tournaments, General Human Capital Acquisition and Wage Dispersion*, Mimeo, Queen's University, 1997.

[276] Zangelidis, A., "Seniority Profiles in Unionized Workplaces: Do Unions Still have the Edge?", *Oxford Bulletin of Economics and Statistics*, Vol. 70, No. 3, 2008.

后　记

本书是在我博士论文《企业专用性人力资本与工资合约：一个不完全合约分析框架》基础上修改完善而成的。在博士论文写作过程中，虽说艰苦，却备感充实和幸福。这期间所有的经历和体验都将沉淀成为我生命中最珍贵的部分。

在书稿即将付梓之际，我要向我的恩师张凤林教授表示最诚挚的谢意！在张老师的言传身教和悉心指导下，我从一棵杂草逐渐变成了一棵虽然还很小却有可能成材之树。在与张老师一对一的课堂上，导师的认真、从不缺堂、多次从家里带来厚厚的英文文献、与导师一次次的讨论，这些都给予我莫大的鼓舞和鞭策。那段时光回忆起来真的是非常美好和令人怀念。作为一位学者，张老师严谨的治学态度、渊博的知识以及对现实和理论深切的感悟力无不让我钦佩。他谦逊、宽厚的人格魅力更是让我受益终生。

我还要特别感谢我人生中另一位非常重要的老师——肖兴志教授。在我毕业后面临工作抉择的时候，肖老师坚定了我选择学术这条道路，帮助我实现学术理想，也改变了我的人生轨迹。他对年轻人真诚的鼓励和无私的帮助给了我无穷的力量，他睿智与敏锐的学术洞察力也为我的学术研究开辟了一片更广阔的空间。

感谢产业组织与企业组织研究中心的领导和同事们，特别是于左研究员和吴绪亮副研究员，他们为我提供了一个宽松、自由的学术氛围，使我能够不断地汲取学术营养，快乐成长。很幸运能够成为这个集体中的一员，在这个温暖的集体里，汗水与快乐相伴左右，生活和工作亲密无间。

感谢我硕士期间的导师王萍教授，多年来王老师一如既往地关心我的学习和生活，关注着我的成长；感谢我的同学和朋友们，他们为我提供了许多宝贵的企业人事数据和资料，并不厌其烦地与我讨论企业中的现实工资制度，对相关问题予以解答；我的师兄和师姐们在我撰写论文期间提供了各种形式的帮助，在此一并致以深深的谢忱！

　　最后，感谢家人长期以来对我的理解和呵护！父母对我无条件的支持和鼓励以及无尽的浓浓的爱，使我能够全身心投入到自己喜欢的科研中。姐姐一直是我学习的榜样，并给予我很多重要的指导。爱人多年来对我关怀备至，让我在艰苦的论文写作中时刻感受家庭的温暖，女儿的出生更是让我对工作对生活充满了希望。正是因为家人无微不至的关爱和支持，我才能快乐而自信地行走在学习、工作和生活的道路上。

李晓颖
2014 年 11 月于大连